高职高专旅游与酒店管理专业
"十三五"规划教材

酒店管理概论

jiudian guanli gailun

主　编　李　妍
副主编　刘小红　吴怡欣

苏州大学出版社
Soochow University Press

图书在版编目(CIP)数据

酒店管理概论 / 李妍主编. —苏州:苏州大学出版社,2016.12
高职高专旅游与酒店管理专业"十三五"规划教材
ISBN 978-7-5672-1946-5

Ⅰ.①酒… Ⅱ.①李… Ⅲ.①饭店-商业企业管理-高等职业教育-教材 Ⅳ.①F719.2

中国版本图书馆 CIP 数据核字(2016)第 295271 号

酒店管理概论

李 妍 主编

责任编辑 施小占

苏 州 大 学 出 版 社 出 版 发 行
(地址:苏州市十梓街1号 邮编:215006)
江苏农垦机关印刷有限公司印装
(地址:淮安市青年西路58号 邮编:223001)

开本 787×1092 1/16 印张 15.25 字数 381 千
2016 年 12 月第 1 版 2016 年 12 月第 1 次印刷
ISBN 978-7-5672-1946-5 定价:36.00 元

苏州大学版图书若有印装错误,本社负责调换
苏州大学出版社营销部 电话:0512-65225020
苏州大学出版社网址 http://www.sudapress.com

前言 Preface

《酒店管理概论》是旅游与酒店管理专业的一门专业基础课程,也是酒店与旅游管理人员进修、提高所必修的课程。

本书的编者在酒店企业从事管理实践多年,同时在高职院校一直从事酒店管理相关课程的教学工作。应该说本书是理论和实践碰撞的结晶。本书既能使学生学到酒店管理的基础知识,又能在技术和方法上适应现代酒店管理实践运作的需要。本书在内容的编排上,考虑到高等职业教育的特点,力求做到实用性与简明性并存,在编写过程中,运用了大量的图表,以使得教学内容更加的醒目和条理化。本书编写结构安排如下:每章都规定了学习的"知识目标"和"能力目标";正文部分图文并茂,力求做到通俗易懂;每章均有"问答题"、"案例分析"和"综合实训"。通过以上安排,相信既有利于学员和读者对知识的理解和掌握,又可以达到增强学习效果的目的。

在本书的编写过程中我们还参考了大量国内外优秀教材,在本书的参考文献中已经一一列出,在此对相关作者表示由衷的感谢。

本书由江苏食品药品职业技术学院李妍任主编,苏州技师学院刘小红、江苏仪征技师学院吴怡欣任副主编。

尽管我们在编写过程中力求做到创新、实用,也为此付出了很大的努力,但由于水平有限,所以本教材在编写中难免有不足之处,恳请广大读者和专家谅解,并希望能将您的宝贵意见和建议及时反馈给我们,以便我们不断修订完善本书。

编　者

- 第一章　酒店管理概述　/ 1
  - 第一节　酒店认知　/ 2
  - 第二节　酒店管理　/ 13
- 第二章　酒店人力资源管理　/ 26
  - 第一节　酒店人力资源管理概述　/ 26
  - 第二节　酒店人力资源的开发　/ 35
  - 第三节　酒店人力资源的利用　/ 43
  - 第四节　酒店人力资源的激励　/ 45
- 第三章　酒店公关与企业形象塑造　/ 53
  - 第一节　酒店公共关系概述　/ 54
  - 第二节　酒店公共关系的构成要素　/ 58
  - 第三节　酒店公共关系的工作程序　/ 62
  - 第四节　酒店形象的设计与塑造　/ 68
- 第四章　酒店品牌与文化管理　/ 83
  - 第一节　酒店品牌管理　/ 84
  - 第二节　酒店文化管理　/ 91
- 第五章　酒店营销管理　/ 101
  - 第一节　酒店营销管理概述　/ 101
  - 第二节　酒店营销组合策略　/ 109
  - 第三节　酒店新营销理念　/ 119

- 第六章　酒店服务质量管理　/ 135
  - 第一节　酒店服务质量概述　/ 135
  - 第二节　酒店服务质量管理　/ 141
- 第七章　酒店安全管理　/ 163
  - 第一节　酒店安全管理概述　/ 163
  - 第二节　酒店安全管理体系　/ 165
  - 第三节　酒店的危机管理　/ 168
- 第八章　酒店集团化管理　/ 174
  - 第一节　酒店集团化概述　/ 175
  - 第二节　国内外著名的酒店集团认知　/ 185
- 第九章　酒店业务管理　/ 209
  - 第一节　酒店前厅管理　/ 209
  - 第二节　酒店客房管理　/ 216
  - 第三节　酒店餐饮管理　/ 222
  - 第四节　酒店康乐管理　/ 229

第一章
酒店管理概述

学习目标

知识目标
1. 了解酒店的含义、分类、等级划分。
2. 了解现代酒店业的发展趋势。
3. 掌握酒店的功能。
4. 了解酒店管理的含义、主要内容。
5. 掌握酒店管理的职能。
6. 了解酒店管理者应该具备的管理理念。

能力目标
1. 能够运用所学知识分析一家酒店的类型并判断其等级。
2. 能够大概分析一个酒店经营管理出现问题的症结所在。

酒店的经营管理犹如一个绚丽的舞台剧。酒店的服务过程就是剧本,酒店的管理者就是导演,酒店的服务员就是演员,锣鼓一响,大戏开场。演好一台戏固然需要有好的剧本,好的导演,好的演员,但更需要演职人员应吃透剧本,理解剧情,充分进入角色。

酒店管理是一个复杂的系统工程,酒店管理的方法千变万化。管理好一个酒店确实是一件非常具有挑战性的工作,但万变不离其宗,酒店管理者能够胜任酒店管理工作的前提就是要明确酒店管理的含义和主要内容,把握酒店管理的主要职能,具备一个合格酒店管理者应有的素质,同时,还必须具备市场、法制、人本和战略等现代管理的理念。

第一节　酒店认知

一、酒店的涵义

酒店(Hotel)一词源于法语,原指法国贵族在乡下招待贵宾的别墅,后来欧美的酒店业沿用了这一名词。在我国,由于地域和习惯上的差异,也有"饭店""酒店""宾馆""大厦""度假村""休闲山庄"等多种不同的叫法。不管怎么称谓,无论其设施是简单还是豪华,它至少要食宿兼备。就概念而言,酒店是能够接待客人,为客人提供吃、住、行、游、购、娱、商务和其他服务的综合性服务企业。酒店应具有以下几个方面的特征:

(1) 必须以房屋建筑和设备设施为依托,满足宾客旅居生活及社会需求。与酒店建筑相配套,酒店要有足够的场地和外部环境设施。

(2) 必须具有前厅、客房、餐饮、其他综合服务等满足宾客旅居及社会需求的使用功能。就住宿功能来讲,必须有睡眠、休息、书写、贮存等功能。

(3) 必须按国家标准配备各种设备设施、配备酒店运行所需要的物资物品。目的是为了保证能提供旅居服务,保证各使用功能成为现实的使用价值。

(4) 酒店是独立的企业法人。酒店独立企业法人的本质在于在产权明晰的情况下要"自主经营、自负盈亏、自我发展、自我约束",归结起来就是"独立自主"。

二、酒店的发展历程

(一) 世界酒店业发展历程

生产力的发展促进了酒店行业的发展。随着货币的产生,商品交易及商业活动的出现,居住等更多需求的产生,酒店行业便应运而生。按照传统分期理论,世界酒店业的发展历程可以分为4个阶段。如表1-1所示。

表1-1　世界酒店业的发展历程

发展阶段	特　点	服务对象
客栈时期 (大约15~18世纪之间)	服务项目少,质量差	道士与信徒、信使、外交官吏、商人等
	声誉差,被认为是低级行业	
	安全性差,常有抢劫、偷盗现象发生	
	规模小,设施简陋,仅提供基本食宿,基本上不提供吃、住以外的服务	
豪华酒店时期 (又称"大酒店时期"。大约18世纪末~20世纪初)	服务项目增多,质量提高	王公贵族、达官显贵、公务人员、商贾名流。第一家豪华旅馆别墅在法国建成
	设施豪华,装饰极尽奢华	
	服务正规,具有一定的礼节、仪式。以皇室宫廷礼仪为标准,旨在取悦上流社会	

续表

发展阶段	特 点	服务对象
商业酒店时期 （大约19世纪末~20世纪50年代）	平民化、大众化	公务旅行者和一些民众。第一家商业酒店在美国出现。此时汽车酒店已开始出现
	价格合理,物有所值	
	设施齐全,安全、方便、卫生、实用、舒适、清洁	
	服务健全,但较简单。经营方向开始以顾客为中心	
现代酒店时期 （大约20世纪50年代~现在）	类型多样化,住宿设施日趋完善	大众旅游市场,更加多样化
	规模扩大,酒店集团占据着越来越大的市场	
	服务综合化。能提供吃、住、行、游、购、娱、商务等综合性服务	
	品牌效应进一步显现,企业文化更加得到重视,管理制度进一步完善	

（二）中国酒店业发展历程

按照传统分期理论,中国酒店业发展史大致也经历了四个时期：古代客栈时期、近代酒店时期、行政事业单位时期和现代旅游酒店时期。

1. 古代客栈时期

在中国,最早的酒店设施可追溯到春秋战国或更古远的时期。数千年来,中国的唐、宋、明、清被认为是酒店业得到较大发展的时期。在古代,酒店设施可以分为官办和私营民间酒店两大类。

官办的住宿设施有驿站和迎宾馆两类,它们在古代酒店史上占有重要的地位。在古代,只有简陋的通信工具,统治者政令的下达,各级政府间公文的传递,以及各地区之间的书信往来等,都要靠专人递送。历代政府为了有效地实施统治,必须保持信息畅通,因此一直沿袭了这种驿传制度,与这种制度相适应的为信使提供的住宿设施应运而生,这便是闻名于世的中国古代驿站。这是中国最古老的旅馆。迎宾馆是中国古代另一类官办住宿设施。"迎宾馆"的名称最早见于清末,它是专门用来接待各国使者和商客食宿的设施。

民间经营的食宿设施业很多。商周时期出现的专门供人在旅途中休息食宿的场所称"逆旅",历代多有发展。到明清时期,随着中国封建科举制度的发展,在各省城和京城出现了专门接待各地赴试学子的会馆,亦成为当时住宿业的一部分。

这一时期的驿站等酒店形式的特点是：仅仅是一种简单的住宿设施,其规模较小、设施简陋、服务单调,管理没有形成专门的职能。古代的驿站如图1-1所示。

图1-1　中国古代驿站

2. 近代酒店时期

近代酒店时期大约从19世纪末到1949年。此时的酒店除了传统的旅馆外,还出现了外资经营的西式酒店和中西结合式酒店。

西式酒店是19世纪初外国资本侵入中国后兴建和经营的酒店的统称。这类酒店在建筑式样和风格上、设备设施、酒店内部装修、经营方式、服务对象等方面都与中国的传统客店不同,是中国近代酒店业中的外来成分。西式酒店的大量出现,刺激了中国民族资本向酒店业投资。因而从民国开始,各地相继出现了一大批具有"半中半西"风格的新式酒店——中西式酒店。这些酒店不仅在建筑上趋于西化,而且在设备设施、服务项目、经营体制和经营方式上亦受到西式酒店的影响。中西式酒店将欧美酒店业的经营观念和方法与中国酒店经营环境的实际相融合,为中国酒店业进行现代酒店时期奠定了良好的基础。

这一时期酒店的特点是:规模大,设施较为舒适、服务项目较多,经营管理已从服务中分离出来形成专门的职能。学习西方管理的先进技术和方法,以经验管理为主。

3. 行政事业单位时期

行政事业单位时期主要是指从1949年至1978年的阶段。这一阶段是我国酒店管理演变过程中的特殊阶段。酒店作为行政事业单位,接待服务工作完全按照上级行政机关的计划和行政指令运行,价格由上级行政机关统一确定,财务统收统支。酒店的服务对象以接待国际友好人士、爱国华侨和国内高级会议为主,政治要求高。酒店管理主要为政治服务、为外交政策和侨务政策服务,处于经验管理阶段,缺乏科学的理论指导,在管理体制、管理方法、接待程序、经营决策等方面都比较落后。酒店管理不注重市场研究,没有预定制度和客源开发机构,在经营方式、接待服务、价格等方面都是固定的、僵化的,停滞不前的管理模式使我国酒店业的发展长期处于落后的局面。

4. 现代旅游酒店时期

从1978年至今属于现代旅游酒店时期。1978年至1982年是起步阶段。通过引进外资,逐步兴建了一大批中外合资、中外合作酒店。从1982年香港半岛集团接管北京建国酒店开始,国际酒店集团相继登陆。1983年至1993年是高速发展阶段。这一时期国家提出了发展旅游服务基础设施建设,由此国内外各种渠道的资金开始投入酒店业,到1993年达到高潮。1994年至1998年是回落阶段。1993年以后,酒店业逐步完成其利润平均化过程,建设高潮开始回落,同时由于市场不景气、经营不善等方面的原因,盲目建设的恶果已开始凸现,酒店业的利润率在逐年下降,1998年全行业出现负利润现象。1999年至今是恢复上升阶段。在国内旅游经济热潮的快速崛起以及来华旅游和进行商务活动的客源数量持续增长的带动下,经历了1998年的全行业效益大幅滑坡之后,国内酒店业的客房出租率开始回升,但由于行业内的竞争日益加剧,平均房费下降,全行业的盈利没有达到同步增长。

这一时期酒店的主要特点是:酒店设施和服务日臻完善,事业单位体制转逐步化为企业化体制,多种形式联合,引进外资和先进管理模式,整体经营水平日趋提高,形成了一套相对比较规范的服务体系和先进的管理理念。

三、酒店的功能

酒店的最基本、最传统的功能是住宿和餐饮的功能,由于客源及其需求的变化,现代酒店的功能已经日益多样化。如图1-2所示。

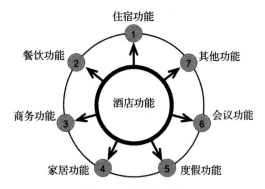

图1-2 酒店的功能

(1) 住宿功能。这一点主要体现在酒店的客房部,酒店为游客提供多种客房(标准房、单人间和套房等),包括床位、卫生间和其他生活设施。以清洁、舒适的环境和热情、周到的服务,使游客在旅途中得到很大的便利和很好的休息,获得"宾至如归"的感受。

(2) 餐饮功能。主要体现在餐饮部,酒店一般设有不同的餐厅,以精美的菜食、良好的环境,可靠的卫生条件和规范的服务,向旅游者提供包餐、风味餐、自助餐、点菜、小吃、饮料以及酒席、宴会等多种形式的餐饮服务。

(3) 商务功能。商务型酒店为商务旅游者从事商务活动提供各种方便快捷的服务,酒店设置商务中心、商务楼层、商务会议室与商务洽谈室,提供传真、国际或国内直拨电话、电子会议设备等现代通信设施。

(4) 家居功能。酒店是客人的"家外之家",应努力营造"家"的气氛,使入住酒店的客人感到像在家里一样亲切、温馨、舒适、方便。尤其是公寓酒店,一般带有生活住宿性质,主要为长住客服务,价格优惠,自助服务设施齐全(如自助厨房、自助洗衣机等)。

(5) 度假功能。随着度假旅游市场的兴起和不断发展,对度假型酒店的需求日益增长。度假酒店一般位于风景区内或附近,通常注重提供家庭式环境,客房应适应家庭度假、几代人度假以及独身度假的需要,娱乐设施也很齐备,著名的旅游胜地夏威夷和加勒比海地区的酒店,绝大多数属度假酒店。

(6) 会议功能。酒店可为各种从事商业、贸易展览、科学讲座等客人提供会议、住宿、膳食和其他相关的设施与服务。酒店内有大小规格不等的会议室、谈判室、演讲厅、展览厅。会议室、谈判间都有良好的隔板装置和隔音装置,并能提供多国语言的同声翻译,有的酒店还可以举行电视会议。

四、酒店产品及其特征

(一) 酒店产品的含义

与所有的生产企业一样,酒店也在生产"产品",我们把这种"产品"称为酒店产品。为客人提供满意、优质的酒店产品,是酒店经营的最终目标。从顾客角度讲,酒店产品是一段住宿经历,是由物质产品、感觉上的享受、心理上的感受三部分构成的组合产品。从酒店角度讲,酒店产品是酒店有形设施和无形服务的综合。它包括酒店的位置、酒店的设施、酒店的服务、酒店的气氛和酒店的形象等。

(二) 酒店产品的特征

酒店产品是服务市场上的特殊商品,既有与其他产品相同的属性,也有其突出的特点。只有认识其特点,才便于制定特有的经营策略和管理方法。概括起来,酒店产品的特征主要有以下几点:

1. 无形性

酒店产品的核心是服务。虽然宾客在酒店就餐购买到了有形的菜肴、饮料等,但酒店里重要的产品还是服务。而且,宾客对菜肴、饮料也主要不是购买它们的实体,而是享受融化在菜肴、饮料中的服务,酒店的有形产品不过是无形服务的载体。服务是无形的,顾客对产品的满意程度主要是来自于感受,与客人的经历、受教育程度、价值观等相关,因而带有较大的个人主观性。

2. 综合性

酒店产品的存在形式很复杂,宾客购买之后,同时享受酒店的有形产品和无形服务,享受酒店的外观、设施、气氛、服务等一套复合型的整体产品,从而达到购买需求的满足。因此,酒店产品是物质与精神的综合;软件与硬件的综合;享受、知识、艺术、信息、智能等多方面的综合。

3. 非专利性

酒店产品同其他旅游产品的组成部分一样,通常具有非专利性。非专利性是指一家酒店一般不可能为自己设计的客房装饰、菜肴、服务方式等申请专利。当某一家酒店创新出某一新产品,如新的服务形式或新的菜肴等,当这种新产品为酒店带来很好的经济收益时,其他酒店就会很快地效仿。

4. 不可贮藏性

酒店里的客房、娱乐设施等一天不出租,就不能创造价值,它们作为酒店产品的组成部分是不能像工业品那样储存起来,日后再卖。比如,一家酒店的一间标准客房每天可以售价400元,如果今天该客房没有销售出去,那么其今天的价值就损失掉了,不可能储存到明天去卖,因为明天还有明天的价值。

5. 品牌忠诚度低

如前文所述,酒店产品具有非专利性的特点,这种非专利性导致酒店可以相互模仿,提供的产品也就基本相同。所以对于一般客人来说,只认一个品牌的意义不大,何况消费者都有追求新鲜感的心理需求,换一个新的酒店,新的环境,新的消费感受,这样品牌忠诚度低也就不可避免了。

6. 服务的差异性

酒店服务质量受人为因素影响较大,难以恒定地维持一致。一方面由于服务的对象是人,他们有着不同的兴趣、爱好、风俗、习惯,又有着不同的动机和需要;另一方面提供服务的也是人,提供的服务可能受其知识、性格、情绪等的影响。因此,各酒店之间、同一家酒店不同的服务人员之间,甚至同一位服务员在不同的时间对待不同的客人服务质量都会有所差异。

7. 即时性或生产与消费的同步性

酒店服务的生产过程、销售过程、消费过程同时或几乎是同时进行的,即当场生产、当场销售、客人当场消费。这是服务产品与有形产品最核心的区别。这种特殊性决定了酒店生产经营必然受到区域的限制,市场范围受到一定的局限。因为这一特点,增加了酒店质量控制的难度。

酒店产品除上述几个特点外,还有季节性特点,在旺季需求旺盛,淡季需求疲软。此外,酒店产品经常直接受到酒店业无法控制的外部因素的影响,如国家政策、经济发展、汇率变动、自然灾害、社会治安等。

五、酒店分类与等级划分

(一)酒店的分类

各种类型、各种等级的酒店设施组成酒店业。酒店分类有两大目的:一是有利于营销,能使酒店明确其所处市场的推销对象,也使宾客在选择酒店时有明确的目标。二是便于比较,一家酒店经营结果的好坏,要与同一类型的酒店相比才显得有意义。

1. 按是否提供餐饮和宴会服务分类

按是否提供餐饮和宴会(Food & Banquet)服务,可以把酒店分为有限服务和全服务酒店。

(1)有限服务酒店(Limited Service Hotels)。

有限服务酒店即没有宴会和餐饮服务的酒店。有限服务酒店又可以分为廉价酒店、经济型酒店和中档酒店3类。目前,大部分品牌连锁酒店都属于有限服务酒店里的经济型酒店类别,包括汉庭酒店、如家酒店、锦江之星在内。

照理说最有潜力和杀伤力的应该是廉价旅馆,但是,只有雅高在欧洲的尝试是成功的,国内几家做了些尝试,效果都不太明显,包括海友酒店、我的客栈、布丁酒店等等。这一市场极其巨大,还有待从业者继续探索。

(2) 全服务酒店(Limited Service Hotels)。

全服务酒店即有宴会和餐饮服务的酒店。

关于有限服务和全服务酒店的分类,如图1-3所示。

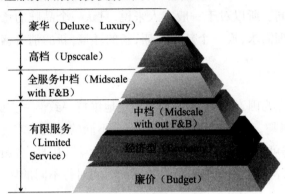

图1-3 酒店的分类

2. 按客源市场和宾客特点分类

按客源市场和宾客特点分类,一般把酒店分为商务型、度假型、长住型、会展型、新概念经济型和汽车旅馆等六种类型。

(1) 商务型酒店(Commercial Hotels)。

商务酒店大多设在大都会的中央商务区(Central Business District,CBD)或著名旅游度假胜地。往往以宏伟的外观和华丽尊贵的大堂设计取胜,它是新颖的、经典艺术的标志,它以极尽讲究的结构及内部设计和引人入胜的迷人环境、极致化优雅精良的人员服务而闻名。豪华商务酒店专门接待各国商界领袖、政界要员、社会名流,为中外杰出人士提供卓越服务。豪华商务酒店以其尊贵品牌为社会创造价值,成为人们庆祝生命中特别时刻的理想场所。

商务旅游的大背景决定了商务客人主要目的是进行商务活动,商务客人的需求目的、活动形式、工作性质、身份特征决定了商务客人有以下的需求特性:优越的商业区位、专业的商务服务、高效与方便性、豪华性、舒适性与康体休闲性、追求价值的体现等。商务酒店的核心功能应具备三大板块,可以用FOB(Family – Office – Business 的缩写)来表示,三个单词含义分别为家庭、办公和商务活动。意思是:商务客人的家外之家,商旅途中的办公基地,客人商务活动中的好秘书、好管家。

(2) 度假型酒店(Resort Hotels)。

当今社会的财富与闲暇时间的持续增长带来了对以休闲娱乐为导向的各种经历和服务需求的不断增加。度假酒店的核心就是创造一种能够促进并增强幸福感和轻松愉悦感的生活环境。在度假酒店的实际运营当中,是通过提供高质量的住宿、餐饮、娱乐设施、保健设施,营造令人愉快而恬静的、令人兴奋的环境来实现的,尤其注重通过以友好而个性化的方式提供高质量人性化服务来实现的。与一般的酒店不同,度假酒店主要服务于酒店市场中的度假和娱乐细分市场、以度假为导向的会议市场、公司会议市场和奖励旅游团队。

度假酒店的规划是以度假旅游者为导向的。他们在度假酒店里逗留的时间相对较长,还需有大面积的场地来配置高尔夫、网球场、游泳池、散步休闲小径以及其他娱乐活动设施,客人希望在度假酒店的逗留能够成为一次难忘的完整经历。

（3）长住型酒店（Resident Hotels）。

长住型酒店为租居者提供较长时间的食宿服务。此类酒店客房多采取家庭式结构,以套房为主,房间大者可供一个家庭使用,小者有仅供一人使用的单人房间。它既提供一般酒店的服务,又提供一般家庭的服务。

（4）会展型酒店（Convention & Exhibition Hotels）。

会展型酒店集会议、展览、酒店三种不同类型的服务经营形式为一体,集中体现出这类酒店产品的业务类型跨度大、接待人数众多、接待任务高度集中、专业技术要求高、综合消费能力强、接待对象构成复杂、影响面大的特点。因此,市场对会展型酒店在专业化程度、技术含量、人员素质、经营模式、管理经验等方式的要求特别高。

会展旅游者与一般旅游者不同,表现出在酒店的停留时间长、综合消费能力强、享用酒店的设施及服务内容多等特点。举办一次上千人的国际会议,大多能带动一条集交通、旅游、住宿、餐饮、购物、广告为一体的"旅游综合消费链"。

（5）新概念经济型酒店（Econo Lodge）。

对顾客来说,经济型酒店能够适合普通大众消费,满足其基本旅行需求,提供完好设备,是卫生整洁方便的旅客之家。

通常的经济型酒店泛指星级标准达到一、二星级的经济酒店。其基本业态特征是:经济型酒店在整个住宿业市场中数量大,但硬件产品配置不完善,建筑面积或规模不是很大。一般情况下,经济型酒店提供的是相当于中档酒店全套服务（Full-Service）中的有限服务（Limited-Service）。例如,餐饮服务方面只提供简单的西式或中式早餐,只有一个餐厅甚至没有餐厅,有自助洗衣房、自助饮料机、自助制冰机,不配备公共休息室、健身房,只向客人提供满足其住宿要求的最基本的服务。

经济型酒店的目标顾客不崇尚奢华,其目标顾客的核心需求很简单,一是卫生条件和睡眠质量要达到现代社会生活节奏的基本要求;二是支付的价格要比住星级酒店低。

（6）汽车旅馆（Motel）。

Motel 是 motor 和 hotel 的合成词,以前是指没有房间的旅馆,可以停车,而人就在汽车内睡,只不过比停在外面多了层保护而已。汽车旅馆与一般旅馆最大的不同点,在于汽车旅馆提供的停车位与房间相连,一楼当作车库,二楼为房间,是以独门独户为典型的汽车旅馆房间设计。汽车旅馆多位于高速公路交流道附近,或是离城镇较偏远处,便于以汽车作为旅行工具的旅客投宿。

顾客选择 Motel 的理由主要是基于其方便、快捷,休息舒适、低廉的新型简约酒店经营理念。在 Motel 里,客人除了进店办理简单的住宿手续、交费之外,几乎用不着麻烦什么人,自然也不用衣冠楚楚,也不用为送小费的事困扰。

3. 按酒店建筑规模分类

目前,对酒店的规模旅游行政部门还没有一个统一的划分标准。较通行的分类方法是以客房和床位的数量多少,区分为大、中、小型三种。

(1) 小型酒店,客房在 300 间以下;

(2) 中型酒店,客房在 300~600 间之间;

(3) 大型酒店,客房在 600 间以上。

4. 按酒店计价方式分类

(1) 欧式计价酒店。客房价格仅包括房租,不含食品、饮料等其他费用。此类酒店占世界绝大多数。

(2) 美式计价酒店。客房价格包括房租以及一日三餐的费用。目前,此类酒店存在于一些比较偏僻之地。

(3) 修正美式计价酒店。客房价格包括房租和早餐以及午餐或晚餐的费用,以使宾客可以自由安排白天的活动。

(4) 欧陆式计价酒店。客房价格包括房租及一份简单的欧陆式早餐(咖啡、面包和果汁)。此类酒店一般不设餐厅。

(5) 百慕大计价酒店。客房价格包括房租及美式早餐(除了与欧陆式早餐相同的项目,还包括英爱式早餐中的煮黄豆、德式早餐中的香肠,还有麦片、谷物粥类、鸡蛋类、肉食类等食品)的费用。

(二) 酒店的等级划分

1. 星级制

为了促进旅游业的发展,保护旅游者的利益,便于酒店之间有所比较,国际上曾先后对酒店的等级做过一些规定。从二十世纪五、六十年代开始,按照酒店的建筑设备、酒店规模、服务质量、管理水平,逐渐形成了比较统一的等级标准。通行的旅游酒店的等级共分五等,即五星、四星、三星、二星、一星酒店。我国的《旅游酒店星级的划分与评定》(GB/T 14308—2010)将旅游酒店星级分为五个级别,即一星级、二星级、三星级、四星级、五星级(含白金五星级)。最低为一星级,最高为五星级。星级标志由长城与五角星图案构成,用一颗五角星表示一星级,两颗五角星表示二星级,三颗五角星表示三星级,四颗五角星表示四星级,五颗五角星表示五星级,五颗白金五角星表示白金五星级。如表 1-2 所示。

表 1-2　酒店的星级

级　别	符　号	备　注
一星级	★	①星级越高,表示酒店的等级越高 ②"☆"表示白金五角星
二星级	★★	
三星级	★★★	
四星级	★★★★	
五星级	★★★★★	
白金五星级	☆☆☆☆☆	

依照中国和国际上通行的星级评定标准,酒店星级最高只有五级。但是,现在酒店建设的标准越来越奢华,有的已远超过五星级的标准,所以出现了一些社会大众对超豪华、超规格酒店的叫法,如六星级、七星级甚至八星级酒店。

根据《〈旅游酒店星级的划分与评定〉实施办法》规定,国家旅游局设全国旅游星级酒店评定委员会(以下简称为"全国星评委")。全国星评委是负责全国星评工作的最高机构。酒店星级评定遵循企业自愿申报的原则。凡在中华人民共和国境内正式营业一年以上的旅游酒店,均可申请星级评定。经评定达到相应星级标准的酒店,由全国旅游酒店星级评定机构颁发相应的星级证书和标志牌。星级标志的有效期为3年。任何酒店以"准X星"、"超X星"或者"相当于X星"等作为宣传手段的行为均属违法行为。

2. 字母表示法

许多国家将酒店的等级用英文字母表示,即 A、B、C、D、E 五级,E 为最低级。也有的国家用 A1、A、B、C、D 表示,D 为最低级。

3. 数字表示法

用数字表示酒店的等级,由高级到低级依此为 1、2、3、4,数字越大,档次越低。

六、现代酒店业发展趋势

1. 酒店发展的集团化

在国际化程度越来越高的酒店行业,集团化成为中外酒店经营管理不可避免的潮流与趋势。未来,中国需要能够参与国际竞争的旅游酒店企业集团,否则,将严重阻碍我们成为旅游强国的进程。目前,中国酒店业集团化的状态和国际酒店集团相比,仍有很大差距。无论从经营规模、知名度、经营管理体制、人才培养机制、品牌效应、市场拓展、对外形象、宣传包装、酒店特有文化、分销渠道等各方面,中国的酒店集团在短时期内很难与国外大型酒店集团形成有力的竞争,因而,未来几年将是我国本土酒店管理集团迅速发展、迎头赶上的黄金时期。

2. 酒店管理的人性化

从长远来看,随着经济发展以及工资水平的日益全球化,人才竞争势必成为酒店业生存竞争焦点的焦点。因此,酒店企业将会更多地采用"以人为本"管理的方式来密切企业与员工的关系。未来的酒店企业将会更加注重提高员工的知识含量,在人员培训上,将会以一种"投资"观念舍得较大投入。在酒店企业内部,将会建立一套按能授职、论功行赏的人事体制,通过员工的合理流动,发挥员工的才能;通过目标管理,形成一套科学的激励机制;利用酒店企业文化的渗透力和诉求力,培养忠诚员工,确保酒店人力资源的相对稳定。

3. 服务模式的定制化

所谓定制化服务模式,就是酒店为迎合消费者日益变化的消费需求,以针对性、差异性及个性化的产品和服务来赢得市场的服务意识模式。

切实贯彻定制化服务模式,就要求酒店企业应深入细分客源,根据自身的经营条件选准客源市场中的一部分作为主攻对象;通过建立科学的客史档案,灵活提供各种"恰到好处"的服务;强化客源管理;以独特的主题形象深入人心,在充分理解顾客需求、顾客心态的基础上,追求用心极致的服务,和顾客建立一种稳定的、亲近的关系。

4. 市场竞争的品牌化

随着酒店服务对象的日益成熟,感性消费时代的来临以及酒店市场的日趋规范化,在全球经济一体化的大背景下,国际上拥有著名品牌的酒店集团开始大量登陆中国酒店市场,中国酒店业将进入品牌竞争的时代。品牌竞争是以客人的满意度、忠诚度和酒店的知名度、美誉度为核心的竞争,其关键点是如何把握消费时尚,抓住消费者的心理,把自己的品牌根植于消费者的心目中。

品牌竞争要求酒店企业必须增强品牌意识,注重品牌的设计和推广,坚持以过硬的质量作为品牌竞争的基础,以独特、新颖、鲜明、引人入胜的形象作为品牌竞争的标识,以灵活多变的公关宣传作为品牌拓展的手段,以合理的价格作为品牌含金量的尺度,并以深厚的文化底蕴作为品牌的生命,从而在消费者的心目中确立酒店的品牌形象。

5. 休闲度假酒店的需求迅速增长

随着旅游的持续发展,休闲度假旅游将逐渐进入民众的生活,度假型酒店适应了目前中国旅游业由观光型向休闲度假型转变这样一个大的发展趋势。据统计,我国的度假酒店还没有世界顶级产品。在旺盛的酒店需求推动下,众多世界顶级的酒店管理集团正在中国迅速布阵,未来几年很可能将催生出世界一流的奢华旅游产品。

6. 特色酒店文化的创建成为潮流

从整体上说,目前我国酒店业是供大于求,进入了买方市场。同时由于大部分酒店提供的是简单重复的服务,采取的是同样的竞争战略、同样的营销模式,使得这种供需矛盾显得更加突出。所以,解决问题的根本在于创新。

全方位实施组织创新,完成制度创新、管理创新、技术创新等,为酒店打造核心竞争力。同时随着酒店文化越来越受到客人追捧,创建独具特色的酒店文化成为酒店创新的新课题,能否利用酒店所创建的独特文化氛围来吸引客户,为客户带来不同的文化体验和认同感,将是塑造酒店优势品牌的关键。

7. 互联网将成为酒店营销的最大平台

我国互联网发展有三个新动向,一是从应用领域看,互联网正从信息传播和娱乐消费为主向商务服务领域延伸;二是从服务模式看,互联网正从提供信息服务向提供平台服务延伸;三是从传播手段看,传统互联网正在向移动互联网延伸。

中国已经超过美国成为世界上网民人数最多的国家。互联网的飞速发展及消费者生活网络化的潮流,使得越来越多的旅行者通过网络自主预订房间。据统计,从2007年起,中国在线酒店预订量以每年40%的速度快速增长。随着越来越多酒店纷纷建立官网,开始深入挖掘旅游业与新兴互联网行业交错的这一广大领域,未来网络在线预订、电子邮件营销、网络互动式营销、微博营销、手机移动互联网应用程序营销以及酒店搜索引擎将成为最流行和最有效的酒店营销方式。可以预见,未来一段时间,网络互动服务将成为消费者最关注的酒店服务内容之一,而自主预订也将成为市场主流。

第二节 酒店管理

一、酒店管理的涵义

管理就是计划、组织、指挥、协调和控制等的过程。管理的目的是提高效率和提升效益。管理的核心是人。企业管理的真谛是聚合企业的各类资源,充分运用管理的功能,以最优的投入获得最佳的回报,以实现企业的既定目标。

酒店管理是指酒店管理者在了解市场的前提下,遵循客观经济规律的要求,依照一定的原则、程序和方法,对酒店的人力、财力、物力等资源以及经营活动过程进行有效的计划、组织、指挥、协调和控制,以保证酒店经营活动的顺利进行,达到最少的劳动耗费取得最大的经济效益的活动过程。

酒店管理是从对市场的了解和认识开始的。酒店管理者要了解酒店相关的市场规律、市场状况和客源渠道,并根据市场需求规定自己的作业行为。酒店向客人提供的服务都是具有商品生产和商品交换性质的特殊商品,它同样要依据市场,面向市场。酒店管理的主要活动是执行管理职能,这是每个管理者的基本职责。

酒店管理的目的是为了实现一定的经济效益和社会效益。经济效益是指酒店通过经营管理所带来的投资增值额在在市场经济条件下,追求酒店利润最大化正是酒店管理工作的动力所在。社会效益是指酒店对社会需求的满足程度,是酒店的经营管理活动带给社会的功用和影响,它表现为社会对该酒店和酒店产品的认可程度。从酒店目标的具体内容和层次来看,酒店管理的目标体现在以下几个方面:

(1)利益目标——总体经济目标。该目标是酒店一切经营活动的原动力,它不仅关系到员工的切身利益,也决定着酒店的发展。

(2)发展目标——长远综合目标。该目标是酒店经营管理的内在动力和企业发展的后劲,对于增强酒店的市场竞争能力是至关重要的。

(3)市场目标——具体经济目标。营业收入、平均房价、人均消费、市场占有率、境外顾客所占比例、团队客人所占比重等。

（4）贡献目标——社会责任目标。包括促进本地区企业管理水平提高方面的目标；促进地区经济繁荣方面的目标等。

　　酒店管理实际上既包括经营也包括管理。经营和管理是两个密不可分的概念，但又有着不同的内涵（二者的区别如表1-3所示）。经营是在国家政策指导下，以市场为导向，充分利用市场规律，通过与市场的双向信息交流，对酒店的经营方向、目标、内容、方式、市场策略等作出决策。经营的重点是"眼睛向外"，针对市场、针对需求。管理是为了达到酒店的经营目标，对酒店的人、财、物、信息等进行合理的组织、调配和组合，形成酒店的接待能力，最大限度地满足市场需求。管理的重点是"眼睛朝内"，针对具体业务，针对内部的人、财、物、信息等方面。经营的内容包括：市场状况分析、开发组合酒店产品以求最大可能地占有市场、参与市场竞争、扩大客源市场等；管理包含的主要内容是：根据科学管理原则组织和调配酒店的人、财、物、信息四大资源，遵循酒店业务运转的客观规律使业务正常运营，在业务运转中保证和控制服务质量，激励并保持员工的工作积极性，通过核算工作保证达到酒店经营的经济目标。经营和管理是两个内涵既有区分又有交叉的概念，经营中蕴含着管理，管理中蕴含着经营，二者互相融合、密不可分。酒店管理者必须既懂经营又懂管理，并能把两者有机结合起来并贯穿于实际管理工作之中。

表1-3　经营与管理的区别与联系

比较 项目	经　营	管　理
区别	主要由上层管理者承担	主要由中下层管理者承担
	主要解决酒店外部环境问题	主要解决酒店内部条件利用问题
	侧重于酒店全局性、战略性问题	侧重于酒店局部性、战术性问题
	以解决动态问题为主	以解决静态问题为主
	非程序化	程序化
联系	目标上一致	
	管理产生于经营之中	
	管理既为经营服务，又驾驭经营	

二、酒店管理的主要内容

1. 业务管理

业务管理是指直接对客服务并产生营业收入的酒店业务部的管理，如前厅、客房、餐饮、康乐与商场等业务部门的管理。业务管理是酒店营业活动的日常管理，目的是按时、按期、保质、保量地完成生产任务，增加营业收入，实现经营利润。

2. 人力资源管理

人力资源是各种生产要素中最重要的要素。酒店的生产经营要利用诸多资源，大部分资源都是被动利用的，而人则主动参与、主动投入，其他资源要通过人的使用才能发挥作用。人力资源管理水平不仅影响其本身的利用效果，还会影响其他资源的利用程度。

3. 财力资源管理

酒店的经济活动过程是资金从被占有到以货币形态被重新收回的循环过程。财力管理就是从资金运动的角度来计划和控制酒店的生产经营活动，并评估和分析其合理性，以尽可能少的资金取得较大的经济效益，提高酒店的经营管理水平。财务管理的内容包括资金管理、资产管理、成本费用管理、营业收入管理、财务分析和利税管理等方面。

4. 设备管理

现代酒店的综合服务功能要求酒店配备大量现代化的生活设施和设备，这些设备是酒店经营的物质基础。酒店设备的管理水平不仅直接关系到酒店的服务质量，而且还直接影响酒店的经济效益。设备的资产管理和使用维护是酒店设备管理的主要工作。设备的资产管理主要包括对设备的分类编号、登记建档和实行动态管理制度；设备的使用和维护是通过制定和执行有关制度，强化员工的设备管理意识，培训员工正确使用和精心维护各种设施设备，保证设备的完好率并延长使用寿命，降低运行成本，提高酒店的经济效益。

5. 营销管理

只有在市场上，酒店产品才能实现价值，企业才能获得效益，酒店的生存和发展才能得到保证。酒店管理的宗旨是满足市场的需求，营销的作用是沟通酒店和市场的供求，因此可以认为营销管理是酒店管理的核心内容。酒店营销工作主要是围绕促进产品销售和树立企业形象两个主题来展开。促进产品销售是通过客源市场需求以及产品分析研究，对酒店产品的定价、包装组合、销售渠道、促销手段进行正确选择，同时还要促进产品不断创新和管理服务水平的不断提高。树立企业形象是为了提高酒店在公众中知名度的，建立酒店的信誉，为酒店产品的销售创造条件。酒店通常以进行公共关系活动来实现这个目的。

6. 服务质量管理

酒店是以"服务"为主要产品的企业，酒店产品的特点决定了服务质量是酒店的生命线。酒店服务质量主要体现在设施设备服务质量水平、餐饮产品质量水平、劳务服务质量水平、环境氛围质量水平和后台保障质量水平等方面。服务质量管理应以质量管理体系为基础，以科学管理理论为指导，以满足宾客需求为标准，以取得最佳经济效益和社会效益为目的。

7. 安全卫生管理

酒店作为宾客的"家外之家"，其安全、卫生水平十分重要。安全、卫生工作看起来似乎不产生经济效益，但缺乏安全、卫生的酒店产品，不但会影响宾客的愉悦感和舒适感，还会给酒店的声誉造成极坏的影响，甚至带来无法弥补的损失。酒店安全卫生管理的主要内容包括治安管理、消防管理、劳动保护、食品卫生管理和卫生防疫等方面。

除此之外，酒店管理的内容还包括酒店公共关系与企业形象管理、酒店品牌与文化管理和酒店集团化管理等方面。

三、酒店管理的职能

根据企业管理的职能性质可以把企业管理理解为"利用企业有限资源完成预定目标的

科学程序"。现代酒店管理的职能与其他组织的管理职能一样,也包括计划、组织、指挥、控制、协调等具体职能。如图1-4所示。

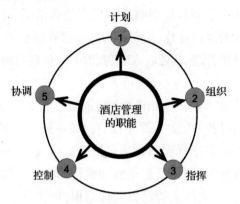

图1-4 酒店管理的职能

1. 计划职能

计划职能是管理的首要职能。酒店的计划职能就是指酒店对未来的经营管理活动进行规划和安排,按照决策的目标,具体规定实现目标的途径、程序、方法的管理活动。计划职能关系到企业经营活动的方向、方针、政策以及实现计划目标的程序、方法的确定。运用好计划职能,在企业经营管理活动中就有明确的方向性、目的性、预见性,就能对实施计划目标过程中可能出现的问题及时加以解决。计划职能如果运用得不好,会导致企业的浪费和损失。

(1)酒店的计划职能是和决策联系在一起的,是一个经常性的动态职能。

决策和计划是密不可分的。决策的结果形成计划,而计划必须以决策为前提。但是,计划和决策又有区别,计划侧重于对环境的分析与研究,并制定相应的目标,决策侧重于从若干方案中做出选择。

例如,某酒店通过市场分析,预计下个月将是淡季,酒店为了完成年初制订的营业额目标,他们制定了一系列的措施,如:加强内部管理,开源节流;利用公关部、营销部的优势,开展一系列的公关促销活动,降低价格,提高上座率,推出了系列大众餐等等,这就是计划。

又如,某酒店在本地区酒店业竞争激烈、客源不足的情况下,为了提高自己的竞争实力,提出了三个方案:一是降低价格,以此来吸引客人,但降低价格不是长久之计,因为作为自负盈亏的企业,必须有一定水平的盈利才能有所发展,同时降低价格势必会引起同行业的价格大战。二是通过宣传,提高企业在社会上的知名度。但是由于酒店刚刚进行二期改造,要在有影响力的媒体上做广告,缺乏足够的资金。三是练内功,通过提高产品质量、服务质量吸引客人。最后,通过分析、比较,在这三个方案中选择最合适的一种,并付诸实施,这就是决策。

(2)计划职能是一个过程,其主要内容有:

一是计划的准备阶段,通过市场调查、市场分析和市场预测,整理出可参考的第一手资料。

二是在分析资料的基础上制定企业的经营目标。

三是拟定实现经营目标的方案,最后做出决策。

四是编制计划。根据决策编制经营计划和部门经营活动的具体计划,把决策结果形成具体的活动安排,并把经营活动在时间、空间、资源上的具体布置,形成各种计划指标。

五是计划实施,并在计划执行过程中对计划完成情况进行检查总结,以便进一步提高计划工作的水平。

2. 组织职能

有组织地工作是从人类对合作的需要产生的。合作使人们在实施决策目标的过程中,获得比个体劳作更大的力量和更高的效率。实践中人们根据工作的要求与人员的特点,设计岗位,通过授权和分工,将适当的人员安排在适应的岗位上,用制度规定各类人员的职责,协调上下左右的相互关系,形成一个有机的组织结构,并使整个组织协调地运转。这就是管理的组织职能。

酒店的组织职能包含着两方面的含义。一是指酒店的组织结构和组织管理体制,即酒店管理机构的设置、各管理层次的职能权限、人员的分工协作,以及所有这一切的相互关系。二是指为了达到酒店决策的目标,合理地组织和调配酒店的人、财、物等资源,使企业经营各部门、各环节相互衔接、协调一致,取得最大的组合效益,形成高效地接待能力。

组织工作的优劣在很大程度上决定着酒店管理的决策、计划实施的成败。因此,组织职能是管理活动的根本职能,是其他一切管理活动的保证和依托。

3. 指挥职能

指挥职能是指酒店管理者凭借权利和权威,对管理对象发出指令,以有效地推动下属实现计划的活动。酒店尽管有了计划和组织,但是在计划执行过程中,仍然可能出现偏离目标的现象,需要管理人员运用指示、命令等各种手段临时调整。指挥的实质是组织的补充。指挥也是领导他人的艺术,它的实施在很大程度上取决于管理人员的领导方式和领导艺术。管理人员在执行指挥职能时,要熟悉各自负责的业务流程范围及特点,讲究指挥艺术,最大限度地调动每个员工的工作积极性。切忌感情用事,防止个人主观意志的外化,避免瞎指挥。

指挥职能的一般原则是,管理者只能对本身的直接下级指挥,一般不越级指挥。只有令出一头,才能令行禁止。如果同一下属同时得到两个以上的指令,就会使他们无所适从,而管理者的指令也无法贯彻执行,最终会使管理者的权威受到损害,影响管理目标的实现,组织系统也会处于危险之中,但在特殊情况下(如重大的企业战略问题和重要的人员更替问题等),上级领导也可以越级干预,这就是现代管理中的所谓"例外原则"(具体参见第二章)。

4. 控制职能

控制职能是管理人员接受酒店的市场信息和内部信息,按决策目标和核定的标准对酒店经营活动进行监督、调节、检查、分析,发现实际情况与目标之间超过允许值的偏差并予以处理的活动。简单地说,控制职能是根据目标实施检验和调整的功能。控制职能贯穿于经营过程的始终。

控制的基本要求是使酒店实际的经营活动能和决策计划相一致。执行控制职能的关键在于信息的反馈。通过信息的反馈，才能对每一个计划的执行情况进行比较，分析产生偏差的原因，对计划进行修正和控制。从纵向看，各个管理层次都要充分重视控制职能，愈是基层的管理者，控制要求的时效性愈短，控制的定量化程度也愈强；愈是高层的管理者，控制要求的时效性愈长，综合性愈强。从横向看，各项管理活动、各个管理对象都要进行控制。没有控制就没有管理。

根据控制活动发生在系统运行过程之前后可划分为事前控制、事中控制和事后控制。事前控制是指在经营活动开始之前的控制。目的是要在实际经营活动开始之前尽量避免可能导致不良结果的因素发生，防患于未然。如开餐前的各种准备工作。事中控制又叫现场控制，即企业在经营活动中，进行监督、检查、发现问题及时解决。要做到这一点，必须要求管理人员在业务进行中实施现场指挥，建立信息反馈系统，发现问题及时纠正，把生产经营服务活动引入正确的航线。事后控制也叫反馈控制。在企业经营业务结束后，把结果和标准进行核对，两者之间可能会出现差异，这就需要分析差异产生的原因，随后采取措施纠正偏差。

5.协调职能

酒店是一个多部门、多功能的综合企业。众多的部门和功能在运行时，一方面要保持自身的有效性，同时还要注意不偏离酒店的总体目标，相互间和谐统一，这就需要管理者执行协调的职能。协调职能是管理人员以决策为依据对不同的人、事、业务之间的联络调整等活动，使之相互配合、和谐一致，以达到酒店经营目标。

对酒店的协调职能的认识有两个方面。一方面，管理者执行协调职能是通过信息的传输，及时发现在各部门或各方面的不平衡和矛盾，继而采取一定的措施，做好协调工作，使不平衡和矛盾趋向和谐。另一方面管理者执行管理职能，要培育全体员工的协调意识，要实现自我调节主动配合，使不平衡和不协调能及时消除而趋于和谐。

四、酒店管理者的理念

现代酒店管理方法与艺术，支配和指导着酒店的经济行为和管理行为。作为酒店管理者，必须要具备以下几个方面的管理理念。如图1-5所示。

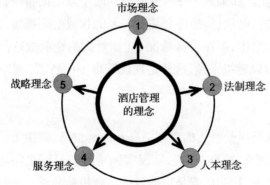

图1-5　酒店管理者的理念

1. 市场理念

（1）法人意识。企业法人是社会组织在法律上的人格化。被市场经济赋予了法人地位，酒店就应有独立的法人意识。酒店是独立的社会组织，它既不是上级主管部门派出代表，也没有任何特权可享，必须建立适应市场经济的经营体制，明晰产权，两权分离，独立面对市场，对自己的行为负法律责任，自主经营、自负盈亏，独立行使自己的民事权利并承担相应的义务。

（2）市场意识。在市场经济条件下，市场配置酒店的一切资源，酒店的经营决策、组织设置、运作方式都应符合市场规律。树立市场意识要求酒店经营者主动了解行业发展趋势，了解和掌握对手及市场的情况和需求，密切注意市场发展动向，使酒店产品与市场需求相适应，并努力开发新的市场需求领域，引导消费，达到提高企业经济效益和社会效益的目的。

（3）竞争意识。市场经济必然引发竞争，竞争的结果是优胜劣汰，实现资源的优化配置。竞争主要有价格竞争和非价格竞争。对酒店来说，价格竞争表现在以低价格策略扩大市场占有率、提高客房出租率等方面。价格竞争无节制地发展，会给市场带来恶性循环。所以，体现在服务特色、产品质量、管理水平、创新意识等非价格竞争领域的竞争才是酒店面临的主要竞争形式。

2. 法制理念

市场经济是法制经济，企业经营者应具有很强的法制观念，为了调节市场中相互作用的各种关系，必须运用法律的权威。

（1）依法经营的意识。酒店作为市场活动的主体，必须遵守市场经济的游戏规则，依法经营。酒店企业在经营过程中应能够充分运用企业法、破产法、公司法、知识产权法等来规范经营行为，维护合法权益。

（2）重合同、守信誉的意识。酒店的交易活动必须按照经济合同来进行。酒店必须完成订有书面协议的交易，对大量的未签订书面协议但已经形成契约关系的交易，也要保质保量如期地完成，这就是酒店的重合同、守信誉的意识。

（3）公平竞争的意识。市场经济中普遍存在竞争，这是市场主体为了获得更高利润和市场占有率所采取的行为，但是不道德的竞争会带来恶性后果，危害市场中的每一个主体，所以竞争一定要正当公平地进行。酒店必须遵守反不正当竞争法和消费者权益保护法等法规的规定，开展公平正当的竞争。

3. 人本理念

酒店业是"人"的行业，人在酒店经营管理中有着极其重要的意义和作用。酒店业的所有活动都应围绕着人来开展。

（1）员工第一的意识。酒店产品的生产和消费同步或几乎同步进行，酒店员工对酒店产品的质量起着决定性作用。许多酒店提出"员工第一"的口号，认为"没有满意的员工，就没有满意的宾客"。有些酒店还一反惯例，在组织结构图上把员工放在最上层以示对员工的重视。这些观点和做法，都是对酒店存在和发展的根本因素——员工的全新认识。

(2) 宾客至上的意识。酒店产品的质量高低是以宾客的感受来评价的,因而酒店必须树立"宾客是上帝"、"宾客至上"的经营意识,认真研究宾客的需求和消费心理,提供适销对路的服务和产品,让理、让利于宾客,不断提供服务质量,使酒店的品牌知名度不断提升。

(3) 使用和培育并重的意识。劳动密集型的酒店业,需要大量员工。酒店不仅不应把使用员工看成是简单的雇用,而是必须考虑员工的发展,要不断地对员工进行理论教育和实践培训,使员工的自我价值实现和酒店的发展结合起来,充分发挥他们的积极性和创造性,从而激发其潜能。

4. 服务理念

在酒店行业中,树立牢固的服务理念十分重要。

(1) 质量意识。酒店产品的无形性特点及其生产、销售和消费的同步性特点决定了酒店产品不存在事后弥补的机会。酒店产品的无形性、非物质化的特点决定了酒店产品的质量不可能像工业产品那样通过仪表仪器加以测定衡量,定出量化标准。酒店要通过建立服务质量管理体系,制定和执行质量目标、质量标准、服务规程等来控制酒店服务产品的质量。酒店的管理者一定要严格按照质量标准以及服务规程进行管理和服务,努力提高酒店服务质量。

(2) 时间意识。时间是酒店管理和服务中一个极其重要的要素。一方面,酒店管理者不仅要重视人力、物力、财力等有形资源的组合和利用,还要注意时间要素的节约。既不能仓促决策,造成失误,更不能迟疑不决,延误机会。另一方面,酒店服务首先要做到尽量减少宾客的等候时间,同时还应讲究适时,即应该根据宾客情况,把握最适当的时机为宾客服务,做到准时、适时、优质,时时处处讲究效率。

(3) 专业化意识。随着时代发展和科技进步,酒店管理中运用了越来越多的科技成果,酒店的设备实施越来越先进,酒店业务和管理也已普遍采用计算机进行操作控制和信息处理,对各种专业人员、技术人员的需求越来越明显。另一方面,酒店服务本身是一种非常专业的工作,对人员的素质和技能有相当高的要求。一位技术熟练的专业服务人员对酒店来说是十分宝贵的财富。正因为如此,酒店要十分重视和提高专业化的意识。

5. 战略理念

现代酒店企业的管理者不仅应是个战术家,同时还应是个优秀的战略家,应该具备全局意识、信息意识、风险意识、超前意识等战略理念。

(1) 全局意识。在市场经济中,通过"看不见的手"可以实现优胜劣汰,达到资源的优化配置。但市场经济也有自身无法克服的缺陷,如某些领域的调节不灵,出现无政府状态等,这时只能由国家通过经济管理职能加以干预和调控。全局意识是酒店管理者应具有的意识,酒店管理者既要按照市场规律制定酒店的经营计划,又要自觉地服从国家对市场的调节。

(2) 信息意识。目前人类已进入信息时代,信息的流通成了企业经营管理的基本手段。酒店企业的生产经营活动与外界存在着广泛的物质和非物质的交换关系,大量的信息交换也存在于酒店内部各生产环节之间。酒店不断向外发送产品质量、价格、促销活动等信息,外界也不断向酒店提供需求、供给、竞争、消费偏好、国家调控等信息。经加工和分析的信息,可以促进酒店内部各部门之间、酒店与外部环境之间的关系调整,为经营决策提供依据,保证酒店经营活动的有序开展。酒店管理者要特别重视信息的作用,加强管理,提高获取、处理、运用信息的能力,并且保证信息渠道的通畅,保证信息反馈的真实。

（3）风险意识。作为市场经济中独立主体的酒店业,实行独立核算、自主经营、自负盈亏,承担经营风险。一方面,酒店的发展与员工的收入、福利都和酒店的经营效益密切相关。另一方面,由于酒店是满足人们非基本需求的服务企业,对大多数消费者而言酒店产品可有可无,酒店产品可替代程度高、竞争激烈,使得酒店经营存在较大的风险。所以,酒店管理者不仅要具有极强的风险意识,还要建立风险防范机制,如加强市场调查、市场预测,扩大经营范围,开展多种经营等,使酒店抗风险能力不断增强。

（4）超前意识。与我国目前的生产力水平和人民群众的消费水平相比,酒店业明显的超前性,不仅表现在酒店一般都采用较先进的设施设备,以保证其服务功能在相当时间内不落后,而且还表现在与国际市场紧密衔接,以国际标准为依据从事经营管理。酒店业的超前性不仅要求酒店管理者具有先进的经营理念、管理方法,充分了解国际酒店发展的新动向,还要求员工具备超越一般企业员工的素质,不断研发新产品,满足日益多样化的市场需求。

"海底捞"掌门人张勇自述：我的愉快管理学

一、服务就是差异化

我18岁进工厂,成为拖拉机厂一名电焊工人,上班几年后觉得无聊,就在街边摆起了四张桌子,开始卖麻辣烫。这种状态持续了两年,1994年3月,"海底捞"第一家火锅城在四川简阳正式开业,我、我太太、同学和同学太太四人,就是"海底捞"的创业团队。那时我连炒料都不会,只好买本书,左手拿书,右手炒料,就这样边炒边学,可想而知,这样做出来的火锅味道很一般,想要生存下去只能态度好点,客人要什么速度快点,有什么不满意多陪笑脸。因为我们服务态度好、上菜速度快,客人都愿意来吃,做的不好客人会教我做。我发现优质的服务能够弥补味道上的不足,从此更加卖力,帮客人带孩子、拎包、擦鞋……无论客人有什么需要,我都二话不说,一一满足。这样做了几年之后,海底捞在简阳已经是家喻户晓。

我做火锅是偶然,但也算歪打正着,因为火锅相对于其他餐饮,品质的差别不大,因此服务就特别容易成为竞争中的差异性手段。

1999年,我决定将"海底捞"的牌子做到外地去,海底捞走出简阳的第一站,选在了西安,因为西安那边有人愿意和海底捞合作。但事与愿违,海底捞刚到西安头几个月都接连亏损,眼看就要把我们之前辛苦积攒下来的老本赔个精光,危急关头,我果断要求合伙人撤资,委托我派过去的得力助手杨小丽全权负责,重拾海底捞的核心理念——服务高于一切!短短两个月内,西安海底捞店居然奇迹般地扭亏为盈。

我这个人想法也比较开明,没有"餐饮服务"的定见:什么能做,什么不能做。只要顾客有需求,我们就做。

最近被网友们热评的"火锅外卖"是海底捞的特色服务之一,起因是我在开会时提了一句:现在网络营销很火,咱们也可以尝试一下嘛!实际上这一形式自2003年就开始了:受到"非典"的影响,餐饮行业陷入低谷,海底捞也未能幸免,营业额直线下降,往日宾客满座的火锅店变得冷冷清清。

身为西安店的经理,杨小丽开始寻思对策:客人不愿进店就餐,可以给客人送上门去,她马上就在报纸上发布了一条关于海底捞火锅外卖的消息。送火锅上门,这很新鲜,海底捞的订餐电话立刻响个不停。为了送货方便,我们将传统的煤气罐更换为轻便的电磁炉,前一天送餐,第二天再去取回电磁炉。记得这事当时还被"焦点访谈"栏目作为餐饮业在"非典"时期的重大创新进行了专题报道。

现在海底捞在全国8个城市都开设了分店:沈阳、天津、北京、上海、南京、杭州、西安和郑州。这也是连锁餐饮业的特性:在大城市做好了,小地方一样也能做好,成功模式是可以直接复制的。

二、服务好你的员工

海底捞的服务员很多都是经人介绍过来的:老乡、朋友、亲戚甚至是家人……这种招聘方式在很多人看来简直是匪夷所思。

餐饮业属于劳动密集型行业,来就餐的顾客是人,管理的员工是人,所以一定要贯彻以人为本。我始终认为,只有当员工对企业产生认同感和归属感,才会真正快乐地工作,用心去做事,然后再透过他们去传递海底捞的价值理念。大家可以和亲戚朋友一起工作,自然就很开心,这种快乐的情绪对身边的人都是很具感染力的。

海底捞为员工租住的房子全部是正式住宅小区的两、三居室,且都会配备空调;考虑到路程太远会影响员工休息,规定从小区步行到工作地点不能超过20分钟;还有专人负责保洁、为员工拆洗床单;公寓还配备了上网电脑;如果员工是夫妻,则考虑给单独房间……光是员工的住宿费用,一个门店一年就要花掉50万元人民币。

为了激励员工的工作积极性,公司每个月会给大堂经理、店长以上干部、优秀员工的父母寄几百元钱,这些农村的老人大多没有养老保险,这笔钱就相当于给他们发保险了,他们因此也会一再叮嘱自己的孩子在海底捞好好干。

此外,我们出资千万在四川简阳建了一所寄宿学校,让员工的孩子免费上学。我们还设立了专项基金,每年会拨100万用于治疗员工和直系亲属的重大疾病。虽然这样的福利和员工激励制度让海底捞的利润率缩水很多,但我觉得这些钱花得值当。

加入海底捞的员工,流动率在头三个月以内会比较高,因为生意太好了,确实太累了,三个月到一年之间有所降低,等过了一年就比较稳定了,能做到店经理就非常稳定了。海底捞员工的薪酬水平在行业内属于中端偏上,但有很完善的晋升机制,层层提拔,这才是最吸引他们的。

绝大多数管理人员包括店长、经理都是从内部提拔上来的。我们会告诉刚进来的员工,你只要好好干,我们一定会提拔你,这是我们的承诺。

在我看来,每个人都有理想,虽然他们中的大多数人来自农村、学历也不高,但他们一样渴望得到一份有前途的工作,希望和城市居民一样舒适体面地生活,他们也愿意为追逐梦想而努力,用双手改变命运。我要让他们相信:通过海底捞这个平台,是能够帮助他们去实现这个梦想的。只要个人肯努力,学历、背景这些都不是问题,他们身边榜样的今天,就是他们的未来。

我们对每个店长的考核,只有两项指标:一是顾客的满意度,二是员工的工作积极性。而对于服务员,不可能承诺让所有的顾客都满意,只要做到让大多数顾客满意,那就足够了。我们会邀请一些神秘嘉宾去店里用餐,以此对服务员进行考核。

我看到有的餐厅训练服务员,微笑要露出八颗牙齿,嘴里夹着根筷子训练,我说那哪是笑啊,简直比哭还难受,那些僵硬的笑容,并不是发自内心的。海底捞从来不做这类规定,激情+满足感=快乐,这两条都满足了,员工自然就会快乐,并把这种情绪带到工作之中。

三、海底捞的章法

我倡导亲情式的管理,但并非放松要求的管理。从表面上看海底捞的管理不成章法,实际上很有章法。

我们总结出海底捞的基本点:海底捞的战略目标很清晰——保障顾客满意度,以达到品牌建设的目的;核心思想——用双手改变命运;人员安排——轮岗,而不是一个萝卜一个坑,这样方便以后升迁;组织结构——尽可能地下倾。

在财务上,我充分授权,没有资金需要我审批,财务总监就是最后一道坎。用人不疑疑人不用,这是我的原则。海底捞每年要花十个亿出去,平均每天的资金吞吐量有多大?我如果事必躬亲,会累死的。在海底捞公司,从管理层到普通员工,都拥有超过一般餐饮店员工所能得到的权力:200万以下的开支,副总可以签字;100万以下的开支,大区经理可以审批;而30万元以下的开支,各个分店的店长就可以做主。就连普通的一线员工,也有一定权限:他们可以赠送水果盘或者零食;如果客人提出不满,他们还可以直接打折,甚至免单。

管理层级上,也没有人直接向我汇报。公司设立了由7个部门领导组成的总经理办公会,每个月开一次会,没有特殊情况我都会参加。我们还有一个规定:这7个人当中如果有谁要离开,将得到800万元的补贴,800万正好是海底捞开设一家新火锅店的费用。总经理办公会的几个成员现在都年薪百万,他们出去单干,能力是绝对没问题的,如果他们自己去开一家火锅店,一年肯定不止赚一百万,但他们都不愿意走,觉得留在海底捞发展挺好。

三年前我弟弟从部队转业后找到我,说想自己开家餐厅,我让他来海底捞从服务员干起,三年后他凭借自己的能力晋升为总经理办公会成员,两个月前他找到我,说决定享受800万的补贴,离开海底捞自己去创业,我支持他。

我认为人力资源部是最重要的部门,不能够独立,领导一定是有实权的人物,哪怕是挂名。我就兼着海底捞公司人力资源部的部长,几大部门领导是副部长,分公司老总也是各地人力资源部的部长。

经常有店长、经理和我说:咱们的发展是不是太慢了,我们明年要开多少家店,我说到底谁是老板啊？皇帝不急太监急。海底捞的每个店都会按照实际需要的110%配备员工，为扩张提供人员保障。为了保证服务质量的连续性和一致性，每个店还必须保证有30%左右的老员工压阵。每开设一家新店，必须有符合要求的店长、领班和员工，如果人员不到位的话，那我们就会停店，即便新店已经装修完工，也要等相关人员考核达标之后再正式开业。今年天津和上海分店就遇到这种情况，这是决策中的失误，但没有人会因此承担责任。

其实现在是海底捞很危险的一个阶段，扩张太快，还没有很好的办法通过流程、制度和绩效考核把我们的企业文化很好地贯彻下去。现阶段我不会追求太快速的发展，也不会为了盈利去做一些我认为不合理的事情。海底捞目前面临的最大挑战是建立规范化、流程化的管理体系，以适应和保障企业的发展。

试问：海底捞的"愉快管理学"为什么能够获得成功？

思考与练习

一、问答题

1. 酒店产品的含义及特征是什么？
2. 酒店管理的含义及目标是什么？

二、案例分析

这是谁的责任？

"五·一"佳节刚过，南方某宾馆的迎宾楼，失去了往日的喧哗、繁躁，寂静的大厅，半天也看不到一位来宾的身影。

客房管理员A紧锁着眉头，考虑着节后的工作安排。突然她喜上眉梢，拿着电话筒与管理员B通话：目前客源较少，何不趁此机会安排员工休息。管理员B说："刚休了7天，再连着休，会不会太接近，而以后的20几天没休息日，员工会不会太辛苦。"管理员A说："没关系，反正现在客源少，闲着也是闲着。"俩人商定后，就着手安排各楼层员工轮休。

不到中旬，轮休的员工陆续到岗，紧接着客源渐好，会议一个接着一个，整个迎客楼又恢复了昔日的热闹，员工们为南来北往的宾客提供着优质的服务。

紧张的工作日以继夜地度过了十几天，管理员A正为自己的"英明决策"感到沾沾自喜时。下午四点服务员小陈突然胃痛；晚上交接班时，小李的母亲心绞痛住院；小黄的腿在装开水时不慎烫伤。面对接二连三突然出现的问题，管理员A似乎有点乱了方寸。怎么办？姜到底是老的辣，管理员A以这个月的休息日已全部休息完毕为由，家中有事，生病的员工，要休息就请假，而请一天的病事假，所扣的工资，奖金是一笔可观的数目。面对这样的决定，小黄请了病假，小陈、小李只好克服各自的困难，仍然坚持上班。

第二天中午，管理员B接到客人的口头投诉：被投诉的是三楼的小李及四楼的小陈，原因均是：面无笑容，对客不热情。管理员B在与管理员A交接班时，转达了客人对小李、小陈的投诉,管理员 A 听后,陷入沉思……

试问:本案中出现的客人口头投诉的责任到底在谁?

三、综合实训

1. 实训内容

以小组为单位,一个小组就是一个酒店管理团队,假设一个虚拟的酒店(包括名称、类型和等级等),就其"经营管理"提出自己的设想(包括经营的特色、管理的理念或思路等)。

2. 实训要求

以小组为单位,给每个成员一个特定的身份(如董事长、总经理等),就实训内容进行分组讨论、分组汇报、小组互评和老师点评。

第二章
酒店人力资源管理

学 习 目 标

知识目标
1. 了解酒店人力资源管理的概念、特征。
2. 掌握酒店人力资源管理的理念、目标、内容。
3. 了解酒店员工招收计划的制订、员工招收的程序。
4. 了解酒店员工培训的原则,掌握酒店员工培训的步骤。
5. 了解酒店合理用人的原则,掌握酒店员工激励的方式。
6. 了解酒店薪酬体系的构成、薪酬管理的基本原则。

能力目标
1. 能够根据酒店要求制订员工招收计划。
2. 能够根据酒店需要制订员工培训计划,并能够组织员工培训活动。

酒店资源是指能够为酒店所开发和利用,并可以产生经济效益、社会效益和环境效益的各种事物和因素。既包括有形的物质资源,也包括无形的非物质资源。根据酒店资源的特点可以将其分为人力资源、财力资源、物力资源和信息资源等方面。本章主要介绍酒店人力资源的开发、利用与激励等内容。

第一节 酒店人力资源管理概述

人力资源(Human Resources,简称HR)是指在一个国家、地区或组织中,具有劳动能力的人口总和。酒店资源管理的重点应该是人力资源的管理。企业的竞争归根到底是人的竞争。如何吸收和留住人才,如何使人才发挥更大的作用,为企业创造更大的效益,已经成为企业管理者,尤其是高层管理者十分关心的一个重要问题。

一、酒店人力资源管理的涵义

(一) 酒店人力资源管理的概念

酒店人力资源管理,是指为了满足酒店和个人发展的需要,保证酒店目标的顺利实现,对酒店人力资源进行有效开发、合理利用和科学管理,使其得到最优化的组合和积极性最大限度的发挥的一系列活动的总称。

酒店人力资源管理的概念是建立在传统的人事管理基础上的,但范畴比传统的人事管理更深更广,它不只是"劳动人事部门的工作",也是酒店所有管理者的重要职责。把人力资源看作有效资源进行管理,发挥其潜能,是酒店正常运转并为宾客提供高质量的服务,以及获得满意的社会和经济效益的保证。酒店管理中,既要继续实行为确保人与工作最佳组合的一般性劳动人事管理工作,更要采用现代管理科学的方法与手段,关注员工的需求,激发员工的积极性和创造性,从而实现酒店经营管理目标,这是人力资源管理的关键所在。

(二) 酒店人力资源管理的特征

应该说,凡是涉及人的问题,都是酒店人力资源管理研究的对象。酒店人力资源管理既包括传统的人事行政管理,又包括运用各种管理方法对员工潜能的开发与利用,有以下几个特征:

1. 酒店人力资源管理是对人的管理

酒店是一个劳动密集型的产业,酒店人力资源管理直接面对的是个性、习惯、爱好和兴趣等各不相同的一个个员工,而员工直接面对的又是形形色色的具有不同个性的客人。只有当员工能够为客人提供令其满意的服务时,酒店才能够赢得并留住客人,达到酒店管理的目标,而只有满意的员工才能自觉地为客人提供满意的服务。因此,进行人力资源管理首先必须树立"以人为本"的意识,正确认识员工。员工首先是自然人、社会人,其次才是职业人——酒店的员工。员工有自然人的基本需求,他们需要尊重和自豪感,同时应该适应酒店的要求,具有酒店人的职业习惯和特点等。管理者必须树立"宾客至上,员工第一"的管理观念,针对人的特点,通过培训和教育,才能使员工成为"为绅士和女士服务的绅士和女士",并具有职业自豪感。

2. 酒店人力资源管理是全员性管理

人力资源管理强调"以人为本",认为人是一种特殊和重要的资源,把人作为管理中最关键的因素,认为具有良好素质的专业化员工队伍不是自然形成的,是通过管理人员的精心选择、培养和激励而形成、维持和发展的。所以,人力资源管理应该成为酒店全体管理人员的职责,而不仅仅是酒店人力资源部或人事部的事。酒店的每位管理人员都应该了解和掌握人力资源管理的理论、方法以及人力资源管理的职能、选用、培训、激励员工,给员工创造展示才能的机会和条件,调动员工的工作积极性。

3. 酒店人力资源管理是科学化的管理

酒店人力资源管理是一项复杂、综合性的系统工程,所以,必须建立起一整套标准化、程序化、制度化和定量化的管理系统作为保证,进行科学化的管理。

标准化是指对酒店所有工作制定有关数量、质量、时间、态度等的详细、具体、统一的要求。如录用员工要有素质条件标准,岗位培训要有合格标准,服务工作要有质量标准,各部门要有定员标准等等。程序化是指对管理或工作的过程要进行科学地分段,并规定各阶段的先后顺序和每个阶段的工作内容、要达到的标准、责任者及完成时间,前后环节之间的配合与衔接。制度化是指人力资源管理工作要有严密的规章制度做保障,使录用、招聘、考核、选拔等工作顺利进行。"没有规矩,不成方圆"。定量化是指管理者要经常进行测试、统计和定量分析,以制定或修改定额,为考核系统提供科学的数量依据等。

4. 酒店人力资源管理是动态管理

人力资源管理的动态管理特点是指管理者不仅要根据酒店的整体目标选拔合适人才,对酒店员工的录用、培训、奖惩、晋升和退职等全过程进行管理,而且要注重在员工工作的动态过程中的管理,即重视员工的心理需求、了解员工的情绪变动和思想动态,并采取相应措施调动员工工作积极性,使全体员工发挥潜在的能力。动态的管理活动体现了现代人力资源管理所强调的因人而异、因地制宜的权变思想。

二、酒店人力资源管理的理念

酒店人力资源管理强调的是"以人为本",给员工以更大的发展空间与更多的关爱,从而增强员工的凝聚力与工作的积极性。在酒店人本管理中,对外须"顾客第一",对内则须"员工第一"。因此,酒店应把用人之道放在首位,敢于用人,善于用人,本着尊重人、关心人、理解人、信任人、帮助人、培养人、爱护人、激励人的原则,激发员工的潜能与增进员工的忠诚度。酒店人力资源管理的理念,如图2-1所示。

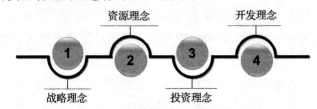

图2-1　酒店人力资源管理理念

1. 战略理念

酒店业属于劳动密集型行业,人力资源是决定酒店发展的最核心资源,管理者应把人力资源管理提升到战略高度。人力资源管理活动具有战略性、整体性和未来性的特点,主管部门人力资源部直接参与组织的战略决策。人力资源管理不只局限于对劳动力的进、出、管等事务性管理,而且还要结合酒店实际情况、行业发展趋势及人才市场信息做出总体的战略规划。在时间上,要以长远的眼光对人才需要做出分析预测,制定人力资源的吸引和培养战略。在人才组织方面,要确立合理的人才结构与配置,以体现人才的梯队性。在人才开发上,要有计划、有步骤地进行滚动培养,实施重点人才优先培养、紧缺人才从速培养、一般人才分批培养的策略,并注重开发人的潜力与活力。

2. 资源理念

人力资源是酒店经营中的首要资源,人是酒店经营活动的中心,因为物的资源只有通过人的活动才能发挥作用。人力资源与其他物质资源的不同之处就在于它是动态的、主动的、可以开发的。酒店是通过向客人提供食宿及其他服务来获得经济效益的经济组织,其服务的优劣程度直接决定着酒店经济效益的高低。在市场经济条件下,酒店要想在激烈的竞争中站稳脚跟、打开局面,就必须努力提高服务质量,不断提高整体素质,增强组织活力。而酒店服务质量提高的关键则取决于员工的服务意识、专业技能、心理素质等因素。企业素质归根到底是人的素质,至于企业的活力,其源泉在于员工积极性的充分发挥。所以,酒店经营的成功与否,关键在于人力资源的开发与使用。

3. 投资理念

人力资源是一种能动的且具有无限潜力的资源,要把这种资源转化为生产力,就必须对它进行投资。目前,我国有相当一部分酒店的领导层,把培训、工资、福利仅仅看作是成本,因而,在管理中往往表现对人力成本投入方面的精打细算,对人力资源产出管理方面的无所作为,片面追求减员增效,压缩工资与福利支出,减少培训费用,致使员工疲于加班加点、情绪低落,导致员工素质低下,组织凝聚力下降,优秀员工流失率增高。其实,酒店的定员管理、薪酬政策、培训投入是一种投资决策,其准则并不是绝对数量的多少,而是合理的投入产出比例。酒店定员决策必须建立在科学的工作分析、合理的劳动定额基础之上,追求的是岗位设置科学合理、工作任务安排恰当、工作时间利用科学,而不是简单的裁员或招聘。而薪金则是员工个人价值的体现,要想员工积极而有效地工作,就必须保证员工的正常收入,提高员工的生活质量。科学有效的员工培训绝对是一种理性的投资行为。

4. 开发理念

在人事管理年代,酒店往往把规范员工的行为作为员工管理的重心,强调"大河有水小河满,大河无水小河枯",强调集体的利益和企业的利益高于一切,酒店的事再小也是大事,个人的事再大也是小事,要求员工个人的行为必须服从企业的目标,结果必然导致酒店员工动力不足的状况。彼得·德鲁克认为:"组织的效率,来自于组织中每一个人是否能够最充分地发挥自己的聪明才智。每个人自由地发挥自己的才智,又能够相互分工协调,这便是组织的奥秘所在。任何组织,如果不能充分地发挥个人的才能,这种组织必定是最低效的或无效的。"

酒店经营者要实现预期的宏伟目标,就必须实施人本化的管理,实现人力资源管理重心的转移,即从规范员工行为转向开发人的潜能,注重构筑酒店与员工的共同愿景。没有涓涓细流,何来大河;没有酒店员工的奋发进取,何来酒店事业的辉煌。所以,酒店经营者必须既注重组织的发展,又顾及员工个人的发展,建立一种组织与员工共同成长的机制,使员工能最大限度地发挥自己的聪明才智,并实现自己的人生价值。

案例分析

偏好给员工"上课"的领导

宁波某星级酒店总经理林某40出头,中等个头,举止优雅,笑口常开,口齿伶俐。无论谁与他第一次碰面,都会被他那平易近人、和蔼可亲的态度所吸引,被他那口若悬河、滔滔不绝的口才所折服。新近毕业的大学生张某在酒店新员工培训期间,就领教了林某那大气蓬勃的发言,并深深为其倾倒。张某对这位老总大感兴趣,并有意向老员工打听他的具体情况。听到的意见大多是:林总为人很好,喜欢给员工上课,善于改变他人想法,很有主见,非常健谈。但从老员工说话的口气看,他们好像有意隐瞒着什么。正式上班后,张某发现该酒店在具体运作上存在很多问题,如部分员工出工不出力、部门间沟通不畅、多头管理现象较为严重等。更令他感到不解的是,员工经常在一起发牢骚,尤其对林总的管理方式大为不满,说他拥有教师情结、刚愎自用、爱出风头、废话太多等。有一天,张某鼓足勇气走进了林总的办公室,准备就酒店的进一步发展,谈谈自己的意见。林总非常客气地请他坐下,叫秘书给他沏了一杯茶,并请他畅所欲言。张某整理了一下思绪后,开始谈他所看到的问题。但不到两分钟,他的话就被林总打断,然后他再次领教了林总的"口才",大学期间教授给学生上课的一幕似乎在此刻"重演"。在整个谈话期间,林总把他存在的疑虑全部阐释了一篇。当时,他认为林总说得非常在理,但走出办公室后,他又觉得似乎还存在问题。此后,张某又找林总沟通了几次,但结果仍然一样,他无法表达自己的真正想法,整个过程林总都像在给他上课,他的思想也似乎被林总清洗了一遍,但过后,他又总觉得林总所说的不完全正确。张某后来再也不主动向林总反映问题了,他认为林总实在太能讲,太喜欢讲,尤其善于在现场改变别人的想法。但问题是,他置员工的想法于何地呢?

试问:林总的做法有无不妥之处?若有,请指出问题所在。

三、酒店人力资源管理的目标

任何酒店人力资源管理的根本目标都是通过合理组织和运用人力资源以提高员工的劳动生产率与达成组织的战略目标。具体目标包括如下内容:

(一)形成高效的人力资源组合

酒店要正常运转并取得良好的经济效益和社会效益,不仅需要有先进的管理方法,更需要拥有一支高效优化的人才队伍。因此,在人力资源管理方面,酒店必须要通过战略布局,做到组合优化、职责分明、人尽其才、才尽其用,形成一个精干、有序、高效的管理队伍。

(1)战略布局。人力资源具有时效性和流动性。为了保证酒店能够在长时期内拥有充足的、持续的人才资源,应该有一定的人才储备以适应各项业务发展的需要。因此,需要基于酒店的战略发展规划,做到有计划地培训、开发和利用人才资源,从长远考虑智力投资与队伍建设问题。

（2）优化组合。酒店应该充分有效地利用现有人才，通过对各类人员合理组织、安排和使用，使每个员工都能充分发挥积极性、主动性。因此，在人力资源配置与管理上，既要兼顾酒店人力资源的数量、质量与结构，又要注重对在职员工潜能的开发，还要能够吸引优秀人才从事酒店工作。

（3）职责分明。酒店应该通过科学的工作分析，基于工作描述与职务要求，明确规定各项工作的任务、技能、素质与责任要求等，尽量避免"有人有力不愿使"和"有些工作没人做"的情形发生。

（4）精干高效。酒店属于劳动密集型企业，所以在进行组织结构设置时应尽量体现组织结构扁平化的要求，使得管理层次和管理幅度合理配置，同时采取直线领导责任制，避免多头领导，从而打造高效的酒店管理模式。

（二）提高员工的工作生活质量

工作生活质量（Quality of Work Life，QWL）也称为"劳动生活质量"，对于工作组织来讲它是一个过程，是指组织中所有成员，通过与组织目标相适应的公开的交流渠道，有权影响组织决策与改善自己的工作，进而导致员工更多的参与感、更高的工作满意度和更少的精神压力的过程。QWL的基本思想是为了提高组织工作效率，它强调企业应该放弃简单追求生产效率的做法，而改为更加重视每个组织成员的个人价值在工作中的体现，并且通过个人价值的实现反过来促进组织效率的提高。酒店管理者必须认真探究提升员工工作效率与工作生活质量的方法与途径，设法改善员工的生活福利和工作环境，为员工提供参与组织决策的机会，激发员工的工作热情，提高员工工作成效，提升员工满意度。

工作生活质量改善的关键是员工在工作中能否获得快乐的体验。酒店人力资源管理的关键是如何使员工在快乐工作的过程中提升工作效率。为了提高员工的工作生活质量，酒店可以采取的措施有：设置工作生活质量管理小组；全面了解与合理满足员工的个性化需要；重视员工情绪的管理；鼓励员工对组织决策工作的参与；构筑畅通的信息传递渠道；构建有效的授权机制。

授权是指管理者根据工作的需要，授予下属一定的职权，使下属在一定的职责范围内有权处理问题、做出决定，为管理者承担相应的责任。一句话，就是管理者将自己不必亲自做、下属可以做好的事情交给下属去完成。正确有效的授权，对于员工愉快而高效地工作具有非常积极的意义：其一，有利于调动和发挥下属工作的积极性、创造性。可以说，管理者调动下属积极性的能力，从某种程度上可以反映他的管理能力。其二，有利于改善上下级的关系。通过有效授权，使下属从层层听指令行事的消极状态，改变为各自负责的积极主动状态，使上下级之间的关系变成合作共事、互相支持的关系。因此，恰当的授权可以改善上下级关系，促进相互理解与信任，提高员工工作生活质量。

案例分析

越俎代庖的新任副总

江西某酒店工程部经理吕某由于打造高效团队、营造愉悦氛围与创造出色业绩,升任酒店主管设备、安全与服务质量的副总经理。他的原助理赵某被提拔为工程部经理。由于吕某对设备管理比较熟悉,他还是把主要精力放在工程部事务上,认为自己能够做得比现在的工程部经理更好,所以经常去工程部对一线操作工人进行指导,解决一些实际问题,或者直接下达任务,替代了现任工程部经理赵某的职责。时间长了,赵某就很少做决策,遇到需要抉择的事情时,都要请示吕某。工程部员工的抱怨日益增多,因为要经常面临吕某与赵某的直接指挥。上下级之间、员工之间的关系日趋紧张。

吕某一边要处理工程部的具体事情,又要分管酒店其他的事情,忙得不亦乐乎。于是找到了刚从某著名大学MBA班学成归来、现主管人力资源的副总李某,以寻求解决问题的策略。在李某的总体协调下,制定了具体的解决方案:首先,重新安排吕某每天的工作时间,按照工作的流程与重要性进行时间分配。吕某应尽量控制自己不去酒店工程部。在去之前,首先问自己:我为什么要去?我必须去吗?需要解决的事情是否属于自己的职责范畴?其次,帮助现在的工程部经理赵某重新明确职责。以后凡是工程部的任务,即使需要吕某协助解决,也由赵某下达命令。最后,吕某应充实安全管理与服务质量管理的专业知识,以便更好地发挥自己的作用。经过一段时间的努力,吕某基本上从工程部的日常事务中脱离出来,也有更多的时间处理其他更为重要的事宜。赵某也慢慢地胜任了自己的本职工作,工程部有了更多的欢声笑语。

试问:本案例给我们的启发是什么?请指出吕某问题所在。

(三)创造自动自发的工作环境

人力资源管理的重心并不在于"管人",而在于"安人",谋求人与职、人与事的最佳组合,"安心、安稳、安乐"为员工动力之源。酒店人力资源管理,就是要通过各种有效的激励措施,创造一个良好的工作氛围,从而使员工安于工作、乐于工作,最大限度地发挥员工的聪明才智和创造力。

(1)科学的管理机制。在人力资源开发过程中,酒店应坚持观念创新、制度规范、流程畅通、团结协作的管理思路,依托完善和科学的管理机制,促进优秀人才脱颖而出,达到人适其位、岗得其人、人事两宜的目标。

(2)卓越的企业文化。如果说各种规章制度、服务守则等是规范员工行为的"有形规则",企业文化就是一种存在于员工意识中的"无形规则"。企业文化可以比喻为行为的"基因",它传播的是组织的核心价值观,告诉员工在组织里什么目标是最重要的,哪些是组织所倡导的。优质的企业文化,往往能减少人力资源管理的费用。所以,酒店管理者应努力创建服务至上、追求卓越的企业文化。

（3）和谐的人际关系。酒店管理者与员工之间需要双向互动,才能达到双赢效果。管理就是要保持和设计一种良好的环境。管理者必须要具备处理和改善人际关系的能力,要建立起一个良好的、和谐的人际关系环境,并鼓励和推动员工参与管理过程,让员工有一种"主人翁"的责任感。

四、酒店人力资源管理的内容

（一）从酒店人力资源管理的具体内容来分

人力资源管理是酒店管理的核心部分,涉及酒店管理中的方方面面,其主要内容包括酒店人力资源计划的制订、招聘与录用、教育与培训以及考核与激励等。具体从事的工作可以概括为"引人、选人、育人、用人、留人、流人"6个方面。如图2-2所示。

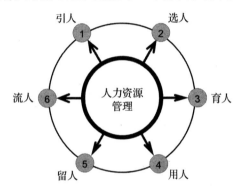

图2-2　人力资源管理的内容

1. 引人

引人的关键在于创造吸引人才的组织环境。我国人口众多,劳动力基数庞大,但目前相当一部分酒店存在着招工难和员工不稳定的现象。这与社会上对酒店行业的偏见不无关系。在很多地区,认为酒店业是吃青春饭的行业,是伺候人的行业,是不稳定的行业。因此,如何吸引优秀人才到酒店工作应当成为酒店领导者的工作重点,可以考虑的措施包括设计富有吸引力的招聘信息、待聘岗位、薪酬战略与人事政策等。

2. 选人

选人的内容既包括酒店根据自身的发展需要,在劳动力市场上招聘所需要的人才,也包括酒店从内部选拔人才。选人是人力资源管理工作的重要步骤,如果人选合适,那么育人、用人、留人工作就会事半功倍。在选人上,酒店要把握以下几点:选人者具有足够的能力,如果选人者不能识别谁是合适的人选,就无法实现人岗匹配、人尽其才;招聘信息要面广、及时,如果招聘信息不畅、滞后,就无法获得足够的候选者,也就难以选聘到合适的员工;酒店领导者应坚持"适应就是人才"的原则,即最能适合岗位的就是人才,要避免人力高消费与拔高使用的情形。

3. 育人

育人就是对员工进行培训与开发,开展职业生涯管理,使得员工个人能力、素质不断提高,实现酒店和员工的同步发展的过程。员工培训并不仅仅是人力资源部门的工作,酒店应该建立从上而下、从里到外的培训组织体系。人力资源部门主要对职业道德、企业文化、行为规范等进行培训,而技能培训则应该具体落实到各个相关部门。在育人上,需要掌握的一个重要原则是"因材施教",酒店应该根据个体的特点、职责、态度、知识、能力与经历,展开有针对性的培训。为了使员工胜任更高的职位,人力资源管理部门应该"按需施教",针对员工的每一次晋升,结合实际工作中可能出现的需要与问题,筹划与实施相应等级的培训,而每一项培训,都应该是为了员工的进一步发展做充分准备,使员工不断地从培训中得到激励,明确自身的职业发展定位。

4. 用人

用人指的是酒店采取有效的激励手段,充分调动每一位员工的主观能动性,激发"人"的上进心,挖掘"人"的潜力,把"人"和其他生产要素合理地组织起来。人的专长和能力只有与他的工作要求和职位相一致时,才能得到充分地发挥,这就要求酒店人力资源管理部门遵照"量才适用"的原则。所谓"量才适用"就是根据每个人的专长、能力、志向与条件,做到才以致用、各得其所。实行这项原则,首先要基于工作分析明确各个职位的要求,其次还要充分了解个人专长、才能、志向、性格等,这样才能有效地使用人才。

希尔顿酒店集团的创始人康拉德·希尔顿(Conrad Hilton)在人才选拔上非常慎重,但一旦决定人选,就给予其充分的肯定权与否决权。他非常信任与尊敬被提拔的员工,让他们在各自的岗位上发挥聪明才干。正是由于他对员工的信任、理解与尊重,使得酒店拥有一种温馨、协作的工作环境,创造了一种愉悦的工作氛围。他竭力打造微笑服务与团队精神,让员工保持发自内心的微笑,让大家合力把一个个美梦变成现实。

5. 留人

留人指的是酒店采取合理有效的措施,留住有价值的员工。这些措施包括酒店制度的设计、报酬内容与形式的设计、组织文化的建设、管理者与员工的有效沟通等。"千军易得,一将难求",随着优秀人才对酒店发展的重要性不断上升,酒店间的人才竞争愈发激烈,"挖人""跳槽"现象频频发生,人才流动越来越频繁,常常给人才流失的酒店造成巨大损失,因此"留人"在酒店经营管理中越来越具有战略意义。

随着城市酒店业的发展越来越成熟,时代需要酒店企业去构建一系列和谐健全的人力资源劳资管理制度,培养每一位员工的企业荣誉感,提升员工的责任心,让员工和企业一同成长,才能解决企业的"留人难"问题,才能保证企业长期、稳定地发展下去,亦只有这样的企业才能平稳地渡过用工荒,让企业在人才竞争中立于不败之地。

6. 流人

酒店要发展,需要留住人才,也需要促进员工的合理流动。人才流动机制的合理性,主要是指酒店在没有违反劳动合同的情况下,应满足人才内部流动或外部流动的需要。根据"银行效应",人才的流向必然倾向"高利率"和"高自由度"的部门或企业。人才内部流动是基于"高利率"的吸引,它有利于人才对酒店运营的综合了解,为人才具备"一专多能"奠定基础,既增加人才的自身价值,又可增强预防酒店人才危机的能力。

(二) 从酒店人力资源管理的宏观层面来分

前面我们从人力资源管理部门具体所从事的工作角度,对人力资源管理的内容进行了阐述。其实,从宏观层面上,我们还可以把人力资源管理的内容简单地分为3个部分,即人力资源的开发、利用与激励。这三者之间既有区别,又有联系,所要做的工作存在一定程度的交差性和关联性。如图2-3所示。

图2-3 人力资源管理的内容

第二节 酒店人力资源的开发

酒店的经营管理活动能否正常进行,酒店能否为宾客提供高质量的服务,取决于酒店员工的素质。而酒店员工素质的高低,又与酒店员工的招收、培训等方面息息相关。酒店人力资源开发,就是通过选择合适的员工、对员工进行培训等工作,使酒店员工具备酒店从业人员的素质,适合其特定的工作内容。

一、员工招收

在美国被封为"万能先生"的哈维·麦凯(Harvey Mackay)在其所著的《攻心为上》(又名:《与鲨共泳》)一书中提到,"一位管理人员最伟大的天赋,莫过于懂得挑选恰当的工作人员,因为好的员工才能做出好成绩,反之,不好的员工,表现也一定差劲。"因此,管理出色的酒店都非常看重员工的招收。

酒店员工的招收,包括招工和招聘,是管理者根据酒店的人力资源计划、酒店经营目标和运转的需要,按国家现行的劳动人事制度,制定出一套程序以择优录用最适合担任某项工作的人选。酒店员工的招收应坚持"公开招收,自愿报名,全面考核,择优录用"的原则。

(一) 制订员工招收计划

一个考虑周全的招收计划可以用最小的成本为酒店带来最适合的员工。管理者在制定酒店员工招收计划时,应着重考虑以下几个问题:

1. 招收对象和数量

酒店应对各部门提出的需要招收员工的工种和数量进行审核,并确认该部门员工的缺额人数和招收的具体工种以及所需配备员工的工作层次。在酒店实际招收员工的过程中,经常有一些应聘者的资格不够,有一些应聘者可能发现对所申请的职位缺乏兴趣而退出,还有一些应聘者可能只是将本酒店作为其众多选择之一而最终选择其他企业等。因此,管理者在制定招收计划时应考虑这些因素,招收数量一般应多于实际录用的人数。

2. 制定招收的标准

制定招聘标准就是决定录用什么样的人才,因此,招收标准的制定直接关系到招收来的员工素质的高低。招收标准太高,可能会使招收计划无法完成;标准太低,则招收来的员工素质得不到保证。招聘标准的制定通常应建立在职务分析的基础之上,其内容包括年龄、性别、学历、工作经验、工作能力、个性品质等。另外,制定招收标准时还必须考虑社会环境的因素,如当地的人力资源供求状况、相关院校所能提供的毕业生数量和层次等。

3. 确定招收的途径

员工来源在总体上可分为酒店外部和酒店内部。因此酒店招收途径通常有内部招收和外部招收两种。酒店内部招收是指在酒店内部,采用调动和提升的方式,将合适的员工安排在空缺的岗位上。当出现职位空缺时,管理者通常应首先考虑进行内部招收。但是,在用人上不能总是"闭关自守",必要时应兼顾酒店内外来源的平衡。酒店外部招收是指酒店从社会中招聘和选择员工。酒店内部招收与酒店外部招收各自的优缺点,如表2-1所示。

表2-1 酒店内部招收与酒店外部招收的优缺点

优缺点	酒店内部招收	酒店外部招收
优点	了解全面,准确性高	有利于酒店的管理创新
	应聘者可以很快适应工作,节省培训费用和时间	选择余地大,有利于招到一流人才
	可以激发员工的积极性,增强酒店的凝聚力	可以在一定程度上缓和内部招收产生的矛盾
缺点	不有利于酒店的管理创新	了解不够,可能招错人
	选择余地比较小,不利于招到一流人才	应聘者进入角色比较慢
	容易造成"近亲繁殖",产生内部矛盾	挫伤内部员工的积极性,导致人才流失

4. 选择招收的时机

酒店内部招收的时间可由酒店根据情况灵活掌握,而酒店外部招收选择适当的时间就很重要。一般来说,社会上劳动力资源越丰富,酒店选择范围就越大,相应的招收质量就越有保证,反之也是同样道理。所以,对外招收应尽量选择在劳动力资源最丰富的时候。如我国各旅游院系、旅游中专及旅游职业培训学校每年7月份都有一批学生毕业,在此之前进行招收定位,比较容易招收到素质较高、训练有素的人才。除此以外,酒店还应考虑其业务经营的需要,既要使招收的员工有足够的培训时间,又要尽量减少不必要的支出,应尽量使培训与实际使用的时间衔接起来。

5. 招收经费的预算

一般情况下,酒店的招收经费预算中除参与招聘的人员工资外,还可能会涉及广告费、差旅费、通讯费等等。因此,尽量减少招收的成本,制定合理的招收经费预算,也是酒店管理者在制定招收计划时应考虑的因素之一。

（二）员工的招收与录用

员工招收程序就是确定招收的先后次序，分外部招收程序和内部招收程序两种，各有不同的特点与要求。

1. 外部招收程序

外部招收员工是从酒店外部选择符合空缺职位工作要求的人员的过程。酒店外部招收的渠道很多，如随机求职者和被推荐者、招聘广告、就业机构、校园招聘、网络招聘等。酒店外部招收员工的程序通常分为准备筹划、宣传报名、全面考核、择优录用四个阶段。

（1）准备筹划阶段。这一阶段的主要工作是：根据酒店需求确定招收计划；根据招收量和重要程度确定招收组织；拟定招收方案，确定招收区域、范围、标准和报名时间等；按规定向劳动管理部门报批并办理有关手续。

（2）宣传报名阶段。这一阶段既是准备筹划阶段的延续，又是考核录用的基础，主要有两项工作。其一是发布招收信息。酒店应选择有利于树立酒店良好形象的、影响力大的而费用在酒店承受能力之内的宣传媒介。其二是受理报名。确定求职者的报名资格，为全面考核奠定基础。

（3）全面考核阶段。这一阶段是招收工作的关键。全面考核，就是根据酒店的招收标准，对求职者进行现实表现的考核和职业适合性的考查。现实表现的考核是针对一些重要岗位的求职者进行适当外调，了解其过去的工作表现等。职业适合性的考查一般包括初试、笔试、面试和体检等环节。在这些环节中，酒店管理者比较看重的是面试，因为它可以比较容易地了解求职者真实的一面。而笔试则仅作为参考，甚至在有些时候或对有些岗位取消笔试。

（4）择优录用阶段。择优录用，就是综合评定各种考核和测验的结果，严格挑选出符合酒店岗位要求的人员名单，并与入选者商议确定工资、待遇，正式录用。酒店正式录用的标志是签订劳动合同。劳动合同是确立劳动关系的法律文书，也是员工与酒店之间形成劳动关系的基本形式。

在对外招收员工时，酒店的招收者应认识到，招收者有权挑选应聘者，应聘者也有权利拒绝受聘。所以，在招收时，应向求职者充分介绍酒店的实际情况，并提供有关资料，以招收到真正乐于从事此项工作的员工。要尽量防止新员工在短期内离职情况的发生，从而使酒店的正常经营活动受到影响。

2. 内部招收程序

酒店内部招收主要包括酒店内部员工提升和内部职位调动两种方式。

（1）酒店内部员工的提升。酒店内部员工的提升是填补酒店内部空缺职位的最好的办法。一方面由于提升的员工对酒店的内部情况已有相当的了解，所以通常很快能够适应工作要求，更重要的是提升对酒店员工的工作积极性能产生激励作用，让员工感到晋升机遇的存在。但如果提升工作没能做好，则会起反作用。所以，酒店管理者应掌握好酒店内部提升的方法，力求公正，克服主观性、片面性及"情感化"因素的影响。提升候选人的确定应综合考虑应聘员工的个人品德、才能、工作表现、工作年限等各方面的因素,应遵循才职相称的原则,择优选择。

(2) 酒店内部员工的调动。酒店内部员工调动职位的前提是该员工乐于从事此项工作,且为之感到自豪,因为只有喜欢才有可能做好,有自豪感才能激发其积极性。酒店内部员工调动的原因主要有以下几种:

① 酒店的组织结构进行调整。由于酒店的经营状况发生变化而对原先设置的某些部门进行分离、组合或设立而引起部分员工的职位变动。

② 员工交替培训。为了增强员工的适应能力或改变长期从事某种工作带来的枯燥感,酒店可采取不同岗位之间交替培训来发挥员工的潜力,使某些表现出色的员工可以一专多能。但这种调动通常是短期、临时性的。

③ 为员工选择适合的岗位。有些员工掌握的技能或知识与其工作岗位的要求不相适应或远远超过其岗位要求,有的在原工作部门产生了较为严重的人际关系问题或个性不适合岗位要求等,管理者都应考虑对这些员工进行调动,为其选择一个适合的工作岗位,创造新的工作环境,以发挥其才能和工作积极性,使"人在其位,位得其人"。

(三) 酒店员工招收的评估与审核

酒店员工招收结束之后,应从招收成本、录用人员的数量和质量、招收的投资收益等方面对招收工作进行评估和审核。同时,还应撰写招收小结,为以后的招收工作提供信息。

总之,酒店员工的招收与录用是酒店人力资源管理的一项重要内容。酒店应善于通过内、外员工的招收与录用,吸引并留住优秀的服务人员和管理人员,进而激发其工作积极性,并不断提高酒店的整体服务质量和管理水平。

二、员工培训

酒店通过内部提升或调动以及外部招收,可以获得基本适应酒店管理与服务工作的员工。然而要使这些员工能够真正胜任酒店的工作,就必须通过培训。酒店员工培训就是通过一定的科学方法,根据不同岗位的要求,按照酒店人力资源管理计划,有步骤地向员工灌输正确的职业思想与道德观念,传授有关知识,提高技能水平和管理能力的系列活动。

(一) 酒店员工培训的意义

酒店员工培训的目的在于促使员工在知识、技能、能力和态度等方面的综合素质得到提高,保证员工能够按照预期的标准或水平完成所承担或将要承担的工作或任务。具体来说,员工培训的意义体现在以下几个方面:

(1) 可以提高员工文化、技术素质。随着酒店业的发展、宾客需求的不断变化,对员工的素质要求也越来越高。对员工来说,不仅要具备敬业精神和对宾客亲切友好的态度,还要具备完成本岗位工作所必需的相关知识,以及相应的管理技巧和服务技能。酒店通过培训可以更新员工的观念、开阔其眼界、增加其知识、改变其行为、提高其技能,也就是从根本上提高员工的文化、技术素质,以适应酒店发展的要求。

(2)可以提高服务质量。通过培训在提高员工素质的同时,也可以使员工了解并掌握酒店服务质量标准以及为客人提供令其满意的服务的相关知识和技能,增强其职业自豪感和使命感,从根本上减少让客人不满的机会,进而提高酒店的服务质量。

(3)可以降低损耗和浪费。经研究发现,未受过培训的员工所造成的事故数量是受过培训员工的数量的3倍。因为未经培训的员工不了解操作的正确方法或技巧,会只凭经验进行,理所当然会使得酒店损耗率、事故率上升。而经过培训的员工会有意识地避免一些误操作,他们在减少事故发生的同时,也使自身的安全得以保证。根据美国酒店协会对纽约州酒店业的统计,培训可以减少73%的浪费,特别在像客房部、洗衣部和餐饮部等损耗较大的部门,培训的这一效果最为明显。

(4)可以为员工提供发展的机会。通过培训可以使员工掌握最优工作方法和技能,扩大其知识面,增强其自信心,这意味着增强了员工的就业能力。而且当时机来临时,因为其综合素质的提高而获得提拔和晋升的可能性也就比较大。

(二)酒店员工培训的原则

酒店员工培训应遵循4个方面的原则。如图2-4所示。

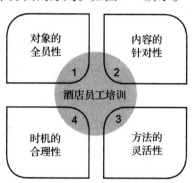

图2-4 酒店员工培训的原则

(1)培训对象的全员性。酒店所有员工,从总经理到清扫员,都应纳入酒店的培训范围,应做到先培训后上岗。这样才能全面提高酒店的员工素质。事实上管理者的培训更为重要,因为通常酒店有什么样的管理者就有什么样的员工。所以,有效的培训通常是自上而下的。

(2)培训内容的针对性。全员性并非所有的员工都一起培训,而应该分层次、分部门、分岗位进行,因为不同层次、部门、岗位的培训对象应有不同的培训内容。而且,酒店培训必须务实,根据实际需要或存在的问题确定培训内容,要遵循"需要什么、培训什么,缺什么、补什么"的培训原则。

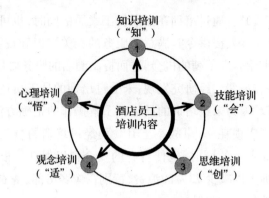

图 2-5 酒店员工培训的内容

如图 2-5 所示。一般来说,酒店培训的内容可分为五个层次,即知识培训、技能培训、思维培训、观念培训、心理培训。知识培训的主要任务就是对培训对象所拥有的知识进行更新,主要目标是解决"知"的问题;技能培训的主要任务是对培训对象所具有的能力加以培养和补充,主要是解决"会"的问题;思维培训的重点是改变员工固有的思维方式,并在培训中激发其创造性思维,培养其从新的角度看问题的能力,主要目标在于解决"创"的问题;观念培训的主要任务是使培训对象所持有的与酒店环境不相适应的观念得到改变,目标是解决员工的"适"的问题;心理培训的主要任务在于开发培训对象的潜能,通过心理调整,引导员工开发自己的潜能,主要目标是解决"悟"的问题。

(3) 培训方法的灵活性。培训方法的灵活性,就是针对不同的培训对象和培训内容,应选择不同的培训方法,以取得最佳的培训效果。酒店培训的方法一般有课堂讲授法、专题讨论法、案例研讨法、头脑风暴法、角色扮演法、视听教学法、操作示范法等。

(4) 培训时机的合理性。培训时机的选择,关系到受训者接受培训的积极性。当其感到难以适应工作要求或希望能够有所提高时,自然会产生希望得到培训的需求,此时的培训必然会使员工从"要我学"变为"我要学"。所以,从受训者的角度来看,培训的适时性非常重要。另外,酒店培训层次多、内容广,加上酒店 24 小时运行、员工轮班工作,使培训必须选择适当的时机才有可能顺利进行。因此,酒店应见缝插针,尽量选择酒店工作不忙时进行培训。

(三) 酒店员工培训的类型

员工培训的一个重要原则是根据工作需要进行培训。首先应以各个岗位的岗位职责和工作要求为基础,分析各岗位员工需要掌握的知识、态度和技能,然后根据这些要求制定培训目标和内容,并据此确定酒店员工培训的类型。酒店员工培训从总体上可分为职业培训和发展培训两大类。

1. 职业培训

职业培训的主要对象是酒店操作层的员工,培训的重点应放在培养和训练员工操作方面的能力,使他们能够熟练掌握所需的知识和技能。

(1) 岗前培训。岗前培训是新员工上岗前的培训,可以帮助员工尽快适应酒店,尽快适应将要从事的工作岗位。岗前精心的培训和正确的引导将为员工以后良好的表现打下基础。岗前培训的内容通常包括本酒店的历史和现状、经营宗旨、服务观念、礼貌礼仪，以及酒店的规章制度、组织纪律、安全知识等的教育。岗前培训后，将新员工分配到岗位，再由所在部门的上级进行基本业务知识和技能培训。

（2）岗位培训。岗位培训是指员工不脱离工作岗位、利于空闲时间所接受的培训。这是员工培训最常用的方法。一般由各级管理人员和经验丰富、技术熟练的老员工来担任培训者，也可有针对性地外请一些旅游院校、培训中心的教师和专职培训人员进行。岗位培训应特别注意培训的针对性，尤其是外请教师进行培训之前，务必要让外请教师对本酒店具体情况和实际培训需求有所了解，否则难以达到预期的培训效果。

（3）持续培训。员工经过岗前培训和岗位培训后，已可基本胜任服务工作。但随着酒店各种内外因素的影响，员工在酒店工作过程中，还要不断地进行培训，即持续培训，以适应酒店的发展和工作环境的变化。持续培训包括再培训、交替培训和更换培训。再培训又称重复培训，其目的是使上岗后的员工通过再学习，把已掌握的技能与技巧再提高一步。另外，若酒店的服务规程、操作方法等有了新的改变，或使用新的设备，也需要对员工进行再培训。交替培训的目的是为了防止员工临时因故不在工作岗位时由于无人替代而引起工作混乱。交替培训可以使员工成为多面手，掌握两个以上工作岗位的技能，使管理者在特殊需要时可以进行合理的人力调配，保证工作有序地进行。交替培训还有利于提高员工的工作兴趣，增强其与相关部门或岗位员工进行合作的团队精神。更换培训是指将已经上岗但不称职的员工及时换下来，对他们重新进行其他工种的培训，使其能够寻找到合适的岗位，做到人尽其才。

2. 发展培训

发展培训的主要对象是管理人员。管理者的发展培训应根据不同管理层次予以区分，不同层次的工作侧重点不一样，培训的内容也就不相同。

（1）基层管理者的培训。基层管理者（如领班、主管等）的工作重点是执行中、高层管理者的指示和决策，从事具体的管理工作，直接面对员工。因此，其培训应着重在于管理技能、技巧的把握，使之能够创造一个良好的工作环境，让每个被管理者都心情舒畅地工作。

（2）中、高层管理者的培训。应注重其发现问题、分析问题和解决问题的能力，用人能力，控制和协调能力，经营决策能力，以及组织设计能力等的培养。其中，中层管理人员（如各部门经理）对其所在部门的经营管理具有决策的权力，因此，对于本部门的经营管理必须十分精通，应熟悉本部门工作的每个环节和具体的安排，除此以外，还须了解与本部门业务有关的其他部门的工作情况。而酒店高层管理者的工作重点在于决策，他们所要掌握的知识更趋向于观念技能，如经营预测、经营决策、市场营销和公共关系等知识。

（四）酒店员工培训的实施步骤

酒店员工培训的实施通常包括以下几个步骤，如图2-6所示。

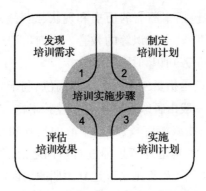

如图 2-6　酒店员工培训的实施步骤

（1）发现培训需求。只有了解培训需求,才能提供有针对性的培训,所以,培训需求是酒店培训工作的起点。所谓培训需求,也就是酒店生存与发展所要求具备而未具备的一些因素,而这些因素是能够通过培训加以解决的。管理者应通过工作评估、宾客反映等多种渠道,采用观察员工工作状况、问卷调查、面谈等方法,找到工作中的现存问题,如观念意识、沟通协调、应变能力、业务操作等方面,并进行分类分析,从而确定员工的培训需求。

（2）制定培训计划。制定培训计划是酒店培训管理工作的开端,也是保证培训顺利实施的一个因素。管理者应根据酒店员工的培训需求,制定相应的培训计划,包括年度培训计划和短期培训计划。培训计划的制定要综合考虑员工的素质、心理状态、营业情况、服务质量等方面因素,还要选择合适的培训方式,确定培训项目以及衡量培训效果的标准等。培训计划的内容主要包括:培训目标、时间、地点、培训对象,课程设置和师资安排,以及培训方式、考核办法和费用估算等。

（3）实施培训计划。发现培训需求为酒店确立了培训的目标,制定培训计划为培训提供了依据和指导,而实施培训计划则是实现培训目标的关键。

首先,应针对不同的培训内容和对象准备好不同的培训材料、场地和设备。必要时,酒店可以组织受训者到一些服务质量好的酒店去实地考察、学习,使员工在比较中提高。

其次,实施培训时,培训者应针对培训对象的不同,采取不同的方式。作为以操作层员工为主体的职业培训,国际酒店业实施培训的具体方法可以简单地概括为四句话:第一句话是"讲给你听"(Tell you),即告诉你如何去做;第二句话是"做给你看"(Show you),即培训者"进行示范";第三句是"跟我学着做"(Follow me),要求受训者模仿培训者进行操作;第四句话是我纠正你(Correct you),即培训者通过检查发现受训者操作不到位的地方,予以及时地纠正,使得受训者最终能够真正把握所培训的内容。对于以管理人员为主的发展培训,则可以采取讲授、讨论、案例分析研讨、经营管理"游戏"以及选送有培养前途的受训者到院校进修等方式,以提高其管理水平。

（4）评估培训效果。评估是针对培训的最终结果进行的。首先,收集有关培训效果的各种信息。根据培训目标中确定的培训效果要求(即需要进行评估的内容,如思想观念有无转变、业务知识有无增长、操作技能有无提高、工作态度有无改善等)收集有关培训信息。如培训时的笔试、口试、操作考试等各种考核成绩,问卷或口头调查情况,实地对员工工作的观察以及管理者对员工的考评等。其次,对培训效果进行评估。对照评估内容和培训目标,根据所收集的各种培训效果信息,客观地评价培训效果,并总结经验,提出不足,形成文字资料存档,作为下一次培训的需求和参照,以提高培训质量。

第三节 酒店人力资源的利用

酒店通过招收和培训,拥有了一批符合酒店需求的酒店员工,而这些员工能否有效地发挥其应有的作用,关键在于酒店管理者是否擅长人力资源的利用。酒店人力资源的利用,就是对员工科学地进行排列和组合,形成合力,发挥出群体的最佳效应,同时使每个人各尽所能。主要包括编制定员合理用人两大方面的内容。

一、编制定员

酒店的编制定员,是本着节约用人、提高效率的宗旨,根据酒店的经营方向、规模、档次、业务情况、组织机构等情况,在建立岗位责任制的基础上,确定必须配备的各类人员的数量。编制定员是酒店科学安排各类人员的依据,对于合理使用人力资源、提高工作效率具有重要意义。

(1) 编制定员的依据。一般来说,编制定员应既要符合精简、高效、节约的原则,又要保障酒店的正常运转和员工的身心健康。因此,管理者必须考虑对编制定员可能造成影响的各种具体的因素。通常在编制定员时需要考虑的因素有:酒店的等级、酒店的规模、酒店的布局设计、酒店的组织机构与岗位设置、酒店实施设备配备状况、酒店劳动效率和酒店经营状况等。为了保证编制定员的科学性和合理性,管理者必须对上述各个因素予以综合考虑,并结合本酒店的实际合理地编制定员。

(2) 编制定员的方法。酒店编制定员的方法有很多,最为常用的方法有岗位定员法、设备定员法、比例定员法和效率定员法等。岗位定员法通常适用于前厅部、采购部、工程部等部门员工和管理人员的编制定员;设备定员法一般适用于工程部、洗衣房部分员工的编制定员;比例定员法是按一定的配备比例计算所需人员数量的方法,如厨房炉台与切配人员的比例;效率定员法是根据劳动效率,结合实际工作量、工作班次、出勤情况等因素来确定所需人员数量的方法。凡是实行工作定额管理并以手工操作为主的工种,都可以用这种方法进行编制定员。工作定额主要有工时定额和工作量定额两种。

二、合理用人

酒店人力资源管理的关键在于合理用人,只有合理地使用人力资源,才有可能发挥其特长、有效地调动其积极性,达到酒店人力资源管理的目标。

(一) 合理用人的原则

为使酒店有限的人力资源发挥尽可能大的作用,管理者在人力资源的使用中应该遵循合理用人的原则。如图2-7所示。

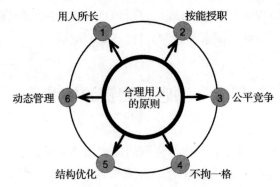

图2-7　合理用人的原则

（1）用人所长。有一句格言:"垃圾是放错位置的宝物"，即一切要素都是有用的，这是要素的共性。就某一个要素(包括人或事)来看，在某种条件下或某一方面可能发挥不了作用，但在另一条件或另一方面可能发挥的作用就很大。因此，管理者在选拔任用人才时，应该坚持"无一人不可用"的原则，尽可能避其所短，扬其所长。

（2）按能授职。按能授职，即使工作的职位与人的能力相匹配的原则。酒店的各种岗位有不同能力要求，员工也有不同的才能，从而就要求酒店的管理者要根据不同的职位对能力的要求，配备具有相应能力的人，真正实现在其位、谋其政、尽其责、得其利、获其荣，充分发挥每个人的才能和积极性。

（3）公平竞争。在酒店业竞争日趋激烈的情况下，管理者在招收一些职位时，可以采取公平竞争的方式，从内部提升员工。通过员工之间的公平竞争，可以激发其工作热情，促使其主动地开拓新领域和解决新问题，也使新的人才脱颖而出。公平竞争的关键是竞争的公平性，否则会适得其反。但竞争的法则是无情的，酒店管理者在鼓励优胜者的同时，也应注意失利员工的情绪。作为管理者，有责任在发现其情绪低落时，帮助他们尽快消除心理压力，保持良好的心态，参与以后的竞争。

（4）不拘一格。用人应该有"格"，即基本的德与才要具备，但不拘泥于传统的不合时宜的条条框框。当遇到具有真才实学的员工时，甚至可以破格提升，不必过分考虑诸如个人经历、工作年限、学历等条件，不论资排辈，以求为酒店选出真正适合的人才。

（5）结构优化。酒店管理者在进行员工配置时，要重视员工组合的互补性，实现结构优化，形成最大合力。要想使酒店人力资源的群体结构最优，达到互补的目的，在人员构成上就应注意知识结构、专业结构、智能结构、年龄结构、性格结构等的互补与合理组合，尽量避免各种内耗。

（6）动态管理。从酒店人力资源的现实来看，由于各种原因，还存在着各种专业技术人员分布不合理、人员比例失调，以及压制人才、闲置人才和用非所长等不合理现象。这些现象应该通过有计划的合理调配或流动加以解决。从人力资源管理角度来说，人员不流动，最优配置是不可能实现的。动态管理就是在人员调配和流动的动态中使用和管理好人力资源，充分发挥个人的积极性、创造性，最终达到吸引人才、培养人才、留住人才的目的。

（二）合理的用人制度

合理的用人原则固然重要,但更重要的是落实和执行这些原则,因此,酒店还必须建立并健全合理的用人制度,作为合理用人的保障。另外,合理的用人制度除了关系到能否培养一支高素质的员工队伍以外,也关系到能否最有效地增强酒店活力,使其适应时代发展的要求。

合理的用人制度主要包括用工制度和干部制度两方面。合理的用工制度,就是通过推行全员劳动合同制,明确员工与酒店之间的劳动合同关系,明确双方的权利、义务和责任,使员工与酒店之间可以互相选择、平等协商,以利于员工积极性的调动。合理的干部制度就是打破过去的终身制,通过建立健全的干部聘用制度,根据工作中的实际表现,"赛马不相马",实现对管理人员的按能授职、优胜劣汰,以形成一支适应市场竞争、勇于创新的酒店管理者队伍。

第四节 酒店人力资源的激励

酒店的管理目标的实现需要通过酒店全体员工的努力方可完成,酒店员工对待工作的积极性、投入工作的热情程度以及完成工作的决心,对酒店目标的实现具有决定性作用。现代酒店管理者必须擅长采用各种方式激励员工,最大限度调动其工作积极性,以求为酒店创造出良好的经济效益和社会效益。

一、激励的涵义

激励,是指激发人的动机,使人产生内在的动力,并朝着一定的目标行动的心理活动过程,也就是调动人的积极性的过程。在人力资源管理中,激励的实际效果与三个要素紧密相连:激励时机、激励频率和激励程度。在酒店管理者进行激励的过程中,只有综合运用好这三个要素,才能达到管理者所期望的最佳激励效果。激励的作用主要体现在以下几个方面:

(1) 可以调动员工积极性。激励的最为重要的一个作用就是最大限度地调动员工工作积极性。美国哈佛大学的心理学家威廉·詹姆士（William James,1842—1910）认为,同样一个人在通过充分激励后所发挥的作用相当于激励前的3~4倍。也就是说,员工只有在激励的作用下,才能发挥其主观能动性和创造性,并创造出高质量、高效率的工作成绩。因此,酒店管理者应在了解员工心理需求的基础上,通过具体分析,有针对性地设置目标,并且把酒店的目标与员工的需求有机地结合起来,从而更好地发挥员工的内在潜力,并使用合理的手段,转化员工的行为,释放出每一位员工的潜能。

(2) 可以形成团队精神。酒店是一个整体,酒店管理的成功需要酒店全体员工的共同努力。管理者可以通过对员工的进行有效沟通和激励,使员工树立全局的观念,进而形成整个酒店的团队精神。一旦团队经过努力实现其目标,将会使员工拥有强烈的归属感、自豪感和成就感，使酒店更具凝聚力。

（3）可以提高服务质量。酒店服务所面对的是以主观感受来评价其所接受服务的同样具有偏好的客人，服务要求和评价的标准同样具有不确定性。因此，对服务质量控制的最有效的人是员工自身，只有满意的员工才会提供客人所需要的服务。而使员工满意的最有效的方法就是管理者对员工的激励。激励可使之具有工作的积极性、主动性和创造性，最终达到提高服务质量的目的。

（4）可以提高管理水平。酒店员工最清楚酒店运转中存在的各种问题。管理者应善于运用鼓励员工参与管理的激励手段，让员工提合理化建议、建设性意见和措施，以激励员工以主人翁的姿态去工作，发现问题并积极想办法解决问题，使酒店经营管理水平和服务质量得到不断提高。

二、激励的方式

常见的激励方式有需要激励、目标激励、内在激励、形象激励、荣誉激励、兴趣激励、参与激励、情感激励、榜样激励、惩罚激励等。酒店管理者应通过对需求层次理论、双因素理论、目标管理理论等各种激励理论的灵活运用，并采取各种有针对性的激励方式对员工进行管理并激发其工作热忱，使人人竭尽全力，自觉自愿地完成各项任务。管理者在具体的激励过程中应根据具体情况注意以下方面，如图2-8所示。

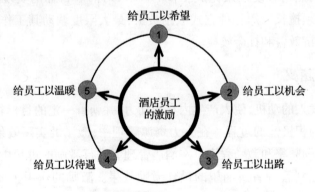

图2-8　酒店员工的激励

（一）给员工以希望

管理者在酒店管理的过程中应善于激发员工的工作热忱，让其感到所从事的是一项值得付出时间和精力的有前途的事业，并加倍珍惜机会，从而努力工作。如有些员工觉得在高星级或品牌好的酒店工作是一件值得自豪的事，因此，酒店的等级和发展前途会给员工以极大的希望。另外，管理者的工作作风也会给员工以潜移默化的影响，公正、务实的管理者会取得员工的信任，并让他们感到自己的工作做得好会得到管理者的肯定，是有前途、有希望的。

（二）给员工以机会

管理者在管理中应善待自己的员工，通过给予员工以发展的机会，激发其工作积极性。

现代酒店中比较有效的激励方式主要有升迁机会、培训机会和发挥每位员工的特长机会等。

(1) 升迁机会。成功的管理者一定要善待自己人,要将各种升迁的机会首先给予已经为酒店做出贡献而且具有管理能力、符合岗位要求的员工,即通过内部员工的提升来填补酒店内部职位的空缺。这在提高这些员工工作积极性的同时,也激励了其他员工,让他们感到晋升机遇的存在。同时,由于这些员工对酒店内部情况已相当的了解,所以一般会在短时间内适应新岗位的要求。

(2) 培训机会。培训可以使员工掌握最优的工作方法和技能,开阔眼界,扩大知识面,增强自信心,这意味着增强了员工的就业能力。当时机来临时,因为其综合素质的提高而获得提拔和晋升的可能性也就比较大。所以,培训实际上是为员工提供的一种自我完善和发展的机会。

(3) 发挥特长。"寸有所长,尺有所短",管理者应努力创造条件使每一位员工发挥其特长。当员工的特长得到充分发挥之后,就会因为在从事自己乐于从事的事业而具有一定的成就感,真正感到工作的乐趣,从而激发工作热情和积极性。所以,管理者应为员工选择一个适合的工作岗位,以发挥其才能和工作积极性,使"人在其位,位得其人"。这对于不断激发他们的工作兴趣和积极性,增强酒店凝聚力,促进酒店的发展都有着重要的意义。

(三) 给员工以出路

员工在酒店工作中总希望能够达到自己的预期目标,在酒店有所发展。管理者应通过激励引导员工向酒店所希望的目标发展,给予员工以出路。

(1) 管理之路。酒店应把有管理能力的员工提拔到管理岗位上来。如果本酒店的管理职位没有空缺,管理者应考虑向外输出管理,从而增加管理岗位。

(2) 技术之路。有些员工是技术上的能手,但缺乏管理能力,这些员工也是酒店的财富,应妥善加以利用。一般说来,在做原来工作的同时,酒店可以给他们以管理者所享受的相应的称号和待遇,以激发其工作积极性。

(四) 给员工以待遇

酒店业是特殊行业,没有相应的待遇是留不住人的。酒店要想激发员工的工作积极性,最基础、最简单的方法就是给员工以相对较好的待遇。而应该注意的是,给员工的待遇,在分配上应尽量体现公平。因为,员工既关心自己报酬的绝对值,更关心报酬的相对值。这就要求管理者必须做好薪酬管理,在分配时特别是发放一些奖金时,应尽量体现公平。

(五) 给员工以温暖

(1) 关注员工。员工是普通的、具有一定需要的人。管理者应关注员工的需要,并尽量满足其中之合理部分,以提高员工的工作积极性。管理人员应在工作中寻找可以满足员工需要的各种可行途径。如,生理需要方面的充分休息、完善膳宿等;安全需要方面的医疗、保险等;社会需要方面的团体活动、文化建设等;尊重需要方面的成绩肯定、适度赞扬和职位提升等;自我实现需要方面的足以发挥其成就感、贡献感工作的给予,进修或发展机会的提供等等。

(2) 理解员工。理解是人们的共同需要,是人与人之间建立融洽关系的基础。酒店需要社会和员工的理解,员工更需要社会和管理者的理解。因此,酒店管理者应体谅员工在工作中遇到的各种烦恼和苦衷,并在管理中增加情感性内容,以激发员工的工作积极性。这种理解主要表现为以下方面:

①工作时间上的不稳定性,要求管理者能理解员工的困难,并根据各个员工的具体情况灵活排班,尽量照顾员工的合理需要。

②社会角色的特殊性,要求管理者在处理员工与宾客的矛盾时,应冷静分析,给员工以必要的帮助和指导,而不应只是一味地指责和训斥。因为,员工与宾客的关系是一种服务与被服务、支配与被支配的关系,即在工作过程中,宾客有权"支配"员工的劳动,挑剔员工的工作差错,而员工却只能逆来顺受,即使宾客有过错,员工也要忍耐,也要把对"让"给客人。

③工作内容的单调性,要求管理者应采取有效方法,使员工的工作富于变化。如对员工进行交替培训,使其掌握更多的技能,不断提高工作标准,使员工感到工作内容的丰富,从中寻找乐趣等。

(3) 信任员工。酒店管理者不要过多地干涉员工的工作,应该充分信任员工,员工才会有强烈的荣誉感、责任感和事业心。这样的员工愿意承担工作,同时也愿意在自己的工作和职责范围内认真地处理好每一个问题。因此,酒店管理者应明确每位员工的职、责、权、利,这样即使将各项工作的标准定得稍高一些,员工通常也会尽最大努力去想方设法完成任务。

在实际工作中,激励并没有固定的模式,需要管理者根据具体情况灵活掌握和综合运用,才能真正达到激励的目的。事实上,任何管理者只要把握住"人尽其才"的原则,关注员工、理解员工、信任员工、爱护员工,并灵活运用各种激励方式,就会收到良好的效果。

三、薪酬管理

薪酬,就是员工从事某项酒店工作所得到的以货币形式和非货币形式表现的补偿,是酒店支付给员工的劳动报酬。薪酬作为酒店人力资源管理的重要方式,可以用来评价员工的工作绩效,促进其工作效率,提高其服务质量,对员工的工作积极性可以起到保护和激励的作用。

(一) 酒店薪酬体系的构成

酒店薪酬体系通常由基本薪酬、奖励薪酬、附加薪酬和员工福利4个部分组成。

(1) 基本薪酬。也称标准薪酬或基础薪酬,是以员工的熟练程度、工作的复杂程度、责任大小以及劳动强度为基准,按照员工实际完成的劳动定额或工作时间的劳动消耗而计付的劳动报酬。基本薪酬是确定其他劳动报酬和福利待遇的基础,具有相对稳定性。

(2) 奖励薪酬。就是奖金,是酒店为奖励员工的超额劳动部分或劳动绩效突出部分而支付的奖励性报酬。其目的是鼓励员工提高劳动效率和工作质量,所以也称为"效率薪金"。奖金具有非常规性、非普遍性和浮动性的特点。

(3) 附加薪酬。是指津贴,是酒店对员工在特殊劳动条件下所付出的额外劳动消耗和生活费开支的一种补偿性质的薪酬。如在夏季,酒店会发给洗衣房员工,室外工作的员工高温津贴。

(4) 员工福利。是酒店为吸引员工或维持人员稳定而支付的作为基本薪金的补充项目,如养老保险费、午餐费、员工制服、带薪年假、医疗保险费等。

(二) 酒店薪酬管理的基本原则

(1) 公平原则。员工对薪酬的公平感是在设计薪酬制度和进行薪酬管理时首先应考虑的因素。薪酬管理中的公平原则主要体现在三个方面:首先是酒店之间的薪酬公平,即外部公平;其次是酒店内员工之间的薪酬公平,又称内部公平;最后,是同种工作岗位上的薪酬公平,即个人公平。由于不同员工的资历、技能、绩效各不相同,因此,同种工作岗位上的不同员工,所获得的薪酬也应有所不同。

(2) 竞争原则。是指在社会上和人才市场上,酒店的薪酬标准要有吸引力,以战胜竞争对手,招到并留住酒店所需要的人才。因此,有条件的酒店,在制定薪酬标准时,应采取略高于市场行情的策略,以保证最大限度地吸引和长久留住优秀的酒店员工。

(3) 激励原则。是指在确定酒店内部的各类、各级职务的薪酬标准时,应适当拉开差距,防止平均主义的分配制度。充分利用薪酬管理的激励作用,提高员工的工作热情,引导员工不断提高业务能力,保持良好的工作状态,不断创造更好的工作业绩。

(4) 经济原则。保持相对高的薪酬水平自然会提高酒店在人才市场上的竞争力,也可以留住优秀的员工,并激励员工努力工作,但是,与此同时,也会使酒店的成本上升,降低酒店产品在市场上的竞争力。因此,在进行薪酬管理时,既要考虑到薪酬的对外竞争性和对内激励性,也要考虑酒店的实际情况以及财力状况,从而找到两者之间的最佳平衡点。

(三) 酒店薪酬管理的基本内容

酒店薪酬管理是一个动态的管理过程,需要根据内外因素的变化对薪酬进行定期的调整。酒店薪酬管理的基本内容包括薪酬市场调查、工作评价、薪酬控制与调整等方面。

(1) 薪酬市场调查。酒店应根据不断变化的内外因素,定期对员工的薪酬进行调整。内部因素的掌握比较容易,而外部因素则需要进行调查方能获得相关信息。对市场薪酬的调查有利于酒店了解竞争对手的薪酬变化,找到员工流动率上升的原因,同时,可以作为酒店调整薪酬结构和标准的重要依据,以提高酒店对员工招收和保留的市场竞争力。

(2) 工作评价。工作评价也称为职务评价或岗位评价,是指采用一定的方法对酒店中各种工作岗位的价值作出评定,以作为员工等级评定和工资分配的依据。工作评价应尽量量化,避免主观因素的影响,把非客观因素降到最低点。最为常用的工作评价方法有工作排序法、因素比较法和海氏系统方法等。

(3) 薪酬的控制与调整。包括薪酬预算、薪酬控制以及薪酬调整等内容。

薪酬预算通常有自上而下法、自下而上法和两种方法结合使用三种方式。自上而下是指先由酒店的高层管理者决定酒店的总体薪酬预算额以及提薪的幅度,然后将整个预算数目分配到各个部门,各个部门再将得到的薪酬配额根据实际情况分配到每一位员工。自下而上法则是指酒店根据在未来一年的薪酬预算估计数字,计算出每个部门所需要的薪酬支出,然后将各个部门的预算数字汇总,编制出酒店整体的薪酬预算。大多数酒店采用第三种方式,即将两者结合起来使用。首先,确定各个部门的薪酬预算额,然后,预测单个员工的提薪幅度,最后,在此基础上,对有些部门的预算进行适当调整。

薪酬控制的主要指标包括人均薪酬成本、人工费比率和人工成本比率。通常情况下,人均薪酬成本高、人工费比率低和人工成本比例低就是人力资源高投入、高产出、高效益的表现。控制薪酬的方法包括薪酬冻结、推迟提薪、延长工时以及调整薪酬结构、控制货币薪酬等。但是,根据经典的工资理论,薪酬具有向下刚性,因此,在薪酬的控制过程中,切不可随意减薪,即使万不得已,也要事先取得员工的理解和同意。否则必将引起员工不满,影响其工作积极性,甚至造成员工流失。

薪酬调整包括奖励性调整、生活指数调整、效益性调整和工龄调整等。奖励性调整一般是在员工作出了突出的成绩后,为使之保持这种良好工作状态,并激励其他员工而进行的薪酬调整。生活指数调整是为了补偿物价上涨对员工造成的物质损失而进行的薪酬调整。效益性调整则是在酒店效益上升时,对全体员工作出的等比例奖励。工龄调整是酒店根据员工在酒店工作的时间的增加,对其进行的一种提薪奖励,是酒店留住员工的一种有效激励方式。

思考与练习

一、问答题

1. 如何理解酒店人力资源管理的投资理念?
2. 什么是"员工的工作生活质量"?如何提高?
3. 如何理解酒店人力资源管理中的"引人、选人、育人、用人、留人、流人"?
4. 如何理解酒店员工培训的"全员性、针对性、灵活性与合理性"原则?
5. 合理用人的原则有哪些?
6. 酒店员工激励的方式有哪些?

二、案例分析

希尔顿的用人之道

康莱德·尼柯尔森·希尔顿(Conrad N. Hilton,1887—1979),举世闻名的旅店大王。少年时代他便边读书边在父亲的店里工作,养成了勤勉和善于经营的本领。第一次世界大战期间,希尔顿应征入伍,赴欧作战。1919年,希尔顿退伍返乡,买下了"毛比来"(Mobley)

旅馆，从此开始经营旅馆业。他以5 000美元起家，艰苦奋斗，历尽磨难，终于把旅馆开遍美国及世界各地，成为世界闻名的旅店大王。他的成功，在一定程度上应归功于他那独特的用人之道及以此为基础所形成的管理风格。

希尔顿17岁时便退学回家，跟着父亲学着做生意，也学着做人。父亲的忠诚、坦率和对人们善意的爱感染着他，使他日趋成熟。在小希尔顿21岁那年，父亲把圣安东尼奥店面的经理之职交给了他，同时转让了部分股权给他。在此后的两年里，他学着处理各种各样的业务，学习如何衡量信用，如何还价，如何与各行业有经验的老顾客交易，以及如何在紧要场合保持心平气和。这些都是必要的训练和宝贵的经验，正是这些促成了他日后的成功。

然而，在这段时期中有一件事令小希尔顿非常恼火，这就是父亲经常的干预。父亲总是不能完全信任他，一方面是因为父亲总觉得他还太年轻，另一方面也许是因为事业尚未稳固，经不起因儿子可能的失误而带来的重大打击。也许就是因为21岁那年亲自品尝了有职无权、处处受制约之苦，所以当希尔顿日后有权任命他人时，总是慎重地选拔人才，但只要一下决定，就给予其全权，他只是在一旁看他的选择是对是错。这样，被选中的人也有机会证明自己是对还是错。

在希尔顿的旅馆王国之中，许多高级职员都是从基层逐步提拔上来的。由于他们都有丰富的经验，所以经营管理非常出色。希尔顿对于提升的每一个人都十分信任，放手让他们在各自的工作中发挥聪明才智，大胆负责地工作。如果他们之中有人犯了错误，他常常单独把他们叫到办公室，先鼓励安慰一番，告诉他们："当年我在工作中犯过更大的错误，你这点小错误算不得什么，凡是干工作的人，都难免会出错的"。然后，他再帮他们客观地分析错误的原因，并一同研究解决问题的办法。他之所以对下属犯错误采取宽容的态度，是因为他认为，只要企业的高层领导，特别是总经理和董事会的决策是正确的，员工犯些小错误是不会影响大局的。如果一味地指责，反而会打击一部分人的工作积极性，从根本上动摇企业的根基。希尔顿的处事原则，是使手下的全部管理人员都对他信赖、忠诚，对工作兢兢业业，认真负责。这就是希尔顿"坦诚、信任"的用人之道。

正是由于希尔顿对下属的信任、尊重和宽容，使得公司上下充满了和谐的气氛，创造了一种轻松愉快的工作环境，从而才使得希尔顿有可能获得其经营管理中的制胜法宝——团队精神。当有人后来问他，为什么要在旅馆经营中引进团队精神时，他回答道："我是在当兵的时候学到的，团队精神就是荣誉感和使命感。单靠薪水是不能提高店员热情的"。事实证明，团队精神对于希尔顿的事业非常重要，是它让希尔顿得以渡过重重难关。

当希尔顿的资产从几千美元奇迹般地增值到几千万美元时，他曾欣喜而自豪地把这一成就告诉了母亲。然而，母亲却淡然地说："依我看，你跟从前根本没有什么两样……，你必须把握更重要的东西：除了对顾客诚实之外，还要想办法使来希尔顿旅馆住过的人还想再来住，你要想出一种简单、容易、不花本钱而行之久远的办法去吸引顾客，这样你的旅馆才有前途。"

为了找到一种具备母亲所说的"简单、容易、不花本钱、行之久远"四大条件的办法，希尔顿逛商店、串旅店，以自己作为一个顾客的亲身感受，终于得到了答案——微笑服务。只有它才实实在在地同时具备母亲所提出的四大条件。同时,他一贯坚持的用人之道和经营风格,足以保证员工的笑容是真实的、发自内心的。希尔顿要求每个员工不论如何辛苦,都要对顾客投以微笑,即使在旅店业务受到经济萧条的严重影响时,他也经常提醒职工记住:"万万不可把我们心里的愁云摆在脸上,无论旅馆本身遭受的困难如何,希尔顿旅馆服务员脸上的微笑永远是属于旅客的阳光。"在经济危机中纷纷倒闭后幸存的20%旅馆中,只有希尔顿旅馆服务员的脸上带着微笑。结果,经济萧条刚过,希尔顿旅馆就率先进入新的繁荣时期,跨入了黄金时代。

试问:
(1) 如何实施对酒店人力资源的有效管理?
(2) 你认为希尔顿人力资源管理的成功之处在什么地方?

三、综合实训

1. 员工招聘

以小组为单位,假设一个虚拟的酒店(包括名称、类型和等级等),部分成员代表招聘方,部分成员代表应聘方。通过模拟员工招聘,培养学生组织招聘工作的能力,同时训练学生的应变能力和心理素质。实训方法如下:

(1) 实训老师对实训进行要点提示,并提出相关要求;
(2) 招聘方拟定招聘计划,应聘方撰写应聘提纲;
(3) 以小组为单位按程序进行模拟操作;
(4) 小组间相互观摩并进行点评;
(5) 实训老师进行点评。

思考:通过本次活动,你学到了什么?

2. 员工培训

以小组为单位,假设一个虚拟的酒店(包括名称、类型和等级等),分别拟定酒店某岗位的员工培训方案,完成一次员工培训的过程。通过员工培训的模拟操作,培养学生的组织能力,训练学生的表达能力。实训方法如下:

(1) 实训老师对实训进行要点提示,并提出相关要求;
(2) 以小组为单位拟定培训计划,推荐培训讲解老师;
(3) 以小组为单位按程序进行模拟操作;
(4) 小组间相互观摩并进行点评;
(5) 实训老师进行点评。

思考:通过本次活动,你学到了什么?

第三章
酒店公关与企业形象塑造

学习目标

知识目标
1. 了解酒店公共关系的概念、特点、原则。
2. 掌握酒店公共关系的职能、构成要素。
3. 了解酒店公关人员的素质要求。
4. 掌握酒店公共关系的工作程序。
5. 了解酒店形象的含义、特点、构成。
6. 掌握酒店形象设计的含义、内容、程序。
7. 了解酒店形象塑造的内容及其模式。

能力目标
1. 能够进行酒店品牌及产品的公关设计。
2. 能够进行酒店企业的CIS设计。

  酒店形象是酒店无形的财富和资源。良好酒店形象的塑造，首先要求酒店自身要有良好的行为，同时，酒店还必须通过信息的沟通，使其良好的行为为公众所知晓。公共关系是一门"内求团结，外求发展"的经营管理艺术。在维系人心、提高酒店凝聚力等方面，公共关系起着重要的作用，它还可以让酒店与公众建立起相互了解和信赖的关系，帮助酒店在公众心目中建立起良好的企业形象，提高酒店的知名度。所以，现代酒店必须十分重视酒店形象的设计与塑造，通过公共关系等手段，让企业的整体形象识别为广大公众所知晓，并在公众心理上留下深刻的印象，从而为酒店创造良好的企业经营环境。

第一节 酒店公共关系概述

一、酒店公共关系的含义

一位公关人士曾经用一个形象的比喻说明什么是公共关系:公关好比一名年轻人追求伴侣,可以用很多方法。大献殷勤就是一种,但这不算公共关系,而是推销;努力修饰自己的外表,讲究谈吐,这也是吸引别人的方法,不过这也不是公共关系,而是广告;如果这位年轻人经过周密的研究思考,制定个人计划,而且埋头苦干,以成绩来获得他人的称赞,然后通过他人之口将对自己的优良评价传递开去,这就是公共关系了。

"公共关系"一词来源于英文的 Public Relations,20 世纪 80 年代被引入我国。国际上将 Public Relations 简称为"PR",我国将"公共关系"简称为"公关"。我们平时所说的"公关经理""公关小姐"等即由此衍生而来。

酒店公共关系,就是指酒店为了增进与其内外公众之间的了解、信任与合作而组织实施的各项双向信息沟通活动。酒店通过各种有效的公关活动,可以帮助酒店在公众的心目中建立良好的企业形象,提高酒店的知名度,减少或消除对酒店不利方面的影响,增强酒店员工的集体凝聚力,并密切与新闻界、顾客、竞争者以及社会公众搞好关系,从而为酒店创造良好的企业经营环境。

二、酒店公共关系的特点与原则

(一)酒店公共关系的特点

酒店是一种营利性的服务行业,同时也是一种具有依托性的行业,酒店公共关系具有其独特的特点。

1. 服务性

酒店的特点决定了酒店公共关系工作的出发点应该是为酒店创造各具特色的形象服务。服务质量乃酒店的生命,服务质量的高低最终取决于消费者的切身感受。因此,为公众提供更好的服务是酒店公共关系工作的核心内容和塑造良好形象的基础。

2. 营销性

追求经济效益是酒店的基本目标,但要实现这一经济目标,酒店就必须要在激烈的市场竞争中立足并赢得市场。公共关系可以与市场营销相结合,帮助酒店扩大客源市场,促进酒店经济效益的提高。

3. 全员性

每一个员工的言行都直接关系到整个酒店服务的质量,关系到酒店的形象。因此,酒店公共关系必须注重树立"全员公关"的意识,要让员工始终牢记:良好的服务会让顾客满意;低劣的服务会使顾客却步,甚至会因此而失去顾客。所以,创造让顾客满意的服务,是酒店公共关系的重要内容。

4. 情感性

现代企业已经进入了"情感化"经营时代,即"情感"作为一种重要的激励机制,已成为管理的一种重要方式。酒店在经营过程中要更加突出这一特点。酒店公共关系作为一种管理职能,在公共关系活动中把"情感"这一重要因素导入其中,使酒店组织更加富有亲和力。

5. 复杂性

酒店公共关系的复杂性主要表现在以下三个方面:

(1)酒店公众的广泛性和复杂性。酒店活动不仅涉及面广,而且参加的人数众多、关系复杂。酒店客源市场类型众多,酒店组织要与各种组织、团体及个人打交道,所以,酒店公共关系活动绝不能简单从事,一概而论,应当区别不同情况,有针对性地开展多种形式的宣传、沟通活动。

(2)酒店组织的多元性和复杂性。酒店公共关系的主体是各类、各级酒店组织,酒店组织具有多种类型,而且其功能具有多元性。从性质上划分,酒店组织可分为行政机构、事业单位、企业单位、社会团体等。在这些类型中,有的是直接为酒店业服务的组织,有的则同时为不同的对象服务,具有多种功能。酒店行业同业之间既有竞争,又有合作。开展酒店公共关系活动,分工不同的酒店组织之间应当加强沟通,注重相互间的协调与配合,树立起酒店行业的整体形象,为实现酒店自身和公众的利益创造一种最佳环境。

(3)酒店行业与其他行业或部门关系的复杂性。酒店活动是一种包括多种需求的综合性活动。酒店活动的完成,不仅需要酒店组织的经营,而且需要社会其他行业和部门的支持。因此,作为酒店公共关系主体的各级各类酒店组织,不仅要加强相互之间的沟通与了解,而且还要与社会其他行业和部门加强联系,与上下左右相互沟通,才能促进酒店的发展。

6. 长远性

酒店公共关系所要追求的最终目标是塑造酒店的良好形象,营造酒店的和谐环境、促进酒店与社会公众的共同发展,这是酒店组织的一项长远战略,是酒店公共关系不断努力的方向。实现这一目标需要各部门及相关人员克服种种障碍,同心协力,持之以恒。

(二)酒店公共关系的原则

酒店公共关系的原则,是酒店公共关系的工作指南。

1. 珍惜信誉,注重形象

信誉是酒店组织的生命,是酒店组织得以生存和发展的基础。组织的信誉是组织形象的基础,没有良好的组织信誉,绝对谈不上良好的组织形象。良好的组织形象能赢得公众的信任、支持和信赖,能吸引人才,增强内部员工的凝聚力。珍惜信誉、注重形象是酒店公共关系的最基本原则。

2. 双向沟通,和谐发展

双向沟通是公共关系思想的一个重要内容,它体现了公共关系的本质。公共关系为酒店营造良好的和谐环境主要是通过双向沟通来实现的。通过沟通,酒店与公众之间可以取得相互的了解和信任;通过沟通,酒店可消除公众对自己的误解;通过沟通,可以使酒店走出危机,开创新局面;通过沟通,可以使公众对酒店产生好感,从而促进酒店产品和服务的销售。

3. 实事求是,一视同仁

实事求是是公共关系的根本原则。在酒店公共关系活动中,公共关系技巧的运用是建立在实事求是的基础上的。酒店公众有多种类型,酒店公共关系人员,必须认真对待每一类公众,在具体交往过程中,对待所有公众应一视同仁。

4. 全员公关,服务社会

全员公关是公共关系的基本原则之一。公共关系工作一般应由酒店组织内部的公关部及其人员来承担,但公共关系的成功开展却需要酒店组织其他岗位工作的配合,需要渗透到组织的每一项活动中。只有酒店全体员工树立起正确的公关意识,并将公关思想运用于实践,才能建立起全员公关的坚实基础。

5. 求新、求美、求未来

求新、求美、求未来是对酒店公关工作的一项基本要求,也是酒店公关人员的努力方向。酒店公共关系活动是一个塑造组织形象的活动过程,因此,必须要有创新意识,而且在创新的同时还要充分考虑公众的审美心理。美好的组织形象无论就其内容还是形式而言,都应该能够给人带来美好的感受,这样才能为人们所欣赏、接受。此外,组织形象还关系到组织的未来发展。因此,形象塑造应该是一个持续的工作过程,需要放眼未来,考虑长远的利益。

三、酒店公共关系的职能

公共关系在酒店经营管理中发挥着独特的作用,它渗透于经营管理的各方面。酒店为增强社会适应性,求得生存和发展,必须用公共关系来协调内外关系,在公众中塑造良好的形象,扩大知名度,增强竞争力。酒店公共关系的主要职能体现在以下几个方面。

1. 搜集信息、分析环境

酒店所面对的各种环境对酒店及其组织的运行发挥着导向、促进和制约的作用。酒店组织的内部公众关系和外部公众关系是组织内部环境与外部环境的核心要素。因此,酒店组织要生存、发展,就必须观察、预测、搜集影响酒店组织运行的环境因素的变化情况。

酒店公共关系工作的基本内容之一就是搜集、整理、分析、归纳各方面的相关信息,帮助组织了解不断变化的内部和外部环境,使组织能够针对各种变化做出及时、灵活的反应。

酒店公共关系信息搜集的内容可以分为内部环境信息和外部环境信息。内部环境信息主要包括:员工的基本结构,员工的精神面貌、工作态度、兴趣爱好和需要等。外部环境信息主要包括:国家方针、政策的变化,新闻媒介的反应,合作伙伴及竞争对手的历史和现状,消费者对酒店产品和服务及组织形象的评价等。

酒店公关人员采取的信息搜集的方法主要有:社会调查、借助传播媒介调查、直接听取公众反映、举办各种会议和活动、聘请专家预测等。

2. 参谋建议、参与决策

酒店是竞争性激烈的行业，组织的领导者仅凭个人的经验和能力是很难做好本组织决策工作的，这一点在大型酒店集团表现得尤为突出。公共关系人员经常、广泛、直接地接触和了解各类公众，掌握各种信息，所以，能够为组织决策提供各种信息和咨询。公关部门也因此被誉为酒店组织的"智囊机构"和"参谋部"。在很多酒店企业内，公关部门甚至参与组织决策，为组织决策发挥更直接的作用。

公关部门向酒店决策部门提供的咨询内容主要包括：组织形象的咨询、产品形象的咨询、市场动态的咨询、公众心理的咨询、公众舆论的咨询等。

3. 协调关系、沟通理解

组织的公众关系包括组织的内部关系、外部关系、横向关系、纵向关系等。就组织内部而言，需要协调组织内部一般员工之间的关系、一般员工与组织之间的关系、组织内部各部门之间的关系；就组织外部而言，需要协调组织与外部公众的各种关系。

酒店公共关系的协调主要是通过信息沟通实现的。信息沟通是公共关系最基本的职能之一，信息沟通分为外部信息沟通与内部信息沟通。在酒店公共关系中，信息沟通不仅要完成"告诉公众什么"的使命，同时还要实现同公众之间的情感沟通，使酒店企业与公众之间通过沟通而达到相互理解、相互信任。一方面，公关部门通过主动地开展相关工作，使组织与公众之间的关系尽量保持和谐化，以求得团结合作和共同发展的目标。另一方面，当组织与公众之间出现不协调甚至发生矛盾时，需要公关部门运用公关策略和方法做好了解、沟通、联络、协调等工作，使组织顺利、及时地摆脱危机。

4. 传播信息、推广形象

在现代酒店运营中，如何拓宽宣传渠道、抓住宣传机会，增强组织的知名度和美誉度是一个关键性问题。酒店公共关系在这方面发挥了不可替代的作用：第一，公共关系注重新闻性宣传，即利用新闻传媒，及时地将有关信息以一定的导向性作用于公众，由此构筑酒店组织的整体形象；第二，公共关系注重交际性宣传，即通过演讲、讲座、专题活动等效果比较好的面对面的沟通，推广酒店组织活动；第三，公共关系注重事件性宣传，即利用一些已经发生的事件因势利导地开展宣传活动，强化对酒店组织的整体宣传效果，巩固公众对酒店组织的整体形象。

5. 塑造形象、赢得声誉

组织形象由外观形象和内在气质两方面构成。组织的外观形象表现在产品质量反映的组织形象、建筑装修的美化程度、组织的卫生条件和服务设施等方面；组织的内在气质则表现在组织成员的精神面貌、诚信程度、办事效率以及组织的管理风格等方面。组织形象最终取决于公众对组织所做出的判断和评价。

塑造良好的组织形象是公共关系的最终目标。公共关系通过对组织形象进行评估和分析，为组织形象进行恰当的定位，为实现组织形象目标提出战略计划和实施方案，使组织活动更加协调，使组织形象得到更加完美地展现。

第二节　酒店公共关系的构成要素

酒店的公共关系活动,是由作为主体的酒店组织、作为客体的内外公众和作为中介的传播构成的,三者相辅相成,不可分割。在公关主体的策略与谋划下,有目的、有计划,积极主动地改善酒店组织的内外关系,能为酒店组织创造一种"人和"的良好公共关系状态,以利于酒店组织健康地生存与发展。这里主要介绍一下构成要素中的客体与传播两个要素。

一、酒店公共关系的客体

在公共关系学中,公众是一个重要概念,它不同于我们通常所说的"人民大众"和"群众"。酒店公共关系的公众,是指与酒店组织发生联系并相互作用的组织和个人的总和。不同的公关主体,有不同的公众;不同时期的公关主体,也有不同的公众。没有公众,酒店公共关系就失去了工作的前提条件,当然也就没有了实际的意义。

（一）酒店公众的基本特征

酒店公共关系的公众一般具有以下三个基本特征。

1. 广泛性

酒店在与各式各样的组织和个人发生联系的过程中,形成了各式各样的社会关系,这些社会关系即酒店公共关系的公众。酒店公众范围非常广泛,包括顾客、客源输送机构、社区、媒介、政府等外部公众和内部公众。广泛性是酒店公共关系公众的第一个特征。

2. 动态性

社会环境是动态的、可变的,所以,处于变化环境中的公众的价值观念、消费行为、思维方式等也应该是变化着的,因此,酒店公众具有动态性特征。如随着社会的发展,人们的消费需求正在由温饱型向小康型转变,购买商品也发生了从追求"价廉物美"到讲究"品牌"、"名牌"的变化。酒店公共关系工作必须围绕公众的需求而采取相应的对策,寻找有利于组织发展的公关之路。

3. 可导性

公众的动机和态度具有可导性。酒店公共关系工作要借助各种公关方式和手段,通过不懈努力来改变组织机构的形象,逐渐影响和改变公众的态度,力图创造较高的公众信誉度,防止不利于酒店组织的行为出现。

（二）酒店公众的分类

从酒店组织自身所处的内外环境来看,其公众分为酒店组织的内部公众和酒店组织的外部公众。

1. 酒店组织的内部公众

酒店组织的内部公众,一般包括员工和合资酒店中的股东,他们与酒店组织有着最直接、最密切的利益关系,与酒店同呼吸共命运,是酒店公共关系的重要目标公众。

"内求团结"是酒店内部公共关系的宗旨;健康良好的员工关系,是酒店"外求发展"的基本保障和塑造酒店形象的基石。酒店的一切方针、政策和措施都必须得到他们的理解和支持,才可能有"人心齐、泰山移"的效果。

满足员工的物质需要,是调动员工积极性、维持劳动热情的基本保证。公共关系部门应该能够随时了解员工的各种物质需求,并及时反馈到决策层,对员工正当合理的物质需求,要力求迅速、主动地予以解决,竭力消除员工的误会,变消极情绪为工作热情。满足员工的精神需求,是发掘劳动潜能、调动积极性的重要手段。希望获得尊重和实现自我价值,是每个人正常的心理需求。因此,精神激励尤为重要,它是物质激励的补充。

承认员工的个人价值,切实保障员工的主人翁地位,是使员工自觉地将个人利益与酒店利益合为一体的有效方法。人有两种欲望,既希望自己是优秀组织中的一员,又希望自己鹤立鸡群、出类拔萃,有卓越的个人价值体现。因此,只有尊重员工的个人价值,激发他们的主人翁精神,才能将个体价值与团体价值辩证地、有机地结合起来,促使员工把个人价值与酒店的团体价值有效融合。

建立企业文化、树立企业精神,是培养员工认同感、归属感的重要途径。酒店的精神与文化,对塑造员工的个性、满足员工的心理需求、训练员工的精神、激发员工的自豪感和责任心,会起到无可比拟的潜移默化的作用。

2. 酒店组织的外部公众

酒店组织的外部公众,主要是指与酒店有着较紧密联系和较重要利益关系的社会群体。主要包括顾客、客源输送机构、社区、媒介、政府、金融界和竞争对手等。他们也是酒店公共关系的重要目标公众。在现代社会里,能否正确处理好与这些外部公众的关系,是衡量一个酒店素质的重要标准之一,也是酒店能否取得成功的重要条件。

(1)顾客。顾客,是指商店或服务行业前来购买东西的人或要求服务的对象,包括组织和个人。没有顾客就没有酒店,顾客对于酒店来说,具有极其重要的意义。做好顾客公共关系工作的内容包括以下三方面:

① 树立正确的经营思想。做好顾客公共关系工作的前提,是帮助酒店树立"顾客第一"的经营思想。顾客第一,就是指酒店的一切经营行为,都必须以顾客的利益和要求为导向,把顾客放在首位,竭尽全力地满足他们的需求。

② 摸清顾客的消费心理。被誉为日本经营之神的松下幸之助认为:"强烈的顾客导向,是企业成功的关键。"酒店公共关系人员要熟悉消费心理学常识,善于根据顾客的性别、年龄、职业等特征,来把握各类顾客的特殊需求,并将信息及时反馈给决策层,以便决策层快速调整经营方针,有的放矢地开展针对性服务,使酒店的经营服务得到社会的认可。

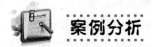
案例分析

新锦江大酒店的"三个小枕头"

1990年5月10日傍晚,阿联酋总统扎耶德及95名随行人员,下榻上海新锦江大酒店(锦江酒店旗下的豪华五星级商务酒店)。可能是由于旅途辛苦,总统喝了一口茶,就准备进卧室休息了。它的侍从上前揭开床罩,总统突然眼前一亮,又惊又喜:"这里的枕头怎么和家里的一样?"眼前,三个很薄很小的枕头并排放在床头,而按高星级酒店的惯例,与床同宽的长枕头才合标准,难道新锦江大酒店不懂规矩吗?不是的,原来使用小枕头是扎耶德的习惯。这一信息,在总统步入套房20分钟前,被新锦江大酒店捕捉到,于是20分钟后总统见到了三个小枕头,总统枕着小枕头很快进入梦乡,新锦江大酒店也因此名扬中东。

试问:

(1)新锦江大酒店公关活动的成功之处何在?

(2)说明交际型公关活动在塑造企业形象中的重要性。

③ 塑造最佳的服务形象。对酒店而言,其中心工作就是服务。正如美国酒店旅馆大王、商业酒店之父斯塔特勒所说:"酒店从根本上只销售一样东西,这就是服务。"只有塑造最佳的服务形象,才有可能让顾客产生深刻、良好的心理体验,达到争取客源、扩大影响的目的。追求利润是任何一家酒店的基本动因。但是,实现酒店利润目标的最根本因素应该是良好的酒店服务质量。酒店形象得到了公众的认可与青睐,酒店才有可能通过满足社会需求来获取利润。

(2)社区。社区,是指由生活在一定地域内、生活上相互关联的个人或家庭组成的大集体。公共关系学中的社区关系,实际上是一种乡里关系。酒店要讲究睦邻之道,就要为其发展创造一种良好的区域氛围。酒店与社区是一种相互依存、相辅相成的关系。

酒店的生产经营活动,依赖于社区的各项服务。如交通管理、水电供应、治安、消防等服务的提供;酒店员工的提供,尤其是旺季请来的临时工、季节工,多半来自社区内的居民。

酒店在依存社区的同时,也为社区做了多方面的贡献和帮助。如上缴税金和各项征收款,为社区财政做贡献;积极资助社会福利事业,为社区承担了一部分社会责任;酒店优美的外观形象,美化了社区环境,给社区居民一种美的享受。

酒店要搞好社区公共关系,就必须抓住社会利益这个根本。要积极参与社区的社会公益事业;社区遇到危急情况时,酒店应挺身而出,迅速配合社区采取各种应急措施;利用自身的优势,兴办"附属"企业,解决社区居民的就业问题,帮助社区居民改善生活,增加福利。

(3)媒介。媒介是指介于传播者与受传者之间的用以负载、传递、延伸特定符号和信息的物质实体。它包括书籍、报纸、杂志、广播、电视、电影、网络以及传播机构等。酒店绝不能轻视舆论的作用,酒店公关部要特别重视与新闻媒介的关系,加强与他们的联系,并建立起融洽友好的关系。

酒店公共关系人员要积极主动地保持与新闻界的联系，要把公关工作做在事前，要主动邀请有关记者来酒店采访、检查促进工作。对有利和不利于酒店的报道都要以正确、认真、友善的态度去对待。

从主体与客体的角度来分析，传播媒介具有双重性。一方面，传播媒介是酒店公共关系的对象，是酒店必须争取的重要公众。另一方面，媒介又是酒店开展公共关系活动的重要工具。酒店一切信息的传导与回收，都要依赖于传播媒介，都要借助于传播媒介的力量。因此，从这个意义上讲，媒介既是酒店公共关系的主体，又是酒店公共关系的客体。媒介这种具有特殊意义的双重性，是区别于其他公众的显著特征。

（4）政府。政府是酒店的权力公众。任何企业都必须在政府的宏观管理下进行生产经营活动。酒店是自主经营、自负盈亏的企业，与各级、各类政府的职能机构都有着不可分割的关系。因此，协调和改善与政府的关系，对酒店的生存与发展至关重要，是酒店外部公共关系的重要任务。

要做好政府公共关系工作，首先必须执行国家的方针、政策，遵守法律与法规，自觉接受政府的指导和管理。其次，要严格管理、勇于创新、努力提高经济效益，为社会、为国家作贡献，是获得政府理解和支持的最根本、最有效的途径。再次，要承担社会责任，树立优良的酒店形象。另外，在积极配合政府职能部门管理、监督工作的同时，一定要主动争取其支持和指导。

二、酒店公共关系的中介

酒店的公共关系工作，是通过各种传播媒介与社会公众保持信息沟通的，传播是酒店与社会公众保持信息沟通的中介要素，是连接公关主体和客体的纽带，起着相当重要的作用。

（一）传播的含义及其构成要素

传播，是人们使用语言符号或非语言符号进行信息交流与沟通的一种社会行为。人与人之间通过传播进行思想、信息、观念的传递和分享，人类的一切生产和社会活动都离不开传播。酒店公共关系人员必须重视传播的中介作用，了解传播的基本构成要素、特征及传播效果，从而在进行传播活动时，增强其灵活性和针对性，减少干扰因素，提高传播效率。

传播的基本构成要素包括传播者、信息、信道和受传者。如图3-1所示。

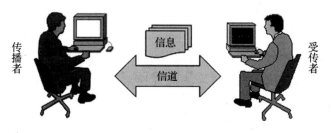

图3-1　传播的构成要素

(二) 传播的类型

从酒店公共关系的角度,可把传播划分为三种,即人际传播、酒店自控传播和大众传播。

1. 人际传播

人际传播是发生在个体与个体之间的传播行为,是最常见、最广泛的一种传播方式。人际传播的显著优点是传播方式大多是面对面地进行,直接而具体,受传者有机会立即反馈,人与人之间的交流易于情感化,传播者可以窥见传播效果的优劣,并根据反馈的内容,及时修正传播的内容,进一步解释与澄清,获得受传者的支持、理解与合作。人际传播范围较小,影响面不大,这是它的一个弊端。常见的人际传播方式有电话联络、书信往来、面谈等。

2. 酒店自控传播

酒店自控传播是公共关系组织传播的一种形式。它通过酒店会议、酒店活动、酒店刊物和酒店电子传播媒介等方式,进行"内求团结、外求发展"的组织教育,取得树雄心、鼓士气、增强酒店组织向心力和凝聚力的效果。其沟通的方式有两种:一种是下行与上行的垂直传播,如经理与员工之间的工作角色沟通;另一种是平行的横向传播,如酒店领导与领导之间、员工与员工之间,以及领导与员工之间的感情沟通等。

3. 大众传播

大众传播是指职业传播者通过大众传播媒介(如报纸、杂志、广播、电影、电视等),向为数众多的社会公众提供信息的传播过程。

大众传播的显著特点是传播的速度很快,传播的范围非常广泛。它是提高知名度的有效手段之一。大众传播的另一个显著特点是,它往往给被传播的人与事赋予一种特殊的意义。即通过大众传播媒体介绍和宣传的人就成了"名人",酒店企业就成了"名酒店"、"名企业",尤其是被放在电视播放的黄金时间、报纸刊登的头版头条宣传报道的,易于在社会公众心理上产生重大影响。这种特殊的作用,公共关系人员应了解并掌握。

第三节 酒店公共关系的工作程序

酒店公关活动必须精心谋划,制定较为详细的实施方案,按照一定的程序和步骤有序地进行。一般情况下,酒店公关活动可以按照"四步工作法"进行(如图3-2所示),即酒店公关调研、酒店公关策划、酒店公关计划实施和酒店公关效果评估。其中,公关调研是酒店公关活动的基础;公关策划是整个工作的全盘规划;公关实施是对计划的实践开展;公关评估则是对整个过程的最后总结。

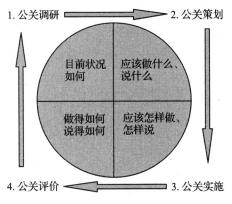

图 3-2 酒店公共关系工作程序

一、酒店公关调研

(一) 酒店公关调研的含义

酒店公关调研,是指围绕企业的经营目标与公关目标,运用科学的方法,有步骤地考察酒店的公关状态,收集有关信息资料,分析各种相关因素及其相互关系,从而达到掌握实际情况、为公关策划做准备的实践活动。

(二) 酒店公关调研的程序

酒店公关调研的程序,是指对客观存在的酒店公共关系现象进行科学调研的基本过程。具体来说,是指根据人的认识过程和认识规律而确定的具有严密逻辑联系和最佳运作效率的调研阶段,主要包括 4 个方面的内容,如图 3-3 所示。

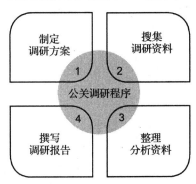

图 3-3 酒店公关调研的程序

1. 制定调研方案

公共关系调研方案是对调研内容和调研环节的总体安排。方案设计务求详细、周密,符合客观实际。公共关系调研方案应包含以下几个方面的内容:

(1) 公关调研的目的。搞清调研要解决的问题,才能考虑怎么去解决问题,并为进一步确定调研内容、范围和方法等提供依据。

(2) 公关调研的空间范围、调研对象和调研单位。调研单位是所要进行调研总体中的个体。比如,为了调研某市各公共关系公司的经营情况,要对全市公共关系公司进行全面调研,那么,该市的所有公共关系公司就是调研对象,每一个公共关系公司就是"调研单位"。调研方案要明确调研是在某个社区,还是全市、全省或全国何等空间范围上进行。不同的调研方式有不同的调研对象,比如,采取全面调研方式,那么调研总体内的所有单位都是调研的单位;如果采用典型调研方式,只有选出的有代表性的单位才是调研单位;如果采取抽样调研方式,则由抽样决定的样本单位作为调研单位。所以,调研设计方案要确定采用何种调研方式进行调研,最重要的是确定调研规模,即样本数量。

(3) 公关调研的方法。即说明采用何种方法,如访谈、文献、观察、问卷、实验等搜集资料。

(4) 公关调研的内容。即所要调研的主要内容,或者说准备向调研对象调研哪些问题。

(5) 公关调研的时间和人员安排。详细计划各环节具体的时间、进度,制定出工作流程图,及各环节负责人员和工作人员。

(6) 确定调研资料统计、整理和分析的方法。

(7) 调研经费的预算等。

2. 搜集调研资料

搜集调研资料的主要包括两个方面:原始资料,即由调研得来的第一手资料;次级资料,即当地已有的统计资料、档案和文献等。

在实施调研阶段,调研人员要运用访问、座谈、问卷、观察等方法和适当技巧展开调研工作,从调研对象那里获取系统、客观、准确的调研材料。在实地调研阶段,很可能出现一些意外情况或发现原来设计方案与实际情况不相符之处,所以,要及时与调研负责人取得联系,对原来的计划进行必要的调整和修改,以保证调研任务按时保质完成。

3. 整理分析资料

公共关系调研的资料处理,包括资料整理和资料分析两个方面。

资料整理的大致步骤是:第一,核实审查资料的合格性,辨别资料的真伪和可靠程度,以及所得资料是否是严格按规定要求收集的;第二,核实材料的准确性;第三,核实审查材料的完整性,查缺补漏;第四,将文字资料、数字资料和音像资料的索引系列化。

资料分析,就是对文字资料和数字资料进行综合的分析研究,从感性认识到理性认识,揭示调研对象的表面特征、数量特征和本质特征。资料分析还包括运用归纳、演绎、综合、逻辑、历史、统计、比较、系统等各种分析方法,揭示被调研事物各部分之间的关系,及其对该事物发展变化规律做出判断性结论。

4. 撰写调研报告

最后阶段的工作是总结评估本次调研,对调研全过程做出说明,包括本次调研目的、方法、始迄、主要调研人数、调查表回收情况,以及对全部资料进行的客观分析和结论,做出实事求是的总结,特别是对信度和效度做出评估。调研报告是该项调研工作成果的集中体现,在报告中除了交代调研的观点、结论,还应提出解决问题的建设性意见。

二、酒店公关策划

(一)酒店公关策划的含义

酒店公共关系策划,是指酒店公关人员为塑造酒店的良好社会形象或者是为了改善酒店所面对的外部环境,在分析和整理酒店公共关系调研资料的基础上,依照科学的方法和原则,凭借自身的经验和知识,设计出有针对性的酒店公共关系方案的过程。

酒店公共关系策划是对组织的酒店公共关系活动的整体方案进行规划,它是对酒店公共关系方案的全过程作出预测和设计,是酒店公共关系决策的形成过程。酒店公共关系策划围绕组织目标而设计,它具有特殊的目的和特定的对象。成功的酒店公共关系策划方案应该具有创新性和针对性。

(二)酒店公关策划的程序

酒店公关策划的程序,是指对酒店公共关系活动整体方案进行规划的基本过程,主要包括6个方面的内容,如图3-4所示。

图3-4 酒店公关策划的程序

1. 确定公共关系目标

公共关系目标是公共关系行为期望达到的成果。公关目标要与组织的整体目标相一致,要为组织整体目标服务;公关目标应具体明确,避免使人产生误解;公关目标要具有可行性,要符合当时的内外部条件,要通过努力能够实现;公关目标要具有可控性,要具有一定弹性,以备条件变化时仍能灵活应变。

2. 确定公共关系公众

公共关系目标确定以后,就要确定公关活动的目标公众。目标公众的确定,有利于选定具体的公关方案;有利于确定公关活动的重点、有利于科学地分配力量;有利于更好地选择传播媒介和传播技巧等。

3. 确定公关活动主题

公关活动主题是对公共关系活动内容的高度概括,对整个公共关系活动起着指导性作用。一个好的公关活动主题,必须要做到与公关目标相一致,能充分表现公关目标;要能够适应公众心理需要,既要富有激情,又要使人感到亲切;应该独特新颖,富有个性,要突出活动特色,给人留下深刻印象;在表述上要做到简短凝练,易于记忆和传播。

4. 选择公关传播媒介

不同的公关传播媒介都有自身的特性,既各有所长、又各有所短,只有选择合适的传播媒介,才能取得良好的传播效果。传播媒介的选择,一定要与公关目标相结合、与传播内容相结合、与传播对象相结合、与经费预算相结合。

5. 编制公关活动预算

公关活动预算应该包括三个方面的内容:①经费预算。公关经费大致可以分为基本费用和活动费用两个方面。基本费用是相对稳定的费用,包括人工报酬、办公、房租和固定资产折旧等费用。活动费用是随某项公关活动的开展而形成的费用,包括材料费、调研费、咨询费、招待费、广告宣传费、赞助费等开支。②人力预算。是对实现既定公关目标所需的人才进行初步的估算,如需要组织投入多少人力,什么样的人才结构,是否需要外借人员等。③时间预算。是为公关具体目标的实现制定一个时间进程表,应规定出各阶段的具体工作内容以及所要持续的时间,以便公关人员按部就班地进行工作。

6. 审定公关活动方案

审定公关活动方案可分为两个步骤。第一步,优化方案。就是尽可能地将公关方案完善化、合理化,提高方案合理值,强化方案的可行性,降低活动耗费。第二步,方案论证。一般由有关高层领导、专家和实际工作者对方案提出问题,由策划人员进行答辩论证。论证方案应满足系统性、权变性、效益性和可操作性要求。

三、酒店公关实施

(一)酒店公关实施的含义

酒店公关实施,是指运用各种传播手段,把预期的信息传递给相关公众,以影响其态度或行为,创造有利于酒店生存和发展的公众舆论和社会环境。酒店公关实施是将方案确定的内容变为现实的过程,是整个公关工作的中心。

(二)酒店公关实施的内容

酒店公关实施是将酒店公关策划变为实际行动的过程,主要是对自己计划的检验和修正的过程。酒店公关实施包括以下3个阶段:

1. 公关实施的传播阶段

在这个阶段最应该注意的问题是:首先要如实地执行计划。因为,一个公关计划从它的萌芽、产生,到成型,都经历了一个过程,都有一定的科学性。所以,在公关计划执行的早期,一定要有坚决性,不能动辄改变计划。

但是,计划赶不上变化快。在有时候为了应对急剧变化的形势,要当机立断,临时改变计划,以应对变化了的形势。但是,这里所说的"改变"应该是战术层面上的改变。酒店公关计划应该是战略层面上的东西。所以,执行计划的"坚决性"就是指战略不能随便动摇,而具体的细节改变不应影响对战略的把握。只有这样才能保证工作的顺利展开,实现预期的目标。

2. 公关实施的反馈阶段

计划的反馈阶段，就是检验传播效果的阶段。计划制定的好坏，关键就看能不能得到公关对象的认可，这是实施过程中最关键的一环，也是最重要的一环。在执行反馈任务时，一定要注意沟通的方式。要设法得到客户真实的反馈信息，而不能让客户牵着鼻子走。同时，还要注意反馈的及时性。对于客户的反馈一定要及时处理，不能耽搁。

3. 公关实施的修正阶段

公关计划的修正阶段，也是实施过程的扫尾阶段。修正阶段的主要任务就是在对收集上来的反馈信息进行充分分析的基础上，对先前的执行过程进行效果评估，及时发现实施中的偏差，及时对计划进行必要的调整和纠正。只有这样，计划才会更贴近实际，更富有弹性，计划的实施结果才会趋于完美。

四、酒店公关评估

（一）酒店公关评估的含义

酒店公关评估，是指根据特定的标准，对酒店公关方案的执行与实施情况进行检查、分析和总结。它是对公关活动最终效果的评价，目的是找出成功和失败的经验教训，作为今后公关活动的参考，它是"四步工作法"的最后一步。这个阶段既是酒店公关活动的归宿，又是下一次酒店公关活动的出发点，与调研阶段首尾相连，使酒店公关活动呈现出一个有始有终的完整过程。

（二）酒店公关评估的内容

公关评估的内容可以从准备过程、实施过程和活动效果三个方面进行。

1. 准备过程的评估

准备过程的评估可以从三个方面进行：①背景材料的充分性。主要看一下前几个程序中是否充分占用资料和分析判断的准确性如何，重点是及时发现在环境分析中被遗漏的对项目有影响的因素。②信息的组织与项目战略的合理性。公关活动是否适应形势要求而展开，活动中准备的信息资料是否符合问题本身、目标及媒介的要求，沟通活动是否在时间、地点、方式上符合目标公众的要求，有没有对沟通信息和活动的对抗性行为，人员与预算资金是否充分等。③信息和项目的有效性。检验有关信息传递资料及宣传品设计是否合理、新颖，是否能达到引人注目等。

2. 实施过程的评估

实施过程的评估主要从发送信息的数量、信息被传播媒介所采用的数量、接收到信息的目标公众数量和注意到信息的公众数量等方面进行评估。

3. 活动效果的评估

活动效果的评估主要从关注信息内容的公众数量；改变观点、态度的公众数量；发生期望行为和重复期望行为的公众数量；达到的目标和解决的问题以及对社会和文化发展产生的影响等方面进行评估。

（三）酒店公关评估的步骤

1. 重温公关目标

公共关系目标是评估公共关系效果的标尺。根据这把尺子，来检查公共关系目标是否实现了。在评估时既不要抬高标准，也不要降低标准。

2. 收集分析资料

公共关系人员要收集关于公众的各项资料（如知名度、美誉度资料、态度资料和行为资料），然后进行分析比较，看哪些达到了原来的目标，哪些还没有达到，哪些甚至超过了预期的效果，原因何在？

3. 形成评估报告

负责评估工作的公共关系人员必须如实地将分析结果以正式报告的形式报告决策部门以至企业的最高决策层。

4. 运用分析结果

这是企业公共关系工作评估的最后一个步骤，也是最终目的。分析结果既可以用于别的或将要制定的公关项目，也可用于企业总目标、总任务的调整。

第四节　酒店形象的设计与塑造

一、酒店形象概述

（一）酒店形象的含义及其特点

酒店形象，是指社会公众对酒店企业的行为特征和精神面貌的总体印象以及由此所产生的总体评价。例如，当人们谈及某某星级酒店时，会在观念中呈现出对该酒店的抽象化的性状反映：是一家高级酒店，接待过许多外国的国家元首，消费高、品质高，等等。至于该酒店内有多少张床位、有多少位员工、有多少道特色菜等细节，则是无关紧要的。所以说，这里指的酒店形象，是指社会公众对酒店的总体印象及总体评价。酒店形象具有以下特点：

1. 酒店形象的客观性

客观性是指酒店形象首先是一种物质的表现形式。如店容店貌、员工队伍、客房设施、名称标志等，是一种客观存在。可以说，公众舆论是反映酒店形象的一面镜子，传播只是一个"投影"过程，"影像"的好坏，归根结底取决于酒店自身行为，如服务质量的好坏等。酒店自身完善是酒店良好形象的客观基础和基本内涵。

2. 酒店形象的综合性

反映一个酒店形象的角度是多方面的。人们从不同的角度会对同一个酒店得出不同的印象；在不同时期对同一酒店也会产生同的评价。评价酒店形象的好坏，不仅仅是取决于其服务,还有它的经营方针、管理效率、员工素质、酒店名称、店容店貌等。酒店形象具有复合性。具体地说,酒店形象由酒店实体和酒店精神两方面复合而成,前者是身躯,后者是灵魂。但是,公众对酒店形象的形成往往是缘于其中的一到两个因素,所以,进行形象设计的时候,不能忽略细节,任何一方面的不完善,都可能对酒店形象产生不良的影响。

侍应生

侍应生,简称侍应,又称服务生,粤语又称企堂、伙计,中国古代称店小二、小二,是餐厅、酒楼等食肆的服务工作人员之一。侍应生在食肆的大堂工作,例如茶餐厅的大堂,为顾客送上餐牌及清水或茶,为客人点菜,送餐,取走用完的餐具,计算餐费等。

侍应生通常会穿制服,酒楼、西餐厅的侍应通常会穿着西装、套装制服、T恤或围裙作制服。

侍应生岗位职责是严格按照服务程序做好本职工作;执行服务规程,仪容整洁大方,以规范姿态站立;按照领班的安排,负责摆桌摆台;熟悉餐牌、酒水,积极向客人推销;客人到时,主动迎接,热情招呼,彬彬有礼;按规格填好点菜单;彻底搞好卫生工作等。

3. 酒店形象的变化性

酒店公众千差万别,看法也不尽相同,他们一般是从自己个人的角度出发,以酒店是否满足自己的个体需要作为评判酒店形象好坏的基本依据。另外,酒店公众群不会也不可能是一成不变的。宾客的流动性导致了酒店形象的"流动性"。所以,酒店形象需要从各个方面不断地加以完善和创新。

4. 酒店形象的相对稳定性

酒店的形象一旦形成,就不会轻易地改变。形象一旦形成,就不会轻易改变或消失。主观感受的不易改变性,使得酒店的形象有相对的稳定性。这对形象好的酒店来说,是一种"福音",对形象差的酒店来说,则无疑是一种"灾难"。

(二)酒店形象的构成

酒店形象是整体性的公众形象和评价,但公众在评价酒店时并非总是总体地进行评价,而是往往就酒店的各个方面去进行。酒店作为一个特殊的企业,其形象可以归纳为以下几个方面:

1. 酒店人员形象

首先是酒店领导者的形象。如领导者的才能、资历、胸襟、作风、政策水平等。领导的形象好,酒店的形象相对来说也会好,这是光环效应的具体反映。其次是酒店公关人员的形象。包括酒店公关人员的品德、个性、才干、能力等。最后是酒店员工的形象。如员工的服务态度、服务意识、道德修养等。员工是酒店的"门面",他们直接面对千千万万的公众,所以员工的形象至关重要。

2. 酒店管理形象

酒店管理是一种系统控制,酒店内部各子系统运行正常,各要素充分发挥作用并和谐一致,说明酒店的管理水平高,说明酒店的管理形象好。酒店的形象依靠酒店管理来塑造,酒店管理形象反证酒店的形象。如果走进一个酒店,看到服务员扎堆聊天、站姿不规范、服务不热情,说明酒店管理不好,其形象也不会好。

3. 酒店实力形象

酒店的实力形象首先表现在酒店的空间。如建筑构造、装饰格调、设施设备、环境状况等,这些是形象的"硬件"。图3-5为迪拜阿拉伯塔帆船酒店的直升机停机坪和全球首个户外休闲"海上浮台",从此"硬件"形象,不难想象迪拜阿拉伯塔帆船酒店的实力形象。酒店的实力形象还表现在员工的待遇和福利方面。待遇和福利好,说明酒店的实力强,容易产生凝聚力。

图3-5 迪拜阿拉伯塔帆船酒店的空中网球场

4. 酒店服务形象

酒店是以提供专业服务为主的行业,因此,服务形象的好坏对其形象的塑造至关重要。酒店的服务形象主要是指消费者对酒店提供的服务是否热情、周到,服务项目是否齐全、便利,服务态度是否真诚、礼貌,服务质量是否有保证,服务是否让人满意的反映和评价等。

酒店的服务形象内容十分广泛,包括售前服务、售中服务和售后服务三大方面。这也是酒店接待服务中的三个基本环节。

5. 酒店社会形象

酒店的社会形象是指酒店对社会公益事业的关心和参与。最起码的,酒店要搞好其周围环境的建设,要减少噪音、油烟等的污染;其次,酒店对社区要给予足够的关心,对公益事业要大力支持。

二、酒店形象的设计

（一）酒店形象设计的含义

酒店形象设计，是指采用新颖、独特、引人入胜的手段，通过新闻媒介的传播，使酒店企业的内在精神和外显特征在公众心理上留下深刻的印象，促使公众对酒店企业产生依赖和良好的心理效应，最终达到增加社会认同感的公共关系专业活动。

（二）酒店形象设计的内容

酒店形象设计，即酒店CIS的设计。CIS是英文Corporate Identity System的缩写，意思是"企业识别系统"。酒店形象的设计是一个系统工程，它具体包括三个方面：企业理念识别（mind identity，MI）；企业行为识别（behavior identity，BI）；企业视觉识别（visual identity，VI）。如图3-6所示。MI是企业抽象的精神理念；BI是企业行为活动的动态形式；VI则用视觉形象来进行个性识别。可以把这三个方面通俗地理解为"MI是CIS的头，BI是CIS的手，VI是CIS的脸"。

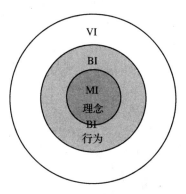

图3-6　酒店形象设计的内容

1. 企业理念识别（MI）

（1）企业理念识别的含义。

企业的理念识别（MI），是一个企业在生产经营活动过程中的经营方针、企业文化和企业战略等的统一化，是企业在生产经营活动中的指导思想和行为准则。理念识别虽然比较抽象，但它由内向外地扩散酒店企业的价值观念和酒店精神，却是酒店形象设计的灵魂和原动力。这里简单介绍一下酒店企业的经营方针。关于企业文化和企业战略内容放到其他章节中去介绍。

酒店企业的经营方针，是指以酒店企业的经营思想为基础，根据实际情况为实现经营目标而提出的指导方针。正确地确定企业的经营方针，能有效地利用各种资源，有计划地进行基本建设和生产经营活动，实现企业的经营目标。

经营方针要有个性。即在经营过程中，应根据自己所处的条件，确立自己的经营特色，不要一味地模仿他人的做法。如美国最大的旅馆连锁经营企业"假日旅馆"，以"随时都可能来住宿"为经营方针而闻名。即使顾客事先没有预订房间，而本旅馆又客满，假日酒店的服务人员也会替顾客想办法,和距离最近的连锁店联络。故所有假日连锁旅馆必须随时注意空房的数量,以便相互协调。

经营方针是酒店服务特色的具体体现。如喜来登酒店联号以"物有所值"赢得顾客的好感;希尔顿酒店联号以"快"字著称于世;香港的文华大酒店则以"情"服务而感动公众。要找准自己的经营方针,就要了解公众不断变化的需求,充分挖掘酒店所处地域的区域文化,以此为出发点进行确认。

(2) 企业理念识别的作用。

① 导向作用。

酒店的理念识别,可以为酒店发展提供方向,为员工行为提供导向。一个成功的酒店理念识别,能指导酒店在发展的道路上不走弯路,不走错路,指导酒店朝既定的方向,遵循合理的原则,走向成功。酒店的员工每个人都有自己的价值取向。"仁者见仁,智者见智"。通过理念识别可以把个人价值取向统一起来,为人们的行为提供统一的导向。

② 凝聚作用。

一个酒店在发展过程中,随着实力的增强,必然会出现一种促使企业向外扩张的作用力——离心力。这种离心力表现在:服务项目的增多,客源市场的扩大,竞争对手的增多等。这种离心力如不受到一定的牵制,很可能会使酒店四分五裂,而这种牵制力量就源于酒店理念识别。如图3-7所示。理念识别以向心力的形式,对离心力加以牵制、约束,可以使得酒店在发展中不断地保持繁荣。

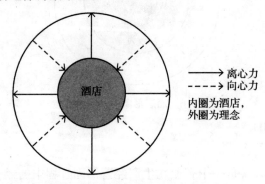

图3-7 酒店理念的牵制作用

③ 榜样作用。

任何企业向社会提供的不仅仅是物质财富,还有精神财富。酒店理念识别就是酒店的精神财富。良好的酒店理念识别,对其它企业起了很好的楷模作用。酒店理念识别的榜样作用,很多通过新闻媒介来实现。新闻媒介以第三者的身份,实事求是地对酒店进行报道,使之成为社会各界的榜样,促使社会上的其它企业和酒店形成一种良性竞争,共同推动社会的进步。

④ 规范作用。

不同的个体,有不同的行为。规范这些行为,需要借助理念识别的力量。通过理念识别,可以让职工自觉地、发自心底地规范自己的行为。

⑤ 激励作用。

良好的酒店理念识别,一般都是把员工看作是"社会人",舍得进行感情投资,使个人利益和酒店的整体利益统一起来,最大限度地做好"挖潜工作",启发、诱导、刺激员工潜在的热情、干劲、能力和智慧。

理念识别确立后,事情还只进行了一半,更重要的是如何将它"广而告之"。理念识别的传播,可以通过理念口号来进行。酒店理念口号是酒店理念的高度浓缩。不宜过长,否则,不利于记忆,也不利于传播。如福建阳光假日大酒店的理念口号是"温情无限,尽享阳光"。另外,酒店理念口号要能够确实体现酒店理念,不可任意杜撰;要有自己的特色,切忌雷同;要通俗易懂,不用生僻字。将酒店的理念真正为酒店员工和社会大众所熟悉,必须花大力气,由上至下层层推广,深入每一位员工心中。

目前,许多酒店在导入形象识别系统时,往往忽视理念识别的落实,理念和行为相脱节。但是,作为酒店的领导者,应该知道:有理念,更要有行动。只有通过视觉识别和行为识别,将理念贯穿于酒店的经营管理之中,才能发挥其精神力量的作用。

2. 企业行为识别(BI)

(1) 企业行为识别的含义。

企业的行为识别(BI),是指企业在内部协调和对外交往中所具有的一种规范性行为准则。这种准则具体体现在全体员工上下一致的日常行为中。也就是说,员工们一招一式的行为举动都应该是一种企业行为,能反映出企业的经营理念和价值取向,而不是独立的随心所欲的个人行为。

酒店行为识别是酒店理念识别的具体体现。任何酒店的理念识别,都是抽象的、内在的,酒店的行为识别则把酒店的理念识别外化,使之成为人们看得见、摸得着的东西。酒店的行为识别通过形形色色的活动,把酒店理念展现在人们周围,让人们真切地体会到"言语和行动的统一"。如果没有酒店行为识别,酒店理念识别就只是一种装饰性的口号。

(2) 酒店行为识别的内容。

酒店行为识别,由内部行为识别和外部行为识别两个部分组成。

① 酒店内部行为识别。

内部行为识别,就是建立完善的组织管理制度,包括对干部的教育、员工的教育(包括服务态度、接待技巧、服务水准、工作精神等方面)和酒店工作环境的建设等。内部行为识别的主体是酒店内的所有员工,旨在通过活动,加强员工的整体素质,增强酒店的向心力和团结力,为强化酒店内部管理服务。它活动的重心是酒店的管理领域。

② 酒店外部行为识别。

外部行为识别,是指酒店对外宣传、对外促销时所开展的种种活动,是酒店内部活动识别的扩大和延伸。包括市场调查、产品开发、公共关系、促销活动等。它的活动主体是外部广大的社会公众,旨在通过活动,加强酒店的推销力度,侧重点是酒店的经营活动。

3. 企业视觉识别(VI)

(1) 企业视觉识别的含义。

企业视觉识别(VI),是在企业理念识别(MI)和企业行为识别(BI)的基础上,将企业经营理念、行为规范等,通过视觉传播形式,有组织有计划地传递给客户、公众及企业员工,从而树立起统一、独特的企业形象。

企业视觉识别是企业形象最直观的表现,是企业理念的外在的、形象化的表现,理念特征是视觉特征的精神内涵。企业视觉系统包括企业标志、企业名称、企业商标、企业标准色、象征图形、企业造型等。

在信息社会中,企业的视觉识别系统几乎就是企业的全部信息载体。视觉系统混乱就是信息混乱,视觉系统薄弱就是信息含量不足,视觉系统缺乏美感就难以在信息社会中立足,视觉系统缺乏冲击力就不能给顾客留下深刻的印象。在这个意义上,缺乏了视觉识别,整个 CIS 就不复存在。有关资料表明,人们接受和识别外部信息,是通过五官进行的。其中,11%来自听觉感知,83%来自视觉感知,3.5%来自嗅觉感知,1.5%来自触觉感知,1%来自味觉感知。如图 3-8 所示。

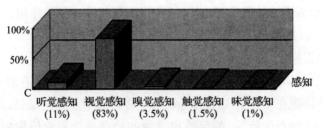

图 3-8 接受和识别信息的五官来源

整个企业形象识别系统,如果说理念是企业的头脑和灵魂,行为是企业的处世方式,那么企业的视觉识别系统就是企业的着装和仪表。

(2)企业视觉识别的内容。

企业视觉识别的内容包括两个方面:基本要素和应用要素。VI 视觉要素是综合反映企业整体特色的载体,是企业形象外在的符号化的表现形式。究其本质,VI 是一种商业行为,它必须传达企业的经营理念,而不能单纯从美术的角度进行设计制作。

① 基本要素。

基本要素,是指那些随时可以利用,且不会改变的信息。主要包括:企业名称、品牌标志、标准字体、标准色、宣传口号、企业造型等。

标准字体广泛应用在酒店视觉识别的各种应用要素上,出现频率也是相当高的。酒店标准字体确立后,在宣传的时候,不能任意更改,只能按照比例扩大或缩小;标准色也是视觉识别中的重要因素。因为色彩给人的冲击力是相当大的。并且色彩往往能给人以一种感觉,色彩也能传达酒店的形象。如人们一看到红色,就会想到可口可乐。

② 应用要素。

应用要素,是企业将视觉识别符号——基本要素,传递到企业公众时所运用的各种载体。这些信息传递的载体主要包括:建筑特色、广告、环境布局、运输系统、宾客用品、礼仪服务等。

酒店办公用品、宾客用品是酒店视觉识别的传播手段之一,既有实用性,又有视觉识别的双重功能;酒店广告必须采用统一的标准字体和色彩,否则容易造成视觉上混乱;酒店环境系统的美化应与酒店的基本要素、酒店的理念联系起来,用酒店专用色彩和标准字体向公众展示形象;酒店车辆的外观色彩和形设计是一种流动的视觉识别,它的功能在于在车辆行驶过程中向公众展示酒店形象;宾客用品的外包装上,可以印上酒店的名称、标志等。有的宾客离店后,喜欢把没用完的物品带回去,这样,酒店的名称也随之传到了四面八方。总之,应用要素的每个项目都要与酒店形象有着密切的联系。在形象识别设计时,应充分运用这一特殊的形象"载体"。

酒店基本要素和应用要素共同构成了酒店形象识别系统中的视觉识别系统。它们需要根据酒店的经营活动和服务性质来确定。高水平的视觉识别系统是对企业形象进行一次整体优化组合。不是将基本要素——搬上应用领域就算了事,而必须考虑到基本要素在各类不同的应用范围中出现的时候,还要保持内在的一致性和外在的差异性,即企业所有视觉设计都要严格地遵循统一的标准,同时要与其他企业保持鲜明的差异,以便促进客户产生强烈的共鸣。基本要素和应用要素之间的关系可以用一个 SCMR(Scorce Code Media Receiver)模式表示。如图3-9 所示。

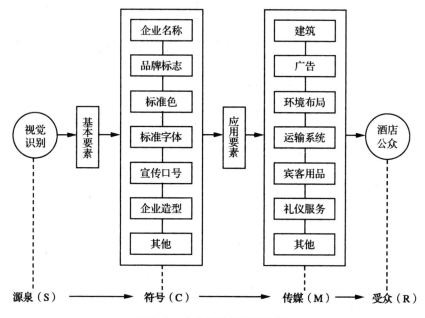

图3-9 企业视觉识别的内容

CI 手 册

视觉识别的基本要素和应用要素确定以后,要尽可能使酒店的视觉识别设计达到标准化、统一化。这就需要有一个依据,提供人们在实施 CIS 时参考。CI 手册就是一本规范视觉识别要素的册子。

CI 手册是酒店视觉识别开发的最后阶段。它综合了全部视觉识别开发项目,如酒店名称、标志、标准色、标准字体等。它使得酒店视觉识别要素系统化、结构化、规范化。在执行视觉识别各类要素的时候,有据可依,是人们开展标准化行动的保证。

(三) 酒店形象设计的程序

酒店形象识别系统的导入,是一项"艰苦卓绝"的工程。一个酒店,从决定导入形象识别系统到初步完成实施,一般至少要一年半到两年的时间,甚至更长。酒店 CIS 的导入分四步走:调查研究、定位策划、实施管理、检测评估。如图 3-10 所示。

图 3-10　CIS 导入步骤

1. 调查研究

一个酒店,明确了导入的重要性,并在酒店内部上下达成共识以后,第一步,就要进行细致入微的调查研究,以准确测定酒店现有的形象状态。

调查阶段就是需求评估阶段。调查一般分一般营运状况调查和形象调查两大块内容。它的任务是通过大量的调查,找出酒店在形象建设中存在的问题。形象调查,主要是从内外两方面,对酒店所处的公众关系进行调查,对公众的需求和意见做到心中有数。其目的是通过考察、诊断酒店形象现状,提出相应措施。

形象调查具体可分为内部形象调查和外部形象调查。内部调查一般通过访谈、问卷等方法,征求员工的意见和建议,外部调查则大量使用随机抽样的形式,征求相关的外部公众的意见。调查涉及的面是相当大的,囿于经费的限制,在进行调查时,酒店应根据现有的初步判断,选择有代表性和重点的内容和对象进行具体调查。为确保酒店形象调查的真实、安全,调查时应把握好对形象调查内容的设置和形象调查对象的选择。

2. 定位策划

进行调查,目的是为了后面酒店形象定位提供依据。根据调查结果,确定导入 CIS 是强化已有的形象为主,还是彻底改善原有的形象。若是强化已有的形象,则找出薄弱环节加以修正,若是彻底改善,则进行重新定位。具体的酒店形象定位应该从定性、定量两方面进行分析。酒店形象定位就是酒店选择以建立什么形象作为自己的识别点,以何种面目出现。策划就是根据酒店内部(酒店类型、发展规划、规模、历史等)和外部环境(竞争者、社区、市场状况、交通等)提出"形象方针",并将此方针视觉化,在酒店各个方面和领域里设计和使用一个统一而整体的形象,再借助媒介加以扩散,扩大酒店影响,有意识地造出一个有个性的形象。

3. 实施管理

在设计策划阶段,是以专业的、外请的设计人员为主,进入实施管理阶段,牵涉的事情多是酒店内部的工作,故 CI 委员会(导入 CI 的决策机构)的人员应主要由总经理办公室、公关营销部的人员组成,可以留一名企业外专家进行指导即可。

导入时机可选择在酒店周年纪念日、推出新服务项目时、酒店合并时等特殊的时机,效果会比较好;导入方式可以采用全面进攻式,也可以采用分步实施式;CIS 导入应坚持"管理质量为本",遵循自上而下的原则;在实施过程中,应该依据一套完整的教育和监督机制进行管理。具体由 CI 委员会来实施对 CI 的进度、内容、程序等进行督导和控制,酒店各个部门应予以配合。

4. 检测评估

一个酒店,花费了大量的精力,导入了 CIS,效果如何,这就要对 CIS 进行检测和评估。评估的意义在于及时修正本次 CIS 实施过程中的不足;找出在推行 CIS 时酒店的薄弱环节,找准症结下大力气整改;为酒店第二次 CIS 计划的立案提供依据。在实施过程中,出现的许多新问题、新思路、新概念、新主题,为以后重订 CIS 计划提供了依据。CIS 的导入,是一个螺旋式的上升过程。

评估的方法可以通过测定酒店在导入 CIS 前后营销业绩的变化,来评价酒店导入 CIS 的实际效果。如从企业的营销年度报告资料中进行统计、比较。也可以借助新闻舆论来检测或在企业内部进行测试。

评估的步骤是重温形象战略目标;收集分析实施 CIS 计划过程中的材料,并对实际结果作统计分析;将目标与结果的明细表进行比较,找差距;作出评估结果分析报告;修正 CIS 计划。

CIS 计划一般很难一步到位。CIS 的导入是一个长期综合积累的过程。在实施过程中,会出现一些新问题、新现象,需要根据外部环境和企业公众的变化而调整。所以,CIS 的运行是一个滚动式的提高过程。酒店在实施的时候,要边进行边修改,逐步加以完善。

三、酒店形象的塑造

酒店形象的塑造过程,实质上就是如何让顾客对酒店认知、好感和信赖的过程。因此,酒店形象的塑造,应该从研究消费者的需求出发,以顾客的需求为导向,从理念识别、行为识别和视觉识别三个方面来研究和塑造能为消费者接受和理解的酒店形象。酒店形象塑造与酒店形象设计其实二者是密不可分的,可以把酒店形象设计理解为酒店形象塑造的一个重要组成部分。

(一)酒店形象塑造的内容

酒店形象的塑造应该包括以下几个方面的内容:设计酒店形象、全员塑造酒店形象、内外兼修酒店形象等。

塑造良好的酒店形象,必须全员参与,全员共同努力,要使酒店的理念成为全体员工的共识。因此,对员工进行教育培训时要能够实现二个目标:一是把酒店的理念用最精确的语言和最通俗的形式表达出来,并为广大员工所理解和接受;二是要扫除一切有碍于树立酒店形象的因素,以保证全体员工的统一认识。

就酒店的内部活动而言,每个员工都要有良好的信誉,而良好的信誉要靠优质的产品和服务来实现,这就要依靠每个员工的共同努力来实现。企业除了用行政手段、管理制度和思想政治工作来塑造内部员工外,还可用公关的方法来教育引导全体员工,使他们能自觉地树立、维护企业的形象。企业必须要处理好组织与员工的关系。只有双方有利,相互满意,员工才会觉得企业形象是美好的,自己为企业树立美好形象是值得的,要让员工觉得企业与员工同在,让他们有归属感、荣誉感和自豪感。

就酒店的外部活动而言,酒店在开展各种业务活动时,必须与供应商、厂家和广大消费者打交道,酒店的良好形象就是通过提供优质产品和服务建立起来的,酒店对外的各种广告宣传和公共关系活动也都必须和酒店理念保持一致。酒店必须能够处理好酒店与各类公众的关系,而处理好关系的关键在于了解这些公众各自有什么权利要求,只要我们满足了他们各自的要求和应得的权利,就可以在公众中树立起良好的形象。

(二)酒店形象塑造的模式

酒店形象设计计划的执行,便是实际塑造酒店形象的过程,这是决定性的一步。在这里,酒店要选择一定的工作模式来实施塑造酒店形象的计划。一般来说,有以下几种模式可供选择。

(1)纯传播性模式。这是利用各种传播媒介,尤其是利用大众传播媒介,向各类公众传播本酒店信息的方法。一般来说,我们可以有目的地选用广播、电视、报纸、杂志等大众传播媒介,及时向公众传递各类信息;也可以开记者招待会、信息发布会等以人际传播方式进行传播。

纯传播模式的特点是自主性、时效性强,能够自己来决定传播时机和内容,能够实现较为广泛的沟通面。但广告一类的宣传攻势,相对比较不容易达到感情的层次,除了能很快提高知名度以外,其他方面效果并不很大。因此,当一个企业的形象缺少知名度时,例如一个企业刚刚开张或新近推出一种新的产品时,采用纯传播性模式是最容易见效的。而当企业已经有了一定的知名度之后,就要把重点转到提高美誉度上来,这就需要采用其他一些模式,纯传播式在这种时候,只能起一个维持企业知名度不下降的作用。

(2)交际性模式。这是指通过各种交际机会,如招待会、联谊会、座谈会、工作宴会、茶话会、慰问和专访等社交形式以及信函来往等,在公众心目中树立起良好的企业形象。当然,真正起作用的不是这一系列的交际手段,而是在这些交际过程中所体现出来的企业对待公众的态度、企业的价值观念和企业精神、企业文化。

交际模式的特点是直接性、灵活性和人味性。成功的交际活动,能够使企业的形象在感情的基础上树立起来。在开展交际活动时,要注意使其始终保持友谊这个中心,任何不适当的商业气息,都会使活动的效果丧失殆尽。

(3) 服务性模式。这是以提供服务而赢得公众赞誉以树立企业形象的方法。对企业来说，为公众提供的服务主要表现在销售中的服务和销售后的服务。这种服务能否赢得公众的赞誉，除了服务的数量，如服务时间、所提供服务的品种类型、服务网点等等之外，更重要的还在于服务的质量，即对待公众的态度、热情周到的程度等。

服务性模式的特点，是服务的实在性。企业是用实实在在的服务争取公众的信任，用一次看得见、摸得着的服务树立起自己的形象。充分考虑公众利益，从公众利益出发设计、开展服务工作，是在选用服务性模式时要注意的。

(4) 社会性模式。企业要改善自己的形象，就应该争取多为社会做一些有益的事情，或者说多为社会作一些贡献。这种贡献不仅仅是我们一般理解的多为社会提供受欢迎的产品，而且更强调的是企业行为的社会效益。采用这种模式树立企业形象，主要途径是开展为社会服务的活动。例如资助各种体育比赛，搞"某某杯"体育比赛，大都属于这一类。

社会性模式的最大特点是公益性。它不是以短期利益为出发点，不是以获取经济利益为直接目的，而是通过一系列活动，创造一种对企业具有长期利益的社会效应，在公众中增加非经济因素的美誉度。

(5) 征询性模式。所谓征询就是征求公众的意见。通过这种方式，可以在公众中提高知名度和美誉度。征询性模式一方面可以成为改善企业形象的一种手段。因为征询意见本身就表明企业愿意听取公众意见，改进自己的工作的诚意，这无疑会提高企业的美誉度。另一方面，所征询的意见也是进一步改善企业形象的主要依据。有些企业开展有奖征询意见活动，就是成功的一举。

征询性模式的特点在于企业的诚意。能不能在这种活动中树立良好的形象，关键在于其中表现出的诚意。除了举办这种活动的形式本身可以表示诚意之外，更重要的是体现在是否采纳公众的意见。

选用塑造企业形象的模式，要具体情况具体对待，同时还要与有关的策略结合起来。根据企业形象的不同状况，而采用不同的策略。

① "低知名度、低美誉度形象"的改善策略。当一个企业的形象处于知者不多，赞扬者寥寥的状况，企业便处于"双低"的位置上。对于任何一个企业来说，进入"双高"状态都是其追求的企业形象目标。但是处于不同的地位，采取的策略也不一样，有两种实现途径可供选择：

A. "低知名度、低美誉度"→"低知名度、高美誉度"→"高知名度、高美誉度"。企业首先要争取的不是知名度而是美誉度，即先提高"知者"的赞誉比例。在这一阶段中，可以运用服务性、社会性、征询性等活动模式，提高公众对其满意的程度。当企业有了一定美誉度基础之后，进一步提高知名度就比较容易了。可以运用纯传播性和交际性活动模式，配合其他方法，达到进一步提高知名度的目的。

B. "低知名度、低美誉度"→"高知名度、高美誉度"。即由"双低"状态直接进入"双高"的理想状态。这一途径的优点是见效比前一途径快，但工作要求却要高得多。如果出现虽然提高了知名度，而美誉度反而下降的结果，像我们平时所说的"丑事传千里"，那对于企业形象则会起到极为不利的作用,意味着企业可能会进入"臭名昭著"的状态。所以,企业要采取这一途径,就必须在思想上有充分的准备,必须把主要精力集中在提高美誉度上面。

②"高知名度、低美誉度形象"的改善策略。当一企业在公众中处于知之者不少、赞誉者不多的境地时,企业就处于最糟糕的一种形象位置上,要改善这种"臭名远扬"的情况,有两种途径可供选择:

A. "高知名度、低美誉度"→"低知名度、低美誉度"。这是一种先降低自己的知名度,以求公众暂时忘却而避开公众视野的一种策略。这种策略的目的是为了削弱公众的注意力,然后再想方法提高企业的美誉度。

B. "高知名度、低美誉度"→"高知名度、高美誉度"。这是一个变坏事为好事的策略。在现实工作中,选用这一途径常常能收到奇效。但是,难度较大,必须加大提高企业美誉度的力度。

企业形象的塑造是一个艰苦的过程,企业的形象是否良好,最重量的是实际表现。虽然企业形象与评价有关,但事实却是最有力的依据。要让公众对企业有良好的评价,正如伟大的思想家文学家伏尔泰所说的那样,唯一迫使别人说好话的方式是做好事。形象的塑造过程实际上就是企业自我完善、不断得到公众承认、理解、支持的过程。

思考与练习

一、问答题

1. 酒店公共关系的含义及其特点是什么?
2. 酒店的公众有哪些?你认为酒店的最重要公众是谁?为什么?
3. 酒店公共关系的工作程序包括哪些方面?你认为哪个环节最重要?为什么?
4. 酒店形象的构成要素有哪几个方面?你认为哪个因素最重要?为什么?
5. 什么是酒店形象塑造?应该包括哪些方面的内容?

二、案例分析

广州大厦"多方位公关品牌战略"

广州大厦是国内首家四星级公务酒店,是广州地区首家通过ISO9000与ISO14000两项国际认证的酒店。该酒店针对自己的特点,围绕整体的品牌战略,将公共关系渗透到企业的系统管理之中,多方位地开展公关。

1. 形象公关,拓展品牌的外部环境

作为广州市政府接待基地的广州大厦审时度势,率先亮出"公务酒店"的品牌形象,在经营上实现了前所未有的突破。广州大厦在盘活无形资产的同时,相继在《人民日报》、《接待与交际》等媒体上刊登系列报道,与全国同类型接待基地分享经验,共同开拓公务酒店的市场,为进一步建立健全销售网络奠定基础。

广州大厦总结长期承担接待任务的经验,创造出一整套适合公务活动的服务模式,为公务活动营造最佳的环境和气氛,把大厦的"舞台"变成公务活动的"舞台",让公务客人乐于到大厦来组织各类活动,并主动向其他企事业单位推荐大厦。广州大厦以自身的努力和突出表现,赢得了公众的支持和帮助。

2. 服务公关,增强品牌的竞争力

作为公务酒店,广州大厦凭借自己丰富的经验为客户的活动策划、组织工作出谋划策,从细微之处为会议或活动组织者着想,最大限度地使在大厦举办的会议和活动尽善尽美;同时,只要条件允许,大厦公关部的工作人员乃至总经理必定会亲自迎接客人,他们不但在现场指挥,做好协调工作,而且还面对面地与客人沟通、交流,听取意见和建议,收到了良好的公关效果。

广州大厦重视每一位踏进大厦的客人,把质量作为重点工作常抓不懈,不断向员工灌输质量意识和服务意识,逐步形成安全、优质、快捷的服务规范。广州大厦还重视对顾客的售后跟踪服务,利用合适机会向客人送上关怀,送上问候,哪怕仅仅是一张卡片,但真正做到了"把尊重送到每个客人心里"。广州大厦在服务中传播品牌,在品牌传播中为营销服务,从而树立了口碑。

3. 特色公关,提升品牌的含金量

广州大厦想客人之所想,以方便客人为目标,改造或增加服务设施、服务项目。大厦针对女性客人的心理,采用不同的色彩做出了以春、夏、秋、冬四季为主题的女宾房,满足了女性客人对美的追求;大厦还根据新一代公务员的年龄、层次、工作方式等方面的变化和需要,提供上网、手提电脑以及公务咨询等系列服务,为公务员在大厦营造了临时的办公室气氛,方便了公务所需。

4. 全员公关,奠定品牌腾飞的基础

广州大厦充分认识到全员公关是奠定品牌腾飞的基础。为此,大厦一方面注重营造"人和"的内部环境,他们通过采取科学的方法,加强部门之间的沟通交流、配合协调,共创企业佳绩;另一方面,他们开展对全体员工的公关教育和培训,增强全体员工的公关意识,自觉树立起"大厦形象从我做起"的公关风气,使全体员工明白:企业的形象、信誉和品牌是相统一的,其无形资产比有形的资金更为珍贵。通过全体人员的共同努力,大厦形成人人讲公关、人人搞公关、人人塑形象的局面,并使之蔚然成风。

试问:

(1) 广州大厦实施多方位公关策略的关键何在?如何落实?

(2) 你觉得多方位公关策略的推广需要酒店自身具备哪些条件?

三、综合实训

1. 酒店产品公关设计

以小组为单位,假设一个虚拟的酒店(包括名称、类型和等级等),以该酒店公关人员的身份为本酒店联系一家报社,报道酒店的婚宴产品。请问:你应该做哪些准备工作?你准备如何和对方打交道?你希望报道的内容、形式是怎样的?实训方法如下:

(1) 实训老师对实训进行要点提示,并提出相关要求;

(2) 各小组拟定酒店产品的公关设计方案;

(3) 以小组为单位汇报公关设计方案;

(4) 小组间相互旁听并进行点评;

(5) 实训老师进行点评。

思考:通过本次活动,你学到了什么?

2. 酒店企业形象设计

以小组为单位,假设一个虚拟的酒店(包括名称、类型和等级等),然后结合酒店的风格和独特的个性,就酒店的 CIS 进行设计(侧重于 VI 的设计)。实训方法如下:

(1) 实训老师对实训进行要点提示,并提出相关要求;

(2) 各小组拟定酒店的 CIS 设计方案;

(3) 以小组为单位汇报酒店的 CIS 设计方案;

(4) 小组间相互旁听并进行点评;

(5) 实训老师进行点评。

思考:通过本次活动,你学到了什么?

第 四 章
酒店品牌与文化管理

学 习 目 标

知识目标
1. 了解酒店品牌的基本内涵、构成、基本功能。
2. 掌握酒店品牌的发展策略。
3. 了解酒店企业文化的基本内涵、构成、基本功能。
4. 掌握酒店企业文化建设的原则、途径。
5. 了解酒店品牌文化的内涵。
6. 掌握酒店企业文化与酒店品牌文化的关系。

能力目标
1. 能够为特定酒店品牌发展进行定位,并能在品牌形象塑造、品牌推广和品牌维护等方面提供对策建议。
2. 能够为特定酒店企业的文化建设提供思路和途径。

　　星巴克可以把一杯同样的咖啡高于普通咖啡3倍甚至是5倍的价格出售并且得到高度的认可;耐克可以在一件不起眼的T-SHIRT上印上标志就可以以高出普通T-SHIRT10倍的价格售出,可见品牌的魅力是无法抵挡的。对酒店来说,未来的市场竞争将是品牌竞争,而品牌文化则是酒店品牌建设中最具核心竞争力的因素。酒店企业要想在品牌竞争中立于不败之地,就必须十分注重酒店品牌的发展,要把酒店企业文化的建设和酒店品牌文化的建设放在同样的高度,要通过酒店品牌文化这一桥梁,使消费者更深地感受到酒店的企业文化,在心理和情感上产生一种归属感,并最终表现为对酒店品牌的忠诚度。

第一节 酒店品牌管理

在全球经济一体化的进程中,现代酒店业面临比以往更激烈的竞争。我国的酒店要想在激烈的竞争中占有一席之地,就必须要走酒店品牌化发展道路。

一、酒店品牌的基本内涵

酒店品牌是酒店为了使消费者识别其产品和服务,并区别于其他酒店,而所用的具有显著特征的标记,它包括酒店名称、标志、符号或它们的组合。酒店品牌的运营特征表现在4个方面。如图4-1所示。

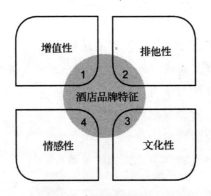

图4-1 酒店品牌特征

1. 增值性

毫无疑问,品牌是有价值的,酒店可以在品牌管理的过程中不断获取利润。2013年,苹果以1850亿美元的品牌价值蝉联"BrandZ全球最具价值品牌100强"榜首;谷歌以1140亿美元的价值高居排行榜第二;IBM以1120亿美元的品牌价值位居第三;麦当劳以903亿美元的品牌价值位居第四;可口可乐以487亿美元的品牌价值位居第五;中国移动则以554亿美元的品牌价值位居第十。

虽然酒店品牌具有很高的增值空间,但对品牌投资的回报具有不确定性,运营的成功与否对品牌价值有直接的影响。作为酒店经理人,如果不注意根据市场变化调整品牌和产品结构,就很可能使品牌贬值。

2. 排他性

从法律角度讲,品牌是一种商标。酒店品牌一经注册或申请专利,其他酒店或企业就不得擅自使用该品牌从事商业活动。

酒店品牌的排他性具有深刻的市场意义。酒店经营中可能会有这种现象:只要一家酒店开发或引进了较受欢迎的菜品或娱乐设施,其他酒店就会在极短的时间内群起而模仿,始创者的优势很快就荡然无存。而品牌则不同,良好的品牌一经顾客的认可进而形成品牌忠诚,竞争对手是难以模仿的。即使竞争对手设计出相似的品牌标志(实际上,经过注册的品牌标志是受法律保护的,在特定情况下模仿其他酒店的品牌设计会惹来法律纠纷)、提供相似的服务,也无法带走忠实顾客。

3. 文化性

每一个酒店品牌无不具有自己独特的个性和文化内涵。经过几个世纪的发展,酒店行业已经从提供简单食宿服务的"客栈"演变成为"家外之家"和重要的"社交场所"。酒店品牌的文化特性主要体现在有形的物质文化和无形的精神文化两个方面。有形的物质文化主要表现在:具有文化艺术氛围的建筑造型、功能设计、装饰风格、艺术画廊、音乐厅、表演展览厅等文化娱乐设施,以及具有民族文化或西洋文化的菜食等物质产品;无形的精神文化主要表现在物质文化和服务活动的思想意识,以及经营活动中的经营思想和管理文化等。

对于国际酒店集团来说,在企业国际化的进程中还需要吸收不同地方的区域文化,以适应当地市场的需求。在酒店的品牌塑造中,一定要注意不同类型的酒店品牌所体现出来的文化差异性。例如经济型酒店品牌往往表现出亲切的、平易近人的文化特征,如"洁净似月,温馨如家"的如家酒店;豪华酒店品牌则是高贵的、奢华的、典雅的、稳重的,如四季酒店、里兹·卡尔顿酒店等。

4. 情感性

品牌和顾客关系中,情感因素很重要,正是品牌的个性和态度吸引了顾客,并维持了大量的忠实顾客。事实上,优秀品牌的创建本身就是进行大量的情感投资的过程:首先通过大量的广告、公关等营销手段建立品牌知名度,在营销轰炸中使顾客初步认识和了解酒店品牌;然后在服务质量、酒店特色上有所作为,在目标顾客中树立较高的美誉度,让顾客不仅认识了这一品牌,而且会发现与其有相同或相似的价值取向;最后顾客对品牌产生信任,发生多次购买行为,从而在品牌认可的基础上建立起品牌忠诚,成为该品牌的忠实顾客。

二、酒店品牌的构成

酒店品牌由三个要素构成,即酒店品牌名称、酒店品牌标志和商标。

1. 酒店品牌名称

任何一个酒店品牌都必须有名称,通常也称商号,这是合法经营所必须具备的。我国酒店品牌名称一般用中文,也可以用英文或数字表示,品牌名称可以国际国内通用,发音会略有不同。酒店品牌名称涵盖了酒店产品和文化属性的内容,所以酒店品牌名称是酒店产品及其他特质的识别标志,能使人联想起该品牌的产品、服务、价格、文化理念等。好的品牌名称首先就为酒店树立产品的品牌形象建立了良好的传播基础,有利于品牌的宣传和产品的销售。

2. 酒店品牌标志

酒店品牌标志即酒店品牌的形象符号,它是品牌形象化的标识符,可以形成内容丰富又高度抽象的概念,主要起速记、识别和传播的作用。形象符号可以唤起人们对该品牌的联想,有利于形成品牌的个性,便于识别和记忆。

3. 商标

商标作为品牌的法定标记,可区分经营者的身份,涉及酒店品牌在什么区域及什么样的产品范围内受到保护。商标的设计要符合《商标法》,注册后受《商标法》保护,是知识产权中的一个类别,在市场上是区别和验证商品和服务的标志,是整个品牌战略运作的依据和关键。

三、酒店品牌的基本功能

(一)酒店品牌对于酒店的功能

1. 强化酒店个性,提高品牌认知度

史蒂芬·金说过:"产品是在工厂所生产的东西,而品牌则是消费者所购买的东西。一件产品可以被竞争对手模仿,但品牌则是独一无二的。产品很快会过时,而成功的品牌则是持久不变的。"同等级酒店产品的差异性很小,如果没有专利保护,极易被竞争对手模仿,而鲜明的酒店品牌却可以使得客人在众多的品牌酒店中对本酒店印象深刻。品牌在营销传播的过程中相当于酒店的"名片",酒店通过自己独特的品牌,来体现差异,提高消费者的认知度。

2. 传递产品信息,促进产品销售

酒店产品的无形性决定了在消费者购买前无法当场展示,消费者只有通过产品的有关信息来做出购买决策,品牌作为酒店产品和服务的综合体现,有效地向顾客传递了产品和服务的质量信息。当我们看到里兹·卡尔顿,会想到豪华、高品质;看到"如家客栈",会觉得温馨、亲切……这种感受来自于品牌无形中向我们传达的酒店形象,并促成购买行为。

3. 提升产品价值,提高经济效益

产品与品牌的主要区别就在于"附加值"。首先,顾客购买著名品牌的产品,不仅获得物质上的满足,同时获得心理上的满足,所以,即使价格高于同类产品,也乐于接受;其次,酒店拥有了知名品牌,就等于拥有了竞争优势,可以获得较高的利润率和市场占有率;再次,品牌是酒店的无形资产,本身也具有很高的价值,因此可以提高酒店经济效益。

4. 增强竞争能力,实现市场扩张

当今许多酒店重要的营销手段是酒店品牌营销,它以塑造品牌、提升品牌价值为核心,对广告、公关、促销等营销方式进行有效整合。通过对产品和服务的营销,提高酒店持久的竞争优势,形成酒店的核心竞争力。因此,酒店品牌是进行国际化经营和企业对外竞争的有力武器,品牌输出成为跨国经营的主要手段和途径,国际酒店集团就是利用品牌抢占中国市场,并获得竞争的优势。

5. 发挥凝聚功能,吸引优秀人才

从内部营销的角度看,品牌可以聚拢人才,人们都愿意到有名的大公司去工作,酒店品牌的美誉度和强大的社会影响力会使员工充满自豪感和工作热情,有利于员工自我价值的实现,会产生强大的吸引力,拥有优秀的人才是酒店持久发展的保证。

（二）酒店品牌对于消费者的功能

1. 降低购买风险

优质品牌是酒店对市场的一种承诺,它以长期稳定的服务质量和良好的信誉为基础,赢得客人的信赖。顾客购买品牌产品,无疑会降低购买风险。

2. 减少购买成本

品牌充当了产品质量和价格的识别信号,客人不必花费很多时间搜寻,便可选择他所需要的酒店,从而减少了购买成本。

3. 满足高层次需求

与普通商品相比,人们往往愿意付出更高的价格选择名牌,在酒店业更是如此。因为豪华和高档的酒店品牌对顾客来说是一种身份和地位的象征,不仅满足客人对酒店功能性的需求,更重要的是可以满足客人高层次的精神需求。

四、酒店品牌的发展策略

我国酒店业目前除一部分高档酒店能够做到与国际接轨外,占酒店总量85%以上的中小型酒店仍处于单体经营、管理粗放、效益欠佳的状态,无论是硬件设施还是管理水平、技术含量、服务质量、经营效益,都与酒店业发达国家的水平有较大差距,更谈不上品牌的建设和经营。所以,我国酒店在品牌创建或发展过程中,应注意运用好以下发展策略。如图4-2所示。

图4-2 酒店品牌发展策略

（一）进行准确的品牌定位

在当前酒店业需求不足的买方市场上,单一需求的同质大市场已不复存在,取而代之的是异质特色非常突出的个性化市场。任何酒店都不可能提供满足整个市场需求的服务。但是,我国目前大部分酒店在设计时仍然存在追求大而全的建筑风格和多功能、全方位的服务方式;市场目标不清晰,消费者对象不明确;酒店功能布局没有特点,不能满足客人差异性的需求等问题。因此,我国酒店业必须考虑目标市场,并且结合自身的特征、发挥自己的优势,进行准确的品牌定位,从而建立起酒店的竞争优势。目标市场定位的方法有:

（1）根据酒店产品的特性来定位。如"绿色酒店"的定位。当今人们眷恋着一种清洁、怡人的环境,酒店提倡绿色世纪、绿色环保的主题,无疑是一个不错的选择。

(2) 根据酒店产品的档次来定位。如洲际酒店集团旗下的酒店品牌根据档次和定位的不同有洲际酒店及度假村(InterContinental Hotels & Resorts)、皇冠假日酒店及度假村(Crowne Plaza Hotels & Resorts)、假日酒店(Holiday Inn)、智选假日酒店(Holiday Inn Express)、英迪格酒店(Indigo)、华邑酒店及度假村(Hualuxe)。关于"洲际酒店集团"的具体介绍参见第八章"酒店集团化管理"。

(3) 根据顾客的需求特征来定位。如对于商务旅游目标市场,酒店应向其提供有保证的预订、快捷的登记和结账手续,提供国际直拨电话、电报和传真、秘书与翻译、学习型卧室等商务服务;对于休闲旅游市场,人们是非工作目的的旅游者,自付房费,酒店应向他们提供休闲设施、物有所值的餐饮服务、当地信息、娱乐等服务。

(二) 塑造高质量的品牌形象

品牌形象和声誉是驱动顾客购买的重要因素。在购买酒店服务之前,顾客无法判断酒店的服务质量,品牌自然成为服务质量的标志。塑造高质量的品牌形象,可以从以下几个方面入手:

(1) 提高酒店的服务质量。据调查发现,客户从一家企业转向另一家企业,10人中有7人是因为服务问题,而不是因为产品的质量或价格。到酒店消费的宾客追求的不仅仅是物质上的需求,有时更偏向于精神上的需求。只有让顾客满意,顾客才会忠诚。所谓顾客满意是指顾客的感觉状况水平,这种水平是酒店所提供的产品或服务的实际绩效和顾客的期望进行比较的结果。如果实际绩效不及期望,顾客就不满意;如果实际绩效和期望相称,顾客就满意;如果实际绩效超过期望,顾客就十分满意。如果顾客十分满意,那么顾客就会再次消费,甚至会向别人推荐酒店,成为酒店的忠诚顾客。

(2) 形成酒店的服务特色。酒店应追求建筑外观、装潢设计、酒店产品等方面的特色。在国际酒店业激烈竞争的环境下,各酒店业主与管理者们都在力求把自己的酒店做得既舒适,又有特色。如在客房设计上,希尔顿推出了"睡得香客房"、"健身客房"、"精神放松客房"等特色客房;喜达屋则拥有"天堂之床"的梦幻客房。所有这些都更好地满足了消费者要求舒适且不断变化的需求。

(3) 注重文化内涵的创造。品牌的形成来源于企业的内部文化,我国酒店应创造有中国特色的企业文化,增强员工的凝聚力,更好地维护其品牌。

(4) 注重品牌标识的设计。一般来说,酒店的标识设计应遵循"统一名称,统一色彩"的原则。如肯德基连锁店,标识采取统一名称、统一色彩,简洁明了,易读易记。品牌设计的首要原则就是简洁明了,易读易记。品牌名要易上口、易传播。品牌名称要容易理解和记忆,要有暗喻功能,能令人产生联想,如香格里拉,使人联想到入住该酒店,尤如到了世外仙境一般。

(三) 注重酒店品牌的推广

酒店品牌推广,是指酒店品牌经营者根据自己品牌的优势所在,用恰当的方式持续地与消费者交流,促进消费者理解、认可、信任和体验,产生再次购买的意愿,不断维护对该品牌的好感的过程。在品牌推广过程中,应该注意以下两点:

(1) 注重品牌的文化包装。以麦当劳为例,它在创业初期,就标榜麦当劳食品文化代表了美国富裕中产阶级的饮食模式,使中产阶级以吃汉堡包为荣。到20世纪60年代,麦当劳商标的广泛宣传,也使吃汉堡包成为美国中产阶级子女的时尚,逐步形成"汉堡包文化"。麦当劳就建立在这样的文化风潮上,并靠自己塑造出来的商标文化力和独具特色的食品文化获取超额利润,维护其在美国中上层社会的广阔市场。

(2) 采用适当的品牌推广方式。再好的酒店,如果宣传或推广的力度不够,将难以吸引消费者,更难以成为有口皆碑的品牌酒店。研究发现,推广预算高的品牌(如假日酒店集团、豪生酒店集团等)明显创造了更大的品牌资产,继而发挥了更好的品牌效应,并引发了更多的消费倾向。酒店品牌的推广可以采用大众传媒推广、联合推广和公共关系推广等方式。

酒店可以利用某种大众传媒,如电视、广播、报刊等,向酒店品牌的目标消费群体进行品牌推广。不同的传媒传播效果不相同,酒店在进行品牌宣传时,其目标是要找到一种媒体组合,以使传播成本最低,而传播效果最理想。

酒店可以参与各种联合促销活动,主体包括目的地、国家或地区的酒店业、旅行社和旅游交通部门等。当两个或两个以上的旅游供应商认为合作而不是相互竞争会带来最大利益时,则会产生地区间的联合营销活动。

公共关系推广包括支持慈善活动、艺术表演和教育事业或其他活动、参与当地社区组织以及市民项目和活动等。成功的公共关系活动不仅需要良好的意愿,而且需要通过新闻稿、报纸杂志等媒介向酒店内部与外部公众沟通,传播其业绩、行为和观念等信息。

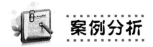
案例分析

世界上唯一七星级酒店——迪拜帆船酒店

全世界最豪华的酒店之一为阿拉伯联合酋长国境内迪拜的帆船(BurjAl - Arab)酒店,翻译成汉语又称"阿拉伯塔",又叫做"阿拉伯之星",被誉为世界上第一家7星级酒店。位于中东地区阿拉伯联合酋长国迪拜酋长国的迪拜市。迪拜为了这个代表城市和旅游形象的标志进行了一系列轰动全球的宣传策划,这样的结果其实也是实至名归。

帆船酒店是世界上建筑高度最高的七星级酒店,开业于1999年12月,共有高级客房202间,建立在离海岸线280米处的人工岛Jumeirah Beach Resort上。帆船酒店的工程花了5年的时间,2年半时间在阿拉伯海填出人造岛,2年半时间用在建筑本身,使用了9 000吨钢铁,并把250根基建桩柱打在40米深海下。饭店由英国设计师W. S. Atkins设计,外观如同一张鼓满了风的帆,一共有56层、321米高,是全球最高的饭店,

1999年12月帆船酒店开业时,迪拜国王举行落成剪彩,邀请世界名流及各大媒体免费参观入住。它的豪华程度令人叹为观止,英国一名女记者回国后,发稿称其为世界最豪华

的酒店,现有标准无法评价,盛赞为"七星级"酒店,含义为"超乎想象,独一无二"。

2004年,为了推动迪拜的旅游业,迪拜人请来"老虎"伍兹在在帆船酒店的顶层挥杆,将高尔夫球击入阿拉伯海湾。为了请老虎伍兹参加这个活动,迪拜人花费了500万美金,而据估计,"老虎"伍兹此次活动拍摄的照片所制造的轰动价值为1800万美元。

2005年,帆船酒店的直升机停机坪被临时改造成了一个网球场,网球名将费德勒与阿加西在这里进行的表演赛通过电视传播到全世界。这件事让世界上超过半数的国家的人们认识了迪拜,也认知了帆船酒店。

试问:迪拜帆船酒店成功塑造品牌的关键何在?

(四)注重品牌形象的维护

所谓酒店品牌的维护,就是酒店品牌的所有人、合法使用人对品牌资格实施的保护措施,以防止侵害或侵权行为的发生,促使酒店品牌的保值和增值。酒店品牌在艰难的塑造和建立之后必须下大精力去维护,很多经验教训也说明了"千里之堤,毁于蚁穴"的道理。酒店品牌的维护策略有以下几个方面:

(1)保证产品和服务质量。产品和服务质量作为品牌的本质和基础,直接影响着酒店品牌的生存和发展。酒店的服务质量是打造品牌、凝聚文化和提升价值的核心部分,同时高质量的产品会促进品牌的成长,可以为酒店带来较高的市场份额。因此,酒店必须严把质量关,为客人提供卫生、舒适、安全、便利、尊重、亲切的服务,尽可能为所有顾客提供最优质、最完美的服务。除此以外,酒店还必须创新个性化的服务方式,尽可能地打造和提供投客所好的针对性服务,打造酒店品牌的美誉度和影响力。

(2)更新品牌市场形象。能否创造鲜明的品牌形象,是衡量一个品牌成功与否的重要评价指标。国际著名酒店集团品牌之所以能长盛不衰,与其成功的品牌形象维护和创新是分不开的。洲际酒店集团为了进一步提升品牌形象,曾经耗资10亿美元为其旗下的假日品牌家族酒店分阶段地更改品牌标识。酒店品牌形象的更新包括名称的更新、产品和服务项目的更新、形象宣传口号的更新、标志更新、品牌形象核心价值的再定位等多方面,品牌形象更新必须在严谨的市场调查的基础上进行,要在随时跟踪顾客需求变化的基础上做出形象变更的决策,以更好地满足广大顾客的需求。

(3)创新品牌运营模式。成熟的品牌运营和管理模式是品牌价值提升的关键,也是品牌生命力得以持续的重要手段。跨国酒店集团非常善于运用特许经营、委托管理、战略联盟等多种品牌运营管理方式成功地进行品牌延伸和扩张,达到提升品牌价值,获得持续的品牌竞争优势的目的。我国酒店集团必须学习和借鉴国际品牌运营模式的成功经验,通过进行周密的市场调查和分析,在充分了解酒店企业自身的资本实力和市场消费者的需求的基础上,选择与本企业的发展战略相吻合的品牌运营模式,以构建庞大的品牌结构体系,不断促进我国酒店集团品牌资产和价值的提升。

(4)注重品牌的法律维护。所谓酒店品牌的法律维护,就是运用法律手段,对酒店品牌的所有人、合法使用人的品牌(商标)实施各种保护措施,以防范来自各方面的侵害和侵权行为。酒店品牌法律维护的核心是对注册商标专用权的法律保护。

第二节　酒店文化管理

一、酒店企业文化

（一）酒店企业文化的基本内涵

酒店企业文化，一般指的是面向企业内部的文化系统，是指在企业理念的指导下，在酒店成立和发展过程中形成的并根植于企业全体人员头脑中，决定企业经营活动的精神观念和行为规范。举个例子，我们随便走进一家西餐厅，就能体会到它们与其他餐厅文化的不同，比如"西堤牛排"、"台塑牛排"，我们一进门看到的就是干净的地面、整洁的桌布、优雅的环境、浪漫的氛围，彬彬有礼的服务生以及精干帅气的领班经理，难道他们都是美国人吗？不，其实他们和其他餐厅的员工没什么不同，也都是我们中国人，他们的不同，只是不同的文化把他们塑造成了我们看到的样子。

有人说，企业文化其实就是场作秀，其实不然，可以这样说，定位失败的企业文化，做好了可以称为作秀，做不好了就是一句空空的口号。企业文化是不是口号，要看这种文化有没有反应在最基层员工的身上，看看员工的价值观是不是正是企业的价值观？员工所理解的是不是正是企业的意识形态？员工做的是不是正是企业需要的行为模式？如果三个问题都是 Yes，那企业文化就形成了，如果都是 No，那就只能说是个口号了。所以，企业文化就是把企业的价值观融入到员工的思想和行为中去的文化。

1. 企业文化具有个体性

个体性最主要体现在酒店自身的经营管理特点上：酒店在经营中侧重于哪一方面，有哪些特色服务……如昆明的金孔雀酒店，处于城市边缘，地理位置不是很好，但它有自己的民族特色——民族性的建筑，一进去就让人耳目一新，民族性的就餐环境（如别处鲜有的乐器、乐队伴奏），加上民族性的餐饮结构，形成独特的企业文化，吸引了众多的客人。又如香格里拉酒店管理集团在世界上享有盛名，它是一个典型的亚洲管理集团，它的特点是：绝大多数员工来自亚洲，绝大多数酒店位于亚洲，绝大多数客人来自亚洲……鉴于此，香格里拉酒店集团形成了自己独特的企业文化，它浓缩了亚洲传统文化的服务风格：友好热情、慷慨大方、细致周到、真挚诚恳，提出自己的企业文化是"殷勤好客亚洲情"。以此为总的指导方针，组织实施了"亚洲式的殷勤好客服务"培训，取得巨大的成功，使香格里拉酒店管理集团成为东方的一颗耀眼的明星。

2. 企业文化具有人文性

企业文化讲究对员工的人情味管理，甚至可以说是人情味的服务。企业文化要求在企业的发展过程中，努力做到人的建设、经济的建设、文化的建设互相渗透、相互贯通、有机统一，尤其是突出"以人为本"的思想，培养和造就适应社会主义市场经济全面发展的文化管理型的人物,促进经济、文化协调发展,比翼双飞。有人说,企业文化的出发点是一种"倒金字塔式的管理模式"。最前面的是宾客,其次是员工,最后才是管理者,后者都以前者作为自己的服务对象。如图4-3所示。

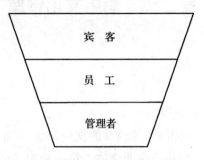

图 4-3 倒金字塔式的管理模式

（二）酒店企业文化的基本构成

如图4-4所示,酒店文化是一个系统工程,通常由三个圈层构成。第一圈层是最表层,即酒店的物质文化和服务文化。物质文化由酒店的建筑风格、设备设施、用品和服务项目等顾客感官能感受到的一切有形实物所组成,服务文化是指顾客在酒店消费过程中对直接接触到的服务的感受。第二圈层是管理文化,主要是通过管理思想、管理制度、管理组织和管理方法四个方面来反映。第三圈层是精神文化,即酒店的价值观念、企业精神、服务理念、行为准则和职业道德等。其中,最重要的是价值观念、行为准则和职业道德。

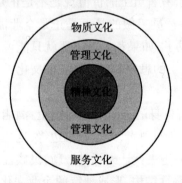

图 4-4 酒店文化的基本构成

酒店的价值观念,是指酒店中绝大多数员工共同拥有的对客观事物的统一的评价和看法。通俗地讲,就是评判是非的标准。价值观念是酒店理念识别的核心,它规定着酒店全体员工共同的努力方向和行为准则,指导酒店整体活动的开展。比如说,珠海银都酒店是一家五星级酒店,其食街从早到晚,总是熙熙攘攘,碰上吃饭的高峰时间,客人不得不长时间等位。其生意火爆的秘诀何在呢,得益于它"源于大众、服务大众"的经营方针。这里的菜式大多为我国南北小吃、家乡小炒,煎、炒、蒸、炖样样俱全。这些通常被认为"不登大雅之堂"的小菜,被高明的师傅精心烹制,变得更加精细、雅致,结果是"登上大雅之堂"。在食街,各种食品明码标价、便宜公道,人们将其称赞为"五星级大排档"。食街管理在给员工反复强调的价值观是"来者都是客,即使再忙,也不能怠慢客人"。银都食街犹如一个平易近人的朋友,赢得了大众的青睐。

酒店的行为准则,是酒店价值观念的外化,它是指酒店员工在日常工作中应遵循的基本行为规范,是为实现酒店的发展目标而服务的。酒店的行为准则,一般通过酒店的《员工手册》来具体体现。行为准则对员工而言,是一种约束,但也是其顺利、准确完成工作的保证,是员工获得成功、奖励、晋升的基础之一。一般而言,酒店的行为准则是具体明确而又以严出名的。作为一名酒店工作人员,要求有铁的纪律观念,自觉遵守酒店的行为准则。但注意这个行为准则不能以抑制员工积极性和创造性为代价,必须使员工在一种宽容的环境中,积极、主动地完成自身的工作。

酒店的职业道德,就是同酒店活动紧密联系的符合职业特点所要求的道德准则、道德情操与道德品质的总和,它既是对酒店员工在职业活动中行为标准的要求,同时又是酒店对社会所负的道德责任与义务。职业道德是人们在职业生活中应遵循的基本道德,即一般社会道德在职业生活中的具体体现。

(三) 酒店企业文化的基本功能

1. 导向功能

企业文化的导向功能主要表现在两个方面:对企业成员个体的心理、性格、行为起导向作用,即对个体的价值取向和行为取向起引导作用;对企业整体的价值取向和行为取向起导向作用。不同的企业文化有不同的价值观,有不同的组织制度,不同的文化产生不同类型的企业。深层的文化影响形成强有力的共同目标,在这个共同目标的主体文化导向下,酒店员工将会自觉地为遵照这个目标而努力。因此,牢牢地把握酒店文化的导向功能,是酒店经营管理成功的前提。

2. 凝聚功能

先进的酒店文化所培育出的良好的酒店工作环境,如同强有力的磁场一样,可以将众多的员工吸引在这里。这是因为酒店文化和实施酒店文化管理所产生出的高水准的服务质量、优秀的企业精神、良好的企业形象、温馨的人际关系、融洽的工作环境、丰富的文化内涵等使人感到在这里工作能够体现人生价值,工作的荣誉感和自豪感。

3. 激励功能

酒店文化的一个核心就是重视人,把员工看作是具有多种需要的"复杂人",形成一种人人受重视、人人受尊重的文化氛围,并力图在酒店经营管理中满足员工的多种需要,进而使每个酒店成员从内心深处产生一种积极向上和奋发进取的思想观念,调动员工工作积极性、主动性和创造性,并在员工心中形成强烈的使命感和持久的驱动力,激励企业员工的士气,使员工自觉的为企业而奋斗的目的。可以说,向员工宣传和倡导酒店企业文化的过程,实际上也是帮助酒店员工寻求工作意义、实现人生价值的过程,所以良好的酒店企业文化能在员工的心理及行为中产生持久的激励作用。

4. 约束功能

酒店企业文化通过企业精神、理念和传统等无形的因素,对员工形成一种文化上的非强制性的"软约束",这种约束来自于企业文化氛围、群体行为准则和道德规范,区别于制度式的"硬约束",给酒店员工造成强大的群体心理压力和动力,进而使其达到行为的自我控制,把法律法规、酒店规章制度等他律转化成员工的自律行为,这种约束比有形的约束力量更大,更容易让员工接受并付诸实践。

5. 辐射功能

辐射功能,是指企业文化不但对本企业,还会对顾客和社会产生一定的辐射影响。企业文化与社会文化紧密相连,在受到社会大文化影响的同时,一个好的有文化内涵的表现形态也将会被人广泛地借鉴、仿造和复制,也会潜移默化地影响着社会文化,并对社会产生一种感应功能,影响社会,服务社会,成为社会改良的一个重要途径。酒店文化孕育出的无论是物质的还是精神的各种表现形态,只要它代表着时代,代表着先进,就会有很强的生命力和影响力,它就能由局部辐射到全局,由内部辐射到外部,产生出广泛的效应。

6. 自我完善功能

企业在不断的发展过程中所形成的文化积淀,通过无数次的辐射、反馈和强化,会随着实践的发展而不断地更新和优化,推动企业文化从一个高度向另一个高度迈进。

(四)酒店企业文化的建设

1. 酒店企业文化建设的原则

(1) 目标原则。每个酒店都有一个明确而崇高的目标,企业文化的建设就是要让每个员工都明确他们的工作是与企业目标联系在一起的,是要为实现企业的目标而努力的。

(2) 价值原则。每个酒店都应有一个共同信守的价值标准。

(3) 卓越原则。酒店要具备追求卓越的精神,即永不自满,不断攀登高峰的精神。

(4) 参与原则。需要酒店全体员工参与管理和决策。

(5) 成效原则。即把酒店员工的利益与其工作成效联系起来,使其每项成就都能得到承认和肯定。

(6) 亲密原则。在酒店中,组织与个人之间、管理者与员工之间、上下级之间建立亲密联系,以满足每个员工的友谊和情谊的需要。

(7) 正直原则。每个酒店管理人员和领导要诚实正直、言行一致。

(8) 环境原则。把酒店作为一个整体,让管理者与员工参与各种活动,使每个员工感受到自己是企业的一员,形成一个整体环境。

(9) 兼容原则。处理好古代与现代文化、外来文化与本土文化的关系,继承和发扬传统文化的优秀遗产,逐步塑造现代酒店的企业文化。

2. 酒店企业文化建设的途径

(1) 选择价值标准。由于企业价值观是整个企业文化的核心和灵魂,因此选择正确的企业价值观是塑造企业文化的首要战略问题,它有两个前提:第一,要立足于本企业的具体特点。要选择适合自身发展的企业文化模式,否则,就不会得到广大员工和社会公众的认同与理解。第二,要把握企业价值观与企业文化各要素之间的相互协调。选择的企业价值标准,要能体现组织的宗旨、管理战略和发展方向;要能与本企业员工的基本素质相和谐,过高或过低的标准都很难奏效;要坚持群众路线,要经过自上而下和自下而上的多次反复,审慎地筛选出既符合本企业特点又反映员工心态的企业价值观和企业文化模式。

（2）强化员工认同。一旦选择和确立企业价值观和企业文化模式之后就应把基本认可的方案通过一定的强化灌输方法使其深入人心，具体做法包括：充分利用一切宣传工具和手段，大张旗鼓地宣传企业文化的内容和要求，以创造浓厚的环境氛围；树立典型人物；开展形式多样的培训教育等。

（3）提炼定格。首先，把初步选择和确立的企业价值观和企业文化模式进行实践，并要详细分析和比较实践结果与规划方案的差距。其次，要全面地总结归纳。在系统分析的基础上，采取去粗取精、去伪存真、由此及彼、由表及里的方法，对前期的实践情况进行综合的总结、归纳和反思。最后，进行提炼定格。把经过科学论证的和实践检验的企业精神、企业价值观、企业文化，予以条理化、格式化，经过必要的理论加工和文学处理，用精练的语言表述出来。

（4）巩固落实。做到有必要的制度保障和领导的率先垂范。企业领导要观念更新、作风正派、率先垂范，真正肩负起带领企业成员共建优秀企业文化的历史重任。

（5）丰富发展。任何一种企业文化都是特定历史的产物，当企业的内外条件发生变化时，应不失时机地调整、更新、丰富和发展企业文化的内容和形式。这既是一个企业文化自我否定的过程，也是一个不断深化和发展的过程。

二、酒店品牌文化

欧洲某调查机构曾做过一个有趣的实验，他们把嘉士伯啤酒倒入一个普通的啤酒瓶子里，再把普通的啤酒倒入嘉士伯啤酒瓶子里，然后让很多顾客去品尝，令人啼笑皆非的是，几乎所有人都认为装在嘉士伯瓶子里的普通啤酒更好喝，而真正的装载普通啤酒瓶子里的嘉士伯啤酒却被认为难喝。这个例子说明，一个成功的品牌不仅要取得用户的认知，还要营造一种文化氛围，使顾客长久地凝聚在品牌的周围，最终形成顾客对品牌的归属感。当今社会，同类产品的差距已不大，品牌文化已然成为了企业的核心竞争力，品牌的文化内涵越深厚，其个性和形象就越明显，市场潜力和辐射力就越大。

那到底什么是品牌文化呢？品牌文化，是面向企业外部的文化系统，它通过赋予品牌深刻而丰富的文化内涵，建立鲜明的品牌定位，并充分利用各种强有效的内外部传播途径形成消费者对品牌在精神上的高度认同，创造品牌信仰，最终形成强烈的品牌忠诚。举个例子来说，看看现在大街上使用率最高的手机之一是什么品牌？可以说，苹果之父乔布斯就是一个传奇，他创造的不仅仅是一部iphone、一个ipad、一个apple笔记本或台式机那么简单，他塑造的是一种商品的代名词，一个品牌的灵魂与内涵。可以这么说，几乎所有提到苹果品牌的人心中都会有一个无形的概念，那就是时尚、简约、高端和贵，而几乎所有人都愿意为满足前三项要求而淡化"贵"这个字，并为此买单，为什么？其实，这就是品牌文化的效应，苹果卖的已经不再是苹果的产品了，而卖的是苹果的文化了。苹果正是通过赋予品牌深刻而丰富的文化内涵，建立鲜明的品牌定位，并充分利用各种强有效的外部传播途径，形成消费者对品牌在精神上的高度认同、创造品牌的信仰，最终形成强烈的品牌忠诚。

优秀的品牌文化可以赋予品牌强大的生命力和非凡的扩张能力,充分利用品牌的美誉度和知名度进行品牌延伸,进一步提高品牌的号召力和竞争力。最为重要的是,优秀的品牌文化还可以使消费者对其产品的消费成为一种文化的自觉,成为生活中不可或缺的内容。如美国人到异国他乡,一看到麦当劳就会不由自主地想去饮用,最主要的原因并不是麦当劳的巨无霸特别适合他们的口味,而是内心潜在的一种文化认同的外在流露,认为麦当劳是美国文化的象征,使他们看到麦当劳就倍感亲切,从而潜意识地产生消费欲望。

三、酒店企业文化与酒店品牌文化的关系

酒店企业文化与酒店品牌文化,既有区别,又有联系,既相互制约,又相互促进。

1. 企业文化与品牌文化在内涵上是一致的

企业文化与品牌文化具有高度的关联性,如果没有企业文化,品牌文化就难以为继;如果没有品牌文化,企业文化的外部延展就会逐渐与社会发展脱节。从某种意义上来说,品牌文化是企业文化联系消费者的桥梁,消费者通过品牌文化感受企业文化,在心理和情感上产生一种归属感,这种情感最终表现为品牌忠诚度。

企业文化与品牌文化都不能脱离公司的产品和经营,都要服务于企业的发展,因此,在内涵上应该具有一致性、共通性。海尔品牌给人的感觉是一种优质、真诚和负责,其企业文化"是非观——以用户为是,以自己为非;发展观——创业精神和创新精神;利益观——人单合一双赢",也是以真诚、创新为核心。

2. 企业文化并不完全等同于品牌文化

(1) 两者建立和形成的基础不同。企业文化主要建立在企业管理的基础上,是一个相对封闭的系统,主要面向企业内部;品牌文化主要建立在对外传播的基础上,是一个完全开放的系统。

(2) 两者作用和传播的对象不同。企业文化用于凝聚人心,团结力量,以提供符合市场需求的产品或服务;品牌文化用于吸引受众,建立影响。企业文化告诉别人,我们是什么样的公司,品牌文化告诉别人,你为何需要的理由。

企业文化的传播对象主要是企业内部的员工,主要作用是明确企业发展的目的和方向,充分发挥导向作用、凝聚作用、激励作用、约束作用和辐射作用,统一企业愿景、核心价值观和企业精神,统一内部员工的意志,把员工的个人目标引导到企业目标上,有效增强组织的整体竞争力;品牌文化主要是向企业外部传播,传播的对象是消费者,主要作用是和消费者进行有效沟通,建立产品与消费者的关系,同时,丰富品牌形象,塑造品牌个性,提升品牌的影响力和客户的忠诚度,保持产品在市场中长盛不衰。

(3) 两者构成体系不同。企业文化主要包括企业的价值观念、行为准则和职业道德等,是在空间层面上的构成;品牌文化体系构成更多是从时间层面来考虑,主要由品牌建立、品牌传播、品牌维护和品牌提升等几大环节构成,品牌文化建设的过程就是加强品牌维护和管理,充分运用整合传播手段,将品牌充分展示、不断更新的过程。

企业文化通过品牌得到不断提升,企业文化的发展保证了品牌文化的形成、巩固和突

破。品牌文化通过品牌,将消费者偏好的文化引入企业内部,使企业文化不断与消费者的文化协调一致,不断增强企业对市场发展的驾驭能力。所以,企业文化的发展和品牌文化的建设互相促进,良性循环,才是品牌经营所追求的最高目标,也是企业发展的最高境界。

思考与练习

一、问答题

1. 什么是酒店品牌?说说你喜欢的酒店品牌有哪些?为什么?
2. 酒店品牌对于酒店的功能表现在哪些方面?
3. 你认为酒店品牌的维护策略应该有哪些方面?
4. 什么是酒店企业文化?说说你喜欢的某个酒店的企业文化特色。
5. 酒店企业文化与酒店品牌文化的关系是什么?

二、案例分析

锦江酒店的品牌管理

(一)锦江酒店的品牌定位和品牌管理

1. 锦江酒店的品牌定位

锦江酒店大体上分为两类,即"锦江星级"酒店和"锦江之星"经济型酒店,商标分别为"锦江"和"锦江之星"。总的来说,锦江酒店的酒店品牌在多个细分市场拥有七大产品品牌。如表4-1所示。

表4-1 锦江酒店七大酒店品牌及其定位

品　　牌	定　　位
锦江经典型酒店	揉和不同西方建筑风格,文化传承丰富、气氛独特,多用于款待外国皇室显贵和国际商界巨贾。大部分经典酒店均在上海优越位置、商业和旅游旺区
锦江五星级酒店	酒店装潢华丽、服务周全,为旅客提供现代化的服务设施。临近商业区、旅游区和交通枢纽,切合高端商务旅客和游客的需要
锦江四星级酒店	价格较豪华酒店偏低,但提供全方位服务
锦江三星级酒店	酒店房价较低廉,主要为国内商务旅客和游客提供较经济的住宿服务
"锦江之星"经济型酒店	有限的服务和设施,经济型旅馆,价格低于传统星级酒店
度假村酒店	位于旅游和度假区,为旅游者的休闲和度假提供需要,提供全方位的服务
酒店式公寓	中档价格,面向较长时间居住的旅行者和商务游客,设施齐全

2. 锦江酒店的品牌经营与管理

(1)"锦江星级酒店"的品牌经营模式和管理方式

① 多品牌战略

我国大多数酒店都采用"地名酒店"的牌子,这样容易造成企业品牌的统一性和重复性、品牌的混乱和企业品牌形象的模糊。锦江原先使用的也是这种单一品牌战略。但随着"锦江"品牌的知名度、美誉度与影响力不断扩大,加之锦江集团在国内酒店业的不断扩张,锦江开始实施多品牌战略,目标是让"锦江"管理品牌日益为市场所认可,为酒店集团更大程度的市场扩张奠定基础。

② 采用国际独立投资或双方合作投资方式,以输出管理和品牌为主

除去锦江集团参股和自有酒店,集团对旗下高星级酒店管理采用以"输出管理"为基本模式的"委托管理"的方式,即由集团全资控股的"锦江国际酒店管理公司"从事高星级酒店管理业务。品牌输出管理的优势是收益稳定,减少资本输出,也有利于酒店集团的迅速扩张。

(2) "锦江之星"的品牌经营模式和管理方式

① 连锁酒店战略

根据统一品牌对外宣传和树立品牌形象的特点,"锦江之星"连锁酒店有"四个统一",即建筑规格统一、品牌统一、管理系统统一、形象标识统一。"锦江之星"目前分布全国,实行连锁经营和订房,加强品牌效应。对所有加盟酒店,先按照统一格局进行改造,然后打"锦江之星"的品牌,纳入统一管理系统。采用连锁品牌策略不仅可以节省宣传成本,还可以达到市场效益的最大化。

② 采用特许经营管理模式,分自营店和加盟店

锦江之星自营店有两种发展模式,即自有资产门店和租赁门店。锦江之星的扩张更多的是采取加盟店的形式发展,管理业务是其收入的主要来源,目前加盟店已经超过自营店,加盟费分为两块:首期支付和一定百分比的营业收入。锦江之星对加盟店提供技术和网络支持。

(二) 锦江酒店品牌发展的成功经验

1. 塑造鲜明的品牌形象

(1) 优秀的品牌标识

锦江的企业品牌与产品品牌是一致的,所有的酒店只有"锦江"或"锦江之星"商标,有利于消费者的识别。

锦江积极推进品牌形象物化方面的建设,制订了系统的公司CIS发展战略,即确立观念识别(MI)、行为识别(BI)和视觉识别(VI),统一公司的商标、标识、各类物品的设计和包装。品牌识别的主标志以"锦江"汉语拼音的首字母"JJ"和中国宫殿的飞檐为主要构成元素。依照中国传统,宫殿为尊贵的居所,喻示品牌旗下的酒店以符合国际标准的中国的待客之道,给予客人以嘉宾之礼遇。

(2) 在市场空隙中塑造经济型酒店品牌——"锦江之星"

在中国,经济型酒店的概念才刚兴起不久,市场发展的空间很大。锦江正是看准了这块市场,大力推广其经济型酒店品牌——"锦江之星"。"锦江之星"坚持品牌发展战略,实行专业化管理、网络化经营,实施统一的管理标准(硬件和软件)和保障体系,确保客人在每一家"锦江之星"消费都能感受到相同的服务。

2. 设法提高品牌知名度

（1）不断扩大规模，扩大品牌知名度

锦江国际通过合资、合作、租赁、收购兼并、特许加盟、受托管理等形式扩展旗下的经济型酒店规模，既取得了规模经济效益，更重要的是随之而来的品牌知名度的大幅提升。

（2）利用各种营销媒介，扩大品牌影响力

首先，全面开展酒店品牌立体营销，一方面花费巨额资金在电视广播、旅游杂志、宣传册、海报、户外广告等传统营销媒介上开展品牌宣传。

其次，运用以互联网为核心的高科技营销手段推广酒店品牌。例如，与美国德尔集团合资成立了锦江德尔互动有限公司，引进先进的 GenaRes 订房系统，开发中央预订系统（CRS）。集团下属经济酒店品牌"锦江之星"呼叫中心也趋于成熟，建设并开通了具有中、英、法、日4种语言和实时预订功能的"锦江酒店"电子商务网站，提高了销售业绩。

3. 良好的管理模式推进品牌不断发展

在酒店管理模式上，锦江积极探索以国宾接待服务的水准服务于普通宾客的新思路，在总结所属酒店几十年经营管理的基础上，结合国家旅游局规定的酒店星级标准要求，并借鉴国内外同行的专长编辑而成《锦江集团酒店管理模式》，以确保锦江下属酒店服务的高水准和质量的稳定性，初步形成了一整套与国际接轨，适合于中国国情，具有锦江特色的酒店专业化管理规范。锦江实行严格的质量岗位责任制，实现多方位、全过程的监督和各岗位的自主管理相结合，从而保证了其产品与服务的高质量。优质的酒店产品与服务奠定了锦江国内一流酒店品牌的地位。并且不断的产品创新适应了市场需求变化，体现了锦江品牌的独特产品个性，从而赢得了市场的认同，有效地推进了锦江品牌的发展。

试问：

（1）锦江酒店品牌管理的成功经验给我们的启发有哪些？

（2）你认为酒店的品牌管理或文化建设还有哪些工作可做？

三、综合实训

1. 品牌发展构思

以小组为单位，一个小组就是一个酒店管理团队，假设一个虚拟的酒店（包括名称、类型和等级等），就其品牌发展策略（包括品牌定位、品牌形象塑造、品牌推广、品牌维护等方面）提出自己的设想。实训方法如下：

（1）实训老师对实训进行要点提示，并提出相关要求；

（2）各小组拟订酒店品牌发展方案；

（3）以小组为单位汇报酒店品牌发展方案；

（4）小组间相互旁听并进行点评；

（5）实训老师进行点评。

思考：通过本次活动，你学到了什么？

2. 企业文化与品牌文化建设

以小组为单位，一个小组就是一个酒店管理团队，假设一个虚拟的酒店（包括名称、类

型和等级等),就其企业文化与品牌文化建设(包括传播对象、构成体系、建设途径等方面)提出自己的设想。实训方法如下:

(1) 实训老师对实训进行要点提示,并提出相关要求;
(2) 各小组拟订酒店企业文化与品牌文化建设方案;
(3) 以小组为单位汇报酒店企业文化与品牌文化建设方案;
(4) 小组间相互旁听并进行点评;
(5) 实训老师进行点评。

思考:通过本次活动,你学到了什么?

第五章
酒店营销管理

学习目标

知识目标
1. 了解酒店营销的含义、特点。
2. 掌握酒店营销的基础环节。
3. 掌握酒店的营销组合策略。
4. 了解酒店的新型营销理念。

能力目标
1. 能够根据有关情况(包括酒店的建筑规模、所处的城市和地理位置、竞争对手以及资金等)选择目标市场并进行市场定位。同时,还能就目标市场营销策略进行抉择,寻求和营造差异化的竞争优势。
2. 能够就定位好的目标市场的营销组合策略提出可供选择的方案。

顾客是酒店的上帝,营销是酒店的命脉。酒店业面临的是一个庞大的异质市场——消费者的需求、爱好、特征差异较大,所以,酒店必须在市场细分的基础上,选择目标市场并进行市场定位,即找出适合自己发展的"市场空隙"。为保证酒店的市场目标得以实现,酒店必须对市场营销活动的各种因素进行有效地控制,而这一控制的过程就是对酒店市场营销管理的过程。

第一节　酒店营销管理概述

一、酒店营销的含义及其特点

(一) 酒店营销的含义

宾客愿意掏钱购买酒店的产品或服务,就是因为酒店的产品或服务能使他们获得某种效用,能使他们感到满足,获得实实在在的使用价值。对宾客而言,产品的效用既包括产品的物质价值,也包括产品的精神价值,产品或服务所蕴含的种种效用是诱导并驱使宾客作出购买行为的关键。

酒店营销就是在适当的时间、地点,以适当的价格,通过适当的销售渠道,采取适当的促销策略,向宾客销售一定的产品和服务的有计划、有组织的活动。酒店营销的目的有两个:一是让宾客满意;二是实现酒店的经营目标。

酒店营销不等于推销,两者之间的区别,如表5-1所示。

表5-1 营销与推销的区别

	推 销	营 销
出发点不同	是企业,企业有什么就卖什么。活动的起点是现有的产品及服务	是顾客,顾客需要什么,就生产什么,卖什么;需要多少就卖多少。活动的起点是顾客需要
目的不同	是目前利益,工作上是短期行为。活动目的是增加销售量	是长远利益,工作上是长远设计,要与顾客建立长期的互利关系,追求的是长期利益最大化。活动目的是增加宾客满意度
手段不同	为了达到目的,可以不择手段	强调多种手段的组合运用,并以有利于消费者为条件
过程不同	仅仅是营销链条当中的一个环节。使用的方式是广告、公关、实物展示等	是一个完整的循环往复的工作过程。使用的方式是产品、价格、渠道、促销等的整体营销组合策略

(二)酒店营销的特点

酒店是服务业的一种,它与其他行业比较,存在着许多的特殊性。这些特殊性使得酒店的营销与其他行业的营销有着较大的区别。主要表现在以下几个方面:

(1)无形性。酒店是一个综合性的企业,它的产品是属于服务业的大范畴,但是酒店的服务又是各种因素组合而成的。所以,一位顾客在购买酒店的产品之前,是不可能知道服务的好坏的,这说明酒店的产品并不像桌椅、板凳一样可以被感知。因此,酒店的营销人员就要尽可能与顾客进行沟通,通过一些实物,如宣传手册、纪念品等,将无形的服务有形化。但是,酒店在营销活动有形化过程时的承诺必须要和实际相符,以防止顾客对酒店期望过高对自己所带来的不利影响。

(2)不可储存性。酒店的服务是无法被储存的,如果今天的客房卖不出去的话,是无法像其他产品一样,可以被放进库房的。而且酒店的服务也不能被回收,也无法被重新销售,因此,当酒店的服务发生失误时,服务的弥补是最关键的。往往在酒店中,这些压力必须要由营销人员来承担,所以,酒店要采取一些策略,如降价、促销、赠送甚至免费等方式来加强自身产品的销售,弥补不可储存性所带来的问题。

(3)差异性。首先表现在酒店的管理者经常不能确切地知道服务是否与计划和促销时的承诺一致。因为酒店的产品是由服务人员直接提供的,他们的素质高低和服务当时的情绪差异,会使原本同样的产品在顾客面前产生出差异性。另外,客人的素质、被满足的愿望以及苛刻程度也是酒店产品产生差异性的原因。因为顾客的原因会使得客观上质量相同的服务,在主观评价上产生差异性。作为酒店管理者,只能定期去检查服务人员的工作情况,加强指导,并佐以鼓励、表扬,以激发起他们的工作热情,从而部分缓解这个问题。

(4) 不可分离性。即酒店产品的生产过程与消费过程是同步的。由于这个原因,酒店产品是无法得到大量生产的,它只能在需求确定的情况下,才被逐个地、有针对性地生产出来。也正因为如此,服务质量与顾客满意在很大程度上取决于真实瞬间发生的情况,员工的服务水平与工作态度与顾客的感受密切相关。另外,顾客直接参与到了产品的生产过程之中,顾客可以观察到生产的过程。因此,顾客可能会对酒店产品的产出产生正面或负面的影响,使得管理或营销更增加了一份不可控的因素。

(5) 综合性和季节性。现代旅游是一种高级的消费形式,酒店必须提供和满足宾客的吃、住、行、游、购、娱等多种产品和服务,酒店产品必须是能够满足宾客多层次消费的综合性商品。酒店产品的销售受季节的影响较大,一个地区的旅游有淡旺季之分,呈周期性变化。季节的变化直接影响着人们的旅游活动,也影响着酒店产品的销售。

二、酒店营销的基础环节

酒店营销是一个庞大的工作体系。酒店企业在开展营销活动时,首先应注重基础环节的研究。这些基础环节的工作包括营销调研、市场细分、市场选择和市场定位。如图 5-1 所示。

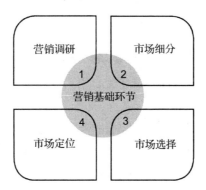

图 5-1 酒店营销的基础环节

(一) 营销调研

酒店营销活动以满足宾客的需要为前提。因此,酒店营销活动的任务就是通过对市场进行调研,了解宾客的各种需求,并据以设计适销对路的酒店产品来满足宾客的需求。调研是酒店企业开展营销活动的起点。

1. 宏观环境

酒店业是一个比较脆弱的行业,比较容易受制于宏观环境。对宏观环境进行调研,目的是使酒店充分规避宏观环境带来的风险,抓住机遇,成为趋势的追踪者、机会的追寻者和威胁的规避者。因而,酒店在经营过程中,必须能够充分把控宏观环境的状况与走势,并能成为趋势的追踪者、机会的追寻者和威胁的规避者。宏观环境因素主要包括文化环境、人口环境、政治环境、经济状况、自然环境等。如表 5-2 所示。

表 5-2　宏观环境主要因素

环境因素	具 体 内 容
文化环境	文化是一个社会一再重复的一种情感模式、思想模式和行为模式,由价值观念、道德规范、消费习俗等因素构成。如,中秋前后,酒店可以围绕"聚团圆、品月饼、赏月亮"的消费习俗,设计其主打产品,扩大营业收入
人口环境	人口环境包括人口分布、性别比例、年龄结构、流动状况、文化水平、家庭结构、民族种类等
政治环境	任何企业都是在一定的社会形态和政治体制中运行的,因此,酒店要了解所在国、所在地的政治环境。政治环境包括国家政治体制、经济管理体制和法律政策。如,从2013年下半年开始的、以为民"务实清廉"为主要内容的"党的群众路线教育实践活动",对酒店业来说就是一个非常重要的政治环境
经济环境	一个国家或地区的经济发展水平以及当地居民收入与储蓄状况直接影响着酒店的营销对策。酒店应注意收集和分析有关宏观经济指标,如国民生产总值、物价指数、通货膨胀率、恩格尔系数、基尼系数等
自然环境	自然环境直接决定酒店企业经营所需的原材料和能源费用。目前,酒店企业正面临原材料短缺和能源费用上升的压力,低成本竞争成为酒店营销努力的基本方向之一。另外,以"关爱环境,保护地球"为主题的绿色运动日益高涨。所以,酒店应坚持可持续发展理念,大力实践"绿色营销"

"恩格尔系数"和"基尼系数"

随着收入的增加,食品支出在整个消费支出中的比重呈下降趋势。这就是恩格尔法则(engel's law)。在现实生活中,收入低的家庭,用于食物消费的比例要大于收入高的家庭。一个家庭或国家食物支出占全部消费支出的比例,称为"恩格尔系数"。恩格尔系数可用以说明一个家庭或国家的富裕程度,如果某家庭或国家的恩格尔系数愈高,则该家庭或该国家就愈贫穷;反之则愈富裕。根据联合国粮农组织提出的标准,恩格尔系数在0.59以上为贫困,0.5-0.59为温饱,0.4-0.5为小康,0.3-0.4为富裕,低于0.3为最富裕。

基尼系数,由意大利经济学家基尼(CorradoGini,1884-1965)于1912年提出,是国际上用来综合考察居民内部收入分配差异状况的一个重要分析指标。它是一个比值,数值在0和1之间。基尼指数的数值越低,表明财富在社会成员之间的分配越均匀。一般发达国家的基尼指数在0.24到0.36之间。基尼指数通常把0.4作为收入分配差距的"警戒线"。我国2013年全国居民收入基尼系数为0.473。

2. 微观环境

微观环境是指对酒店营销产生直接影响的各种因素。相对于宏观环境,微观环境的可控性较强,即酒店为了提高营销效率,可部分控制或调整微观环境。一般来说,微观环境因素包括酒店内部环境、酒店的供应商、酒店的中间商、宾客、竞争者和相关公众等。如表5-3

所示。

表 5-3 微观环境主要因素

环境因素	具 体 内 容
酒店内部环境	主要包括酒店的市场经营观、发展目标、管理模式、人力资源状况、服务模式、经营项目、各项规章制度和总体形象等
酒店的供应商	供应商队伍的素质直接影响酒店的正常运转
酒店的中间商	酒店与宾客之间存在时间、空间、供求数量、产品品种等方面的矛盾,为妥善解决这些矛盾并节余社会劳动和交易成本,酒店营销需要向中间商(如旅行社)借力。中间商是决定酒店营销活动成败的关键因素之一
宾客	左右酒店营销活动的重要力量就是宾客,酒店始终要以宾客作为其营销活动的起点和终点
竞争者	并非所有的同类或相似酒店都是本酒店的竞争对手。竞争对手主要是指那些在一定的地域圈内、提供的产品或服务在内容上或档次上相同或相似、面对相同客源市场的酒店
相关公众	相关公众是指与酒店有各种关系的个人与组织,如社区居民、新闻单位、旅行社等。酒店应重视与这些相关公众建立和谐的关系,为营销活动提供有力的"关系支持"

酒店在调查宏观环境与微观环境时,可采用观察法、问卷法、资料法、询问法等进行,最后借助于现代化的统计工具,形成具体的市场调研报告,供决策者参考。

(二)市场细分

酒店面临的是一个庞大的"异质市场"。酒店的异质市场是指消费者在购买酒店产品时因消费需求不同而存在的消费差异。任何酒店企业都不可能同时满足所有宾客的千差万别的需求。酒店必须进行市场细分,集中自身优势,充分满足已选定客源市场的特定需求,使得本酒店"在一定的市场上获得最大限度的市场占有率",并以尽可能小的代价,追求尽可能高的收益。

1. 市场细分的含义

市场细分,是指酒店通过市场调研,依据消费者的需要、购买行为、购买习惯和地域分布等方面的差异,把市场整体划分为若干消费者群的市场分类过程。显然,市场细分的目的是从广阔而复杂的市场中,寻找出适合购买本酒店产品或服务的具体消费对象,并以此作为本酒店营销的目标市场;市场细分的结果是使得在同一细分市场内部,宾客的需求特征相对一致,而在不同的细分市场之间,宾客的需求特征却迥然不同。

2. 市场细分的方法

酒店在进行市场细分时,应有效选择不同的细分标准,以与宾客需求差异紧密相关的某一细分标准为主,在此基础上,选择其他与宾客需求差异相关的细分标准,将其按由粗到细、由大到小的顺序对市场进行多次划分,直到找到最满意的市场为止。一般而言,市场细分的标准包括地理环境、经济因素、宾客的个人偏好和宾客的购买行为等。如表 5-4 所示。

表 5-4 市场细分的标准

细分标准	具 体 内 容
地理环境	在不同的地域环境下,人们的消费观念、消费偏好、消费口味是完全不同的。因此,酒店首先可以根据自己所处的地域环境,或是根据目标宾客所处的地理位置进行市场细分,确定酒店的经营重心和经营特色
经济因素	不同的收入阶层的消费方式、消费额度、消费偏好也是不同的。因此,酒店应该明确目标宾客的购买能力,据此进行定位,推出有特色的产品和服务
宾客的个人偏好	宾客的生活方式、价值观念、年龄、受教育程度,乃至所从事的职业特点,都会给宾客的消费习惯带上明显的个人色彩。目前,诸多酒店参考了这一细分标准对市场进行划分,从而确立了两大焦点市场:白发市场和儿童市场
宾客的购买行为	宾客的购买行为是指宾客购买时追求的利益取向、购买方式、购买动机、购买次数,对价格、服务或广告的敏感程度,对酒店产品的信赖程度,购买中的决定因素
宾客的消费目的	宾客之所以购买酒店产品或服务,往往出于不同的目的,这就要求酒店根据宾客的目的进行不同的营销组合

(三)市场选择

市场细分的最终目的是确定酒店所要占领的目标市场。目标市场是酒店决定要进入的市场。酒店应在综合评估各细分市场的基础上,选择目标市场,并借助"定制化"的营销组合策略实现占领市场之目的。

1. 细分市场的评估

酒店在选择目标市场时,首先必须从不同的角度对各个细分市场进行"可进入性"分析。如表5-5所示。

表 5-5 细分市场的评估

评估角度	具 体 内 容
宾客分析	一般需要了解现有宾客数量、潜在宾客数量、年龄结构、受教育程度、收入水平、民族或籍贯、居住分布等情况,还要分析各细分市场上宾客的生活方式、消费心理、购买习惯以及购买的季节性等特点
竞争者分析	酒店在分析竞争者时,主要了解竞争对手的数量、成本优劣势、环境优劣势、饮膳优劣势、经营政策和特色服务、主要宾客群、地域分布等。值得强调的是,酒店在日常的经营活动中,应树立"双赢合作"理念,要变对抗为合作,化消极因素为积极因素,开展联合促销
市场机会与营销机会分析	并非所有的市场机会都能转化为酒店的营销机会。酒店营销机会是酒店资源与市场机会的有机结合,只有具备了相应的条件,市场机会才能成为某个酒店的营销机会。因此,酒店在寻求营销机会时,应首先对自身的资源状况进行实事求是的分析,谋求资源与市场机会的有机结合

2. 选择目标市场的条件

在确定目标市场时,常常会出现"百里挑一"的现象,可见,选择目标市场是有条件的,这些条件是:

(1) 可进入性。通过广告活动和其他促销活动,酒店可以开拓、占领这个目标市场。

(2) 可衡量性。目标市场不仅要有质的规定性,还要有量的规定性,即一个目标市场能用某种数量指标和数量单位来衡量,如市场需求量、宾客的购买能力等,这样才能保证对所选择的目标市场有充分的了解。

(3) 充足性。目标市场必须有一定的规模,值得酒店去开发和经营,并能为酒店带来可观的利润。反之,如果一个细分市场的人太少,专门吸引这类市场所增加的收入也许还不够偿付酒店日常的营销费用。

(4) 可行动性。酒店应具备吸引这类市场的能力,包括服务能力、设施设备、地理位置等综合接待能力。

(5) 稳定性。在一定时间内,所选定的细分市场的差异性能保持相对不变。

3. 目标市场营销策略

目标市场营销策略,是酒店为占领所选定的细分市场而推出的营销组合策略。酒店可根据自身资源状况、产品生命周期、宾客需求变化、竞争对手状况、市场供求趋势等因素灵活选择不同的目标市场营销策略。常用的目标市场营销策略有以下三种:

(1) 整体目标市场营销策略。酒店把所有细分市场都视为其营销目标,根据这一市场上绝大多数人的需求,设计出一套单一的营销策略:单一的产品、单一的价格、单一的销售渠道和单一的促销方式。这种策略的优势在于节约营销成本,适合于在供不应求的卖方市场条件下或酒店推出新产品时使用。但它忽略了宾客需求的差异性,不适合于竞争激烈的市场。

(2) 差异目标市场营销策略。酒店针对不同的细分市场制定出不同的营销组合策略,开展有针对性的营销活动,同时占领所选定的几个目标市场。采用这一策略的关键在于酒店要找准细分市场上的差异性,并且使得这些细分市场之间能形成一种客源互补的结构。这种策略有助于酒店在客源市场上有"度"地"全面"开花,有利于酒店规避风险。不足之处是营销成本比较大,要求酒店有强大的营销实力作支持。一般跨国酒店集团常用这类策略。

(3) 集中目标市场营销策略。酒店将资源集中起来用于一个最具有潜力且最能适应酒店资源组合现状的细分市场,目的是在这一细分市场上取得绝对优势,实现"小市场、大份额"之目的。采用这种策略,有助于酒店尤其是中小酒店开发市场,有助于挖掘市场深度。但它具有较高的风险性,意味着酒店将所有力量集中于单一的细分市场。为降低风险,酒店必须对这一细分市场的变化保持高度敏感。

(四) 市场定位

准确的市场定位是酒店立足市场的重要前提。市场定位是以了解和分析宾客的需求心理为中心和出发点的,其目的是让酒店的产品或服务走进宾客心灵深处,设定本酒店独特的、与竞争者有显著差异的形象特征,引发宾客心灵上的共鸣,留下印象并形成记忆。从本质上讲,市场定位的过程就是酒店企业寻找卖点的过程。

"卖点理论"在市场定位中的运用

卖点,即独特的销售主张,它包括三方面的含义:卖点能表现出差异性,这种差异性是竞争对手所不具备的,或是竞争对手虽然具备但尚未说出来的;卖点必须浓缩企业所选定的消费者所期待的利益;卖点要易于理解和宣传。酒店企业在寻找卖点时,应贯穿于企业经营的整个过程,从消费者角度出发,用成功的宣传让消费者记住卖点、信任卖点。

1. 市场定位的原则

酒店在进行市场定位时,为找准市场"卖点",应遵循以下原则:

(1) 宾客导向原则。这里的"宾客"特指酒店所选定的有一定规模的宾客群,而不是泛指所有宾客。酒店应深入分析这些宾客的共同特点、喜欢什么、厌恶什么、追寻什么等,并以此作为定位的基本导向,谋求产品品质与宾客需求的有效对接。

(2) 差异化原则。定位的目的是要让宾客注意到酒店产品或服务与众不同,从而形成特殊印象。从这个角度看,定位过程实际上是一个寻找和展现酒店差异的过程。这些差异包括产品差异、服务差异、服务过程差异、环境差异、形象差异、促销差异、价格差异等。

(3) 个性化原则。个性是酒店产品或服务在顾客心中形成的一种"定型"感觉。因此,差异化并不等于个性化。因为差异只代表距离,任何差异都可以通过各种努力来消除或缩小:价格差异可以通过重新定价来缩小;服务差异可以通过培训、学习来解决;环境差异可以通过装修改造来更新。而酒店的个性则是无法改变的,也无法轻易在短期内模仿和抄袭。酒店市场定位所追求的就是差异化基础上所形成的个性化特质。

(4) 灵活性原则。在动态的市场环境中,每一家酒店都应审时度势,随时把握住最新的动态,及时作出调整,以适应不断变化的市场需要。灵活性原则要求酒店在不断变化的环境中,抛弃传统以静制动、以不变应万变的静态定位思想,对周围环境时刻保持高度的敏感,及时调整酒店营销模式。例如,从2013年下半年开始的"党的群众路线教育实践活动",对酒店业来说就是一个非常重要的政治环境。面对这一环境变化,对于一些中小酒店来说,就可以适时地对自己进行重新定位,面向大众开发适销对路的产品或服务,在竞争中求生存、在竞争中求发展。

2. 市场定位依据

市场定位成功与否,取决于酒店能否正确认清、选择并扩散自己的相对竞争优势。对于现代酒店营销活动而言,核心的任务就是在市场竞争中,在有效利用企业资源的基础上,与竞争对手比较,在产品设计、生产、销售、价格、质量、服务和满足宾客需求等方面,为企业创造优势,促进企业的持续发展。具体而言,酒店可从以下方面着手寻求和营造差异化竞争优势:

(1) 产品差异。产品差异化是酒店企业寻求竞争优势的重要途径。因此,在满足宾客基本需要的前提下,为宾客提供独特的产品是差异化战略追求的重要目标。对处在同一行业的竞争对手而言,酒店产品的核心价值都是为了解决吃住等基本问题,所不同的是在性能的侧重点和质量的高低上可创造明显的差异。这就是产品差异化的切入点。

(2)服务差异化。作为服务行业,酒店创造差异的丰富源泉还在于无形服务。酒店在为宾客提供标准化、规范化服务的基础上,应针对不同的宾客提供有针对性、个性化、情感性的服务。

(3)人员差异化。企业可以通过培养比竞争对手具备更高素质的员工来获得竞争优势,尤其是在当今"人才就是资本"的社会中,高素质的人员更是企业的生存和发展的重要资本。酒店在发展过程中,应注重特色人才的培养和发展。

(4)环境差异化。酒店通过造就一种与众不同的物理环境来吸引宾客的关注和偏好,直接体现差异。物理环境包括各种设计因素和社会因素。设计因素主要用来改变服务产品的外形,使产品的功能更为明显和突出,如颜色、结构、形状、风格、标志性符号等可使酒店形象更加突出和鲜明。社会因素指酒店中的人,这些人的言谈举止、穿着打扮、礼节礼貌、精神气质等都会影响宾客对服务质量的判断和期望。

(5)品牌差异化。品牌差异化是以宾客的满意度、忠诚度和酒店的知名度、美誉度为核心的竞争,其关键点是如何把握消费时尚,抓住宾客的心,打动宾客,把自己的品牌根植于宾客的心目中。因此,酒店企业必须增强酒店品牌意识,构建独特、新颖、鲜明、引人入胜的品牌形象。

(6)价格差异化。价格是酒店营销中最活跃的因素之一。酒店可根据产品的市场定位、酒店的实力、产品生命周期等因素,确定企业是选择高价格策略还是低价位策略,抑或采用中间策略。

(7)售后服务差异化。酒店企业同样存在售后服务。酒店应通过售后服务来突出差异。如一些酒店建立了严格的客史档案制度、回访制度、投诉宾客跟踪调查制度,目的是提供很好的售后服务,突出差异。

(8)过程差异化。过程差异化是指酒店把宾客与酒店发生联系的整个活动过程作为寻求差异化的领域,在不改变产品或服务本身的情况下,对产品或服务的提供过程重新认识、重新评价,把满足宾客在消费过程中所表现出来的个性需求作为获取差异化优势的途径。通过积极调整企业的内部活动,帮助宾客改善消费活动,提高宾客消费过程的满意度。

需要提醒的是,以上各个差异化变量并非是孤立的、对立的,酒店在实施差异化营销理念时,应根据目标宾客的需求特点,结合自身条件,赋予上述差异化变量以不同的内涵,并加以灵活组合,真正有效地体现酒店差异。

第二节 酒店营销组合策略

酒店企业在进行准确的市场定位之后,接下来要做的工作就是如何合理地运用市场营销组合策略,使酒店的产品、价格、渠道和促销等营销组合因素能够协调配合,发挥整体功效,最终实现酒店的营销目标。

一、酒店传统营销组合策略

20世纪的60年代,美国学者麦卡锡提出了著名的4P营销组合策略,即Product(产品)、Price(价格)、Place(渠道)、Promotion(促销)。如图5-2所示。认为一次成功和完整的市场营销活动,意味着以适当的产品、适当的价格、适当的渠道和适当的促销手段,将适当的产品和服务投放到特定市场的行为。

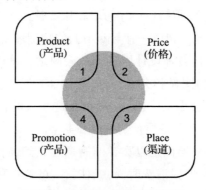

图5-2 传统的营销组合策略

(一)产品策略

产品策略,是酒店营销组合策略中最基本的策略。酒店产品是指酒店企业向宾客提供的所有的物质产品和服务产品的总和,它是有形产品和无形服务的有机结合,其中,无形的服务永远是酒店产品的主体,有形产品则是无形服务的依托。酒店在产品设计上应同时注重整体产品设计和产品的创新设计。

1. 整体产品设计

整体产品概念是现代市场营销的产物,反映了酒店营销的重点在于向宾客提供具有完整效用的产品,给宾客带来完整的消费满足。酒店整体产品包括核心产品、形式产品和附加产品三个部分。如图5-3所示。

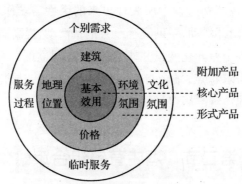

图5-3 酒店整体产品概念

核心产品是酒店产品中最重要的构成部分,是宾客在购买酒店产品时所追求的核心利益,这种利益表现为宾客希望由酒店所解决的各种基本问题。形式产品是酒店产品核心利益的外在表现形式,它既表现为实体产品,又表现为无形的服务,酒店建筑、地理位置、周围环境、店内氛围、价格等均是形式产品的构成。借助于形式产品,宾客可更直观、清晰地了解到产品的核心利益所在,因此,形式产品在一定程度上直接影响宾客的购买决策。附加产品指酒店为宾客提供的各种附加价值与利益,如酒店的文化氛围(营养及菜品等基础知识的介绍等)、宾客在酒店服务过程中所得到的心理满足、满足个别宾客的个别需求或为个别宾客提供临时服务等。在附加值竞争时代,宾客的消费选择在很大程度上取决于酒店所提供的附加价值和利益产品。因此,附加产品的设计与提供直接影响酒店产品的市场竞争力。

酒店在开发设计各种产品时,应根据"先核心,后形式,再延伸"的思路进行全面设计,以增加产品的科学性和适用性。

2. 酒店产品的创新

宾客的需要永远不会达到饱和,一种需要得到满足,另一种新的需要又将产生。这就要求酒店必须依据产品生命周期的变化,时刻调整产品组合,并不断开发新产品,满足人们不断变化的需要。开发新产品是酒店企业具有活力和竞争力的表现,是企业适应环境变化而改变产品策略的管理过程。

新产品不等于全新产品,它是指在技术、功能、结构、规格、服务等方面与老产品有显著差异的产品,是与新技术、新理念、新潮流、新需求、新设计相联系的产品。如一间客房,改进了房间内的设施设备,就成为新产品;不改进设施设备,而是改变了房间内的文化氛围,也是一种新产品。只要这种产品是宾客以前没有接触过、尝试过,但又喜欢去接触、去尝试的产品,都属于新产品。

(二) 价格策略

合理的定价和价格政策,可以影响生产领域的生产效率、流通领域的供求关系、消费领域的满意程度。价格策略是指酒店通过对宾客需求量的估计和成本分析,按照季节为细分市场制定灵活的价格,最终实现营销目标的策略。

1. 影响价格的因素

现实市场不是"真空市场",市场上的价格会受到以下因素的影响:

(1) 成本。成本既是价格的组成要素,又是产品定价的主要依据。酒店可以通过不同的方法计算其成本,但其产品定价不应低于成本。

(2) 市场因素。这主要是指需求状况和竞争状况对价格的影响。较高的价格会减少需求量,较低的价格则会引起需求量的反弹。因此,产品在定价时必须考虑需求的状况。在竞争激烈的条件下,酒店的产品如处于下风,在定价时,价格应趋向下限;竞争较少,或是产品在市场上占优势,定价时可靠近上限。同时,还应考虑同类产品在市场上的定价情况。

(3) 营销目标。不同时期,酒店有不同的营销目标。如有时是为了扩大销售量,提高市场占有率;有时是为了击败竞争对手,站稳脚跟;有时是先打开知名度再扩大美誉度。不同的营销目标会影响酒店产品的定价。

(4) 政策因素。这是影响产品定价的一个重要因素。如国家对某些产品规定了最高限价,对某些产品则规定了最低保护价。酒店在定价时应首先服从国家的价格政策,在这个大范围内参照其他因素定价。

(5) 酒店产品因素。酒店产品价格的高低一般与产品质量成正比,即所谓的优质优价。此外,产品的生命周期、品牌、知名度等都会影响酒店产品的价格。

(6) 通货膨胀。当酒店所在的地区发生通货膨胀时,酒店企业的各项成本均会不同程度地上涨,迫使企业相应地提高价格,保证企业不致亏损。

总之,影响企业定价的因素是多方面的,并且各因素是互相作用的。酒店企业要贯彻灵活机动的原则进行定价。

2. 定价策略

定价策略是酒店企业进行价格决策的基本措施和技巧。酒店企业常用的定价策略有新产品价格策略、心理定价策略、折扣定价策略和延期折扣策略等。如表5-6所示。

表5-6　酒店企业的定价策略

定价策略		具 体 内 容
新产品价格策略	撇脂定价法	产品以高价进入市场,以便迅速收回投资,当有竞争者进入时,则采用降价的方法限制竞争者的进入。采用这种定价方法,要求酒店提供的产品具有无与伦比的优质性或独特性
	渗透定价法	产品以低于预期价格的价格进入市场,以期获得"薄利多销"的效果。在买方市场情况下,许多新开业的酒店都是以这种方式进入市场的
	满意定价法	吸取撇脂定价法和渗透定价法的优点,选取一种比较适中的价格,既能保证企业获得一定的初期利润,又能被广大宾客所接受
心理定价策略	尾数定价策略	给酒店产品定一个以零头数结尾的非整数价格,在宾客心目中留下一个低价的印象。适用于低档产品的定价
	整数定价策略	给酒店产品定一个整数价格,以这种价格来反映产品较高的质量
	分级定价策略	根据产品的质量、构成、价值等因素,将酒店产品定为不同档次的价位,以体现不同产品的价值,但是分级不可过细
	吉祥数定价策略	根据人们对数字的迷信和禁忌心理而采取的一种定价策略,如选一个含有"8"或"9"的吉祥数作为酒店产品的价格
折扣定价策略	数量折扣	根据宾客购买产品的数量或次数来决定是否给予折扣和折扣的幅度,鼓励宾客重复购买
	季节折扣	根据宾客购买行为的发生时间来确定是否给予和给予多少折扣。酒店产品是一种季节性产品,有明显的淡、旺季之分,酒店必须根据季节变化适时对价格进行调整
	时间折扣	根据每天早中晚不同时间段或一星期中每天客流量的变化,拟定不同的价格
	功能折扣	依据宾客的身份或产品的功能来确定折扣。如酒店普遍给众多的中间商较大幅度的折扣,但是对一些散客,给予的折扣幅度就非常小或根本不给

续表

定价策略		具 体 内 容
延期折扣策略		是指宾客在购买了酒店的产品以后,进行二次购买时,才能享受酒店提供的优惠
	价值返还	向宾客提供一种附加价值,但这种附加价值只能在以后享受。如酒店向在本店举办婚宴的宾客赠送周年纪念消费券或小孩满月消费券,这些消费券不能即时消费
	连续购买优惠	宾客在购买酒店产品以后,可以获得酒店给予的优惠券,下次购买酒店产品时,可以利用优惠券获得价格上的优惠
	代理佣金	主要是针对中间商的价格折扣。如在年初,酒店和中间商以书面的形式商定,如果双方商定的目标在年底实现了,酒店即把佣金支付给中间商,若没有实现,则佣金不予兑现

（三）渠道策略

营销渠道,是指从宾客进入酒店到最终消费酒店产品的全过程中所经历的路线以及有关活动的总和,又称为分销渠道。营销渠道是连接产品和宾客的中介,营销渠道的选用情况决定着营销活动的质量和效果。

1. 营销渠道的种类

酒店产品的营销渠道主要包括直接营销渠道和间接营销渠道两类。

（1）直接营销渠道。又称无渠道营销,指酒店直接向宾客推销产品,宾客直接向酒店购买所需的产品。

（2）间接营销渠道。随着宾客全球化分布趋势的出现,要吸引分散的宾客,单靠直接营销渠道已是不可能了。许多酒店开始借助中间商等营销机构和个人在营销信息上的优势,开展营销活动。这种经由中间商实现产品销售的营销形式就是间接营销渠道。根据中间商介入数量的不同,间接营销渠道有不同的长度和宽度。中间商的数量越多,说明营销渠道越长。同类中间商的数量越多,说明营销渠道越宽。

2. 营销渠道的选择

酒店在确定应该选择何种营销渠道,是以直接营销的方式为主还是以间接营销的方式为主,营销渠道的长度和宽度如何时,一般应该考虑以下几个方面的因素：

（1）产品因素。主要考虑产品的质量。对于质高价高的产品,由于往往只被少部分富有的购买者重复购买,因此,在营销这类产品时,宜采用直接营销渠道或窄短的营销渠道；对于大众化产品,由于购买对象复杂、分布较广,宜采用宽长的营销渠道。如果是新产品的话,由于知名度较低,在争取中间商时往往要花费较多的口舌,所以,更适合采用直接的营销渠道。

（2）酒店自身的因素。主要考虑酒店的经济实力、营销管理能力等因素。若酒店的资金实力雄厚、营销管理能力较强,可以自己组建营销队伍,利用自己的营销队伍来打开市场,或者是用较高的佣金吸引更多、更好的中间商队伍；反之,则必须更多地依赖中间商来做营销工作。

(3) 营销对象因素。营销对象的人数、分布情况、购买习惯等都会影响酒店企业的营销渠道的选择。一般情况下,若酒店的营销对象数量大且分布广,酒店宜采用长宽的营销渠道,反之则可以直接营销。

营销渠道的发展趋势

随着市场竞争的加剧,酒店企业依靠单一的营销力量和手段进行营销已显得越来越力不从心,酒店在营销渠道的选择上也开始走联合营销的路子,即酒店企业以购买特许经营权、签订管理合同、组建命运共同体等方式,组建全国性乃至全球性的营销网络,充分拓展营销渠道的长度和宽度,以更灵活的方式在最接近宾客的地方进行最有效、最方便的营销。

考虑到客源分布全球化、世界经济网络化这一现实,酒店应建立自己的营销网站,借助于网络的力量,在全球范围内寻找并吸引客源,实现网上预订和网上交易。为方便宾客,酒店可与航空公司、旅行社、景区等联合建立一站式的营销网站。在网站的设计和推广上以宾客导向作为基本理念,实行"1:2:7"模式,即一分技术、二分管理、七分运用,真正发挥网络的营销功能。

(四) 促销策略

在整个酒店市场上,同类产品或服务都存在诸多的生产者,在产品的供给能力大于市场需求的情况下,生产者都面临着由于消费者可能购买别人的同类产品而使自己的产品无法卖出的威胁。促销就是消除这一威胁的有力手段。

1. 促销策略的含义及其种类

促销策略,又称"促销组合",是指企业如何通过人员推销、商业广告、公共关系和营业推广(销售促进)等各种方式,向消费者或用户传递产品信息,引起他们的注意和兴趣,激发他们的购买欲望和购买行为,以达到扩大销售的目的。一个好的促销策略,往往能起到多方面作用,如提供信息情况,及时引导采购;激发购买欲望,扩大产品需求;突出产品特点,建立产品形象;维持市场份额,巩固市场地位;等等。

企业将合适的产品,在适当地点、以适当的价格出售的信息传递到目标市场,一般主要通过两种方式:一是人员推销,即推销员和顾客面对面地进行推销;另一种是非人员推销,即通过大众传播媒介在同一时间向大量顾客传递信息,主要包括商业广告、公共关系和营业推广等方式。这两种推销方式各有利弊,起着相互补充的作用。

人员推销是一种推式策略。即以直接方式,由推销人员直接把产品或服务推向销售渠道或消费者。该策略适用于企业经营规模小,或无足够资金用以执行完善的广告计划等情形。非人员推销是一种拉式策略。即采取间接方式,通过广告等措施吸引消费者,使消费者对企业的产品或劳务产生兴趣,从而引起需求,主动去购买商品。这种策略适用于企业经营规模大;对产品的初始需求已呈现出有利的趋势,市场需求日渐上升;有充分资金用于广告等情形。

2. 常用的促销手段

(1) 酒店广告

酒店广告,是指酒店有关人员有计划地通过媒体,向所选定的消费对象宣传有关产品、服务或企业,唤起宾客的注意,从而说服宾客购买或使用本企业产品的宣传方式。作为一则完整的广告,必须具备以下基本要素:广告主(发布广告的组织或个人)、广告信息、广告媒体、广告费用、广告受众、广告主题和广告手段与技巧等。

(2) 公共关系

酒店公共关系,是指酒店为了增进与其内外公众之间的了解、信任与合作而组织实施的各项双向信息沟通活动。具体内容参见第三章。

(3) 人员推销

人员推销,是指酒店销售人员通过人际交往的方式向宾客做介绍、说服等工作,促使宾客了解并购买本酒店产品或服务的促销方式。如销售人员联系走访代理商、中间商以及相关宾客等。这种促销方式的优势在于强化了交易过程中的感情色彩,有利于培养稳定的交易关系,但促销成本较高。

(4) 营业推广

营业推广,也称"销售促进",是酒店为劝诱宾客购买某一特定产品或服务而采取的除广告、公关和人员推销之外的所有企业营销活动的总称。其典型做法有价格优惠、现场抽奖、积分、赠送等。营业推广的优势在于能在短期内促使宾客产生强烈而快速的购买反应,取得"立竿见影"之效果,但它带有明显的"近视色彩",也不利于酒店品牌的推广。所以,营业推广应该是一种辅助性的促销方式,一般不能单独使用,常常配合其他促销方式使用。营业推广方式的运用能使与其配合的促销方式更好地发挥作用。

知识链接

6PS 营 销 组 合 策 略

20世纪80年代以来,世界经济发展趋于滞缓,市场竞争日益激烈,政治和社会因素对市场营销的影响和制约越来越大。这就是说,一般营销策略组合的4P不仅要受到企业本身资源及目标的影响,而且更受企业外部不可控因素的影响和制约。1986年美国著名市场营销学家菲利浦·科特勒提出了"大市场营销策略",即在原4P组合的基础上增加两个P,即权力(Power)和公共关系(Public Relations),简称6PS。如图5-4所示。

大市场营销概念的要点在于当代营销者需要借助政治力量和公共关系技巧去排除产品通往目标市场的各种障碍,取得有关方面的支持与合作,实现企业营销目标。

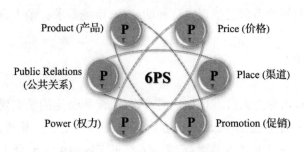

图 5-4　6PS 营销组合策略

二、酒店新型营销组合策略

（一）4C 营销组合策略

20 世纪 90 年代初,世界进入了一个全新的电子商务时代,消费个性化和感性化更加突出,企业为了了解消费者的需求和欲望,迫切需要与消费者进行双向信息沟通。1990 年美国市场学家罗伯特·劳特伯恩,以消费者需求为导向,重新设定了市场营销组合的四个基本要素,即 Customer（顾客）、Cost（成本）、Convenience（便利）和 Communication（沟通）。如图 5-5 所示。

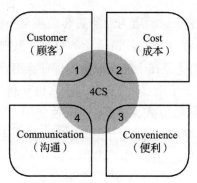

图 5-5　4C 营销组合策略

该理论认为企业首先应该以消费者需求为导向,把追求顾客满意放在第一位,其次是努力降低顾客的购买成本,然后要充分注意到顾客购买过程中的便利性,而不是从企业的角度来决定销售渠道策略,最后还应以消费者为中心实施有效的营销沟通。与产品导向的 4P 理论相比,4C 理论有了很大的进步和发展,它重视顾客导向,以追求顾客满意为目标,这实际上是当今消费者在营销中越来越居主动地位的市场对企业的必然要求。

1. Customer（顾客）

企业必须首先了解和研究顾客,根据顾客的需求来提供产品。同时,企业提供的不仅仅是产品和服务,更重要的是由此产生的客户价值（CustomerValue）。

酒店企业营销的重要任务是寻找宾客、发现宾客、吸引宾客。酒店企业应将宾客作为酒店营销活动的出发点和归宿点,着眼于研究宾客的需要和欲望,根据宾客的购买能力分析不同宾客的消费需求,在产品设计、价格定位、促销模式的选择上充分考虑不同宾客的特殊性,以期实现酒店产品效用、价格定位与宾客心理的有机对接。

酒店要对宾客的需求保持敏感。酒店要在内部建立"眼对眼"的观察机制,酒店工作人员要善于发现、预见宾客需求,特别是一线工作人员要有积极寻找服务、寻找有效信息的精神。酒店在营销过程中尤其应突出满足宾客特殊需求的能力,并将其付诸行动。能满足宾客的特殊需求成为酒店产品质量中最有价值、最重要的部分,这种特殊的需求对酒店是一种挑战。而能满足宾客的特殊需求,往往表明了酒店具有超越同行的质量。

2. Cost(成本)

这里的"成本"不单是企业的生产成本,或者说4P中的Price(价格),它还包括顾客的购买成本。现代酒店面临的宾客带有"经济人"的显著特征,他们总希望以较少的投入获得较大的收益。因而酒店营销要考虑的重要问题是如何减少宾客消费总成本。值得注意的是,宾客的消费成本是一个综合概念,它包括以下成本:

(1) 货币成本。即宾客购买、消费酒店的产品所支付的货币总和。

(2) 时间成本。即宾客在购买酒店产品时所付出的时间代价。

(3) 体力成本。即宾客在购买酒店的产品时所耗费的体力价值。如酒店在机场设机场代表,就可节约宾客的体力成本。

(4) 精力成本。即宾客在购买酒店产品时所承受的心理代价,也就是宾客的精神成本。

(5) 信息成本。即宾客在收集有关酒店信息时所耗费的成本。

酒店应尽量减少宾客的总成本,让宾客意识到自己购买的产品是最经济实惠的产品,从而获得最大的满意。

3. Convenience(便利)

4C营销理论强调,企业要为顾客提供最大的购物和使用便利。在制订分销策略时,要更多地考虑顾客的方便,而不是企业自己方便。要通过好的售前、售中和售后服务来让顾客在购物的同时,也享受到了便利。便利是客户价值不可或缺的一部分。

酒店在营销过程中,特别是在营销渠道的设计和选择上,应充分考虑这种营销渠道能否使宾客便捷地购买到其感兴趣的产品,应考虑"如何在最接近宾客的地方出售产品和服务"。

互联网的兴起和发展使得酒店在客源市场全球化分布这一大背景下也能为宾客创造一个良好的营销通路。因而,酒店在营销渠道的设计上,除了保持传统的营销网络外,还要研究网站的设计、推广和运用。

4. Communication(沟通)

4C营销理论认为,企业应通过同顾客进行积极有效的双向沟通,建立基于共同利益的新型企业/顾客关系,而不再是企业单向的促销和劝导顾客。并且随着宾客消费能力的提高,在这种双方沟通关系中宾客将占据主动地位。因而酒店应树立"营销即沟通"这一理念,加强内部相互沟通,加强与宾客的沟通。酒店从业人员应重视每一个与宾客接触的机会,提高接触沟通的质量,收集更多的信息。

4C 营销理论强调以顾客的需求为导向,但顾客需求有个合理性问题。顾客总是希望质量好,价格低,特别是在价格上要求是无界限的。只看到满足顾客需求的一面,企业必然付出更大的成本,久而久之,会影响企业的发展。所以从长远看,企业经营要遵循双赢的原则,这是 4C 需要进一步解决的问题。

(二) 4R 营销组合策略

1. 4R 营销组合策略的含义

针对 4C 营销理论存在的问题,美国学者唐·舒尔茨(Don E. Schuhz)在 4C 营销理论的基础上提出的新营销理论。他认为,现代企业营销的关键在于能否与消费者建立关联(Relativity)、能否提高市场反应(Reaction)速度、能否开展关系(Relation)营销、能否得到回报(Retribution)。如图 5-6 所示。

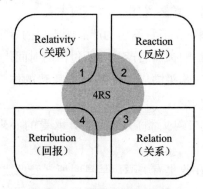

图 5-6　4R 营销组合策略

根据这一理论,面对竞争性市场中动态性的宾客(宾客的忠诚度是变化的,他们会转移到别的企业),酒店企业要赢得长期的稳定的市场,就要做到:

(1) 通过有效方式与宾客建立一种互助、互求、互需的关系,把顾客与企业联系在一起,减少顾客的流失,以此来提高顾客的忠诚度,赢得长期而稳定的市场。

(2) 建立快速的市场反应机制,提高反应速度和回应力。

(3) 注重关系营销,把服务、质量和营销有机结合起来,通过与宾客建立长期稳定的关系实现长期拥有宾客的目的。

(4) 注重营销活动的回报。一切营销必须以为宾客及企业创造价值为目的。一方面,回报是维持市场关系的必要条件;另一方面,追求回报是营销发展的动力,营销的最终价值在于其是否给企业带来短期或长期的收入能力。

2. 4R 营销组合策略的特点

(1) 4R 营销以竞争为导向,在新的层次上提出了营销新思路。根据市场日趋激烈的竞争形势,4R 营销着眼于企业与顾客建立互动与双赢的关系,不仅积极地满足顾客的需求,而且主动地创造需求,通过关联、关系、反应等形式建立与它独特的关系,把企业与顾客联系在一起,形成了独特竞争优势。

与 4P 理论的"以产品为导向",到 4C 理论的"以消费者需求为导向"相比,"以竞争为导向"应该是 4R 营销理论的最大特点。

（2）4R 营销真正体现并落实了关系营销的思想。4R 营销提出了如何建立关系、长期拥有客户、保证长期利益的具体操作方式。

（3）4R 营销是实现互动与双赢的保证。4R 营销的反应机制为建立企业与顾客关联、互动与双赢的关系提供了基础和保证，同时也延伸和升华了营销便利性。

（4）4R 营销的回报使企业兼顾到成本和双赢两方面的内容。为了追求利润，企业必然实施低成本战略，充分考虑顾客愿意支付的成本，实现成本的最小化，并在此基础上获得更多的顾客份额，形成规模效益。这样一来，企业为顾客提供的产品和追求回报就会最终融合，相互促进，从而达到双赢的目的。

当然，4R 营销也有其不足和缺陷。如与顾客建立关联、关系，需要实力基础或某些特殊条件，并不是任何企业可以轻易做到的。但不管怎样，4R 提供了很好的思路，是经营者和营销人员应该了解和掌握的。

无论何种营销组合策略，都有其适用的企业和适用的市场，因而酒店企业应根据外部环境和自身条件，适时选择合适的营销组合策略，并将其综合运用，以期提高营销效果。

第三节　酒店新型营销理念

随着酒店市场的日益成熟，竞争日趋国际化、全球化。在这种新形势下，出现了一些新型的营销理念。这些营销理念丰富了酒店营销管理的内容，提高了酒店营销效果。

一、主题营销

酒店市场供过于求、宾客讲求个性消费已是一个不争的事实。面对这一压力，"如何脱颖而出、木秀于林"成为酒店营销研究的重点。时下，主题营销成为这种市场态势下一种有效的营销策略。它以差异性、文化性作为酒店企业的经营卖点，成为酒店营销的新策略。

（一）主题营销的基本内涵

主题营销就是酒店企业在组织开展各种营销活动时，根据消费时尚、酒店特色、时令季节、客源需求、社会热点等因素，选定一个或多个历史或其他主题为吸引标志，向宾客宣传酒店形象，吸引公众的关注并令其产生购买行为。它的最大特点是赋予一般的营销活动以某种主题，围绕既定的主题来营造酒店的经营气氛。主题的确定主要应该体现差异性和文化性两个方面。

1. 主题的差异性

与传统营销活动相比，主题营销的特色在于强调差异，要通过塑造一种与众不同的主题形象，使自己的产品与服务区别于竞争对手，优越于竞争对手。差异的优势越明显，企业在竞争中的优势就越多，成功的机会也就越大。

酒店在确立差异化主题时，必须从宾客的立场出发，调查分析宾客的所需与所求。酒店所选定的主题切忌重复和随大流。否则,最终注定被市场淘汰。酒店还要善于正确分析自身的优势和劣势,扬长避短,形成其他企业一时难以模仿的主题,使本企业的主题具有较长时期的稳定性,从而逐步形成垄断优势。

2. 主题的文化性

文化是主题营销的源泉和根本,是酒店的竞争力所在。主题应当是富有文化内涵的商业卖点,蕴涵丰富的文化特色。一个好的主题,能使传统文化、现代文化和酒店的精神气质相得益彰。所以,寻找文化、挖掘文化、设计文化、制作文化产品和服务,应是酒店经营者最重要的事。酒店应确保其文化的独特性、唯一性和与酒店气质统一的对口性。

(二) 主题营销的基本思路

酒店企业在组织策划各项主题活动时,应根据自身的特色、消费的时尚、对手的表现,因地、因时、因人,选择不同的主题。这些主题包括历史文化类主题、自然风光类主题、艺术特色类主题、影视歌舞类主题、运动休闲类主题,等等。酒店可以采用不同的方式实践主题营销这一理念。

1. 完全主题化

完全主题化,又称"主题酒店"。是指整个酒店以某一特定的主题,来体现酒店建筑风格和装饰艺术,以及特定的文化氛围,让顾客获得富有个性化的文化感受,同时将服务项目融入主题,以个性化的服务取代一般化的服务,让顾客获得快乐、知识和刺激。在选择主题时,要注意以下几个问题:

(1) 主题的选择应该考虑是否有足够的市场。在多元化消费的今天,虽然顾客的需求呈现多样化和个性化的趋势,但是并非顾客的每一种个性需求都可以成为主题的源泉。对酒店而言,要考虑所选择的主题是否是有效的、有一定规模的,是否可进入等一系列的因素。如果所选择的主题没有足够的市场,主题的选择是无法在市场上长久立足的。

(2) 主题的选择必须围绕目标市场的需求进行。脱离需求的理想化主题或许能实现标新立异之目的,但因其缺乏雄厚的客源基础而无法在市场上长期站稳脚跟。具体而言,酒店可选择与所在地地理环境和人文环境特征相一致的主题,如芝加哥素有爵士乐大本营之称,蓝屋酒店就是以爵士乐为主题的酒店;酒店可以选择自然类主题,把富有特色的自然景观搬进酒店,比如广州番禺长隆酒店的设计处处洋溢着原始的创意与风情,使人置身其中犹如回归大自然,身心顿时松弛;酒店也可以历史为主题,把自己设计成一个古代世界,让顾客在酒店中体会时光倒流的心理感受,这也是这一主题酒店最大的卖点,如最早的一家主题酒店凯撒宫大酒店,就以古罗马的装饰为主要风格,使顾客置身其中,领略凯撒大帝时代的氛围,体验帝王级的奢华与荣耀;以文化为主题的酒店通常以历史悠久,具有独特和浓郁的文化氛围的历史古城为酒店蓝本,在酒店再现这些城市的风采,如拉斯维加斯的巴黎酒店、纽约酒店、威尼斯酒店、金字塔酒店等属此类。

(3) 主题的选择应该考虑目标市场宾客需求的持续性和稳定性。现代消费者往往易受时尚、流行因素的影响。这就意味着对任何一类产品或服务而言,其生命周期正呈现不断缩短的趋势。而酒店以固定场所作为营销本体,一旦开始经营,在转型上就存在较大的退出壁垒,因此,在主题的选择上就应更为慎重。对酒店而言,主题的大众性意味着有足够的客源但缺乏差异性,而主题的独特性虽可彰显酒店的差异性但又有缺乏客源根基之虑。原则上,主题酒店一般不宜走时尚化的设计思路,可采取试探性营销模式,分期分批开发设计产品,在推陈出新的基础上,形成系列化产品,稳步发展。

2. 局部主题化

局部主题化,是指酒店分批推出不同主题的产品,仅通过经营某一局部产品如餐饮产品、客房产品、娱乐产品等体现某一主题。具体而言,主要有以下几种思路。

(1) 主题餐厅

主题餐厅,是以一个或多个主题为标志,吸引相关宾客来此消费的饮食场所。它希望人们身临其中的时候,经过观察和联想,能进入期望的主题情境,譬如"亲临"世界的另一端、重温某段历史、了解一种陌生的文化等。

在主题文化的设计上,借助特色的建筑设计和内部装饰来强化主题是非常必要的。例如上海老站餐厅就通过老式家居布置和火车的改装,营造了老上海怀旧和名人专列(分慈禧与宋庆龄两个专列)两个主题。又如,落户于北京东方广场的美国"热带雨林"(Rain Forest Cafe)主题餐厅连锁酒店,以设计师的灵感设计与高科技的手段相结合,营造出逼真的"热带雨林"生态环境。茂密的丛林郁郁葱葱,奇异的花草点缀其间,栖息在丛林中的大象、猿猴、鹦鹉、蟒蛇、树蛙等各种动物形象逼真,在此就餐,耳畔时时传来鸟叫,有时天空还会电闪雷鸣。"热带雨林"主题餐厅设有购物区、酒吧和餐厅,以墨西哥、加勒比海和美国西南部路易斯安那菜肴为主,兼营世界各地的美食佳肴。

(2) 主题客房

长期以来,酒店的客房呈现千篇一律的"标准"模式,但是,对客人而言,他们更希望在客房内能够有一些新奇的享受和经历,能有一些与众不同的收获和感受。因此,酒店应开发各类具有个性色彩的新概念主题客房,塑造客房卖点,满足不同客人的偏好。如商务客房、会议客房、休闲度假客房、无烟客房、女士客房、儿童客房、残疾人客房、盲人客房、大床间、连通房等等。

在客房类型趋向于多样化的情况下,酒店也应该形成自己的特色,并尽力使自己所特有的细分市场上的顾客满意。如玛丽亚酒店的史前山顶洞人房,抓住"石"做主题,利用天然的岩石做成地板、墙壁和天花板,房间内还挂有瀑布,而且淋浴喷洒和浴缸也都是用岩石制成。

(3) 主题活动

主题活动的本质是酒店在组织策划各类促销活动时,以某一文化作为主题,推介产品。酒店企业在策划主题活动时,应不断研究消费者的需求,以挖掘"对路"的新卖点。这种主题活动成败的关键在于能否恰到好处地选择主题并做好相应的文章。

酒店应该根据当前的消费热点,定期推出一个主题来引导消费,同时将酒店的环境、服务、品牌和文化融入主题,并进行全方位展示。如北京的希尔顿酒店就曾经以小说《环游世界80天》作为主题开展富有特色的主题活动。浙江杭州的之江度假村就曾在不同的季节,推出了不同的主题活动,如以"春天的故事"为冠名的春季主题活动;以"到度假村过夏令营"为口号的夏天主题活动,旨在为学生的暑假生活增添一份惊喜与精彩;以"收获劳动果实"为主题的秋季系列活动,主要是针对金秋老人节,推出适合老年人消费的各种酒店产品和服务。这些活动的组织,不但增加了酒店的销售额,而且扩大了酒店的知名度,从某种意义上来说,就达到了营销的目的。

酒店在组织实施各类主题活动时,思路有二:一是依靠自身的力量,独自组织并推出各项主题活动。二是联合有关单位(如竞争对手、政府部门等)共同策划、组织主题活动。

二、机会营销

酒店的成长和发育除了依靠自身的努力外,还极大地受制于政治、经济、文化、治安等因素,因而人们将其称为机会行业。对酒店而言,要善于开展机会营销,寻找机会、把握机会、创造机会、利用机会,才能在市场经济条件下取得市场营销的成功。

(一)机会营销的内涵

酒店企业开展营销活动的主要目的之一是及时发现各种市场机会,并适时将其转化为企业的营销机会。营销机会是市场上尚待满足的需求,包括没有被满足的需求和未能得到很好满足的需求。

机会营销,就是为了取得能给企业营销活动带来积极意义且和企业营销目的相一致的营销机会,所进行的系列营销活动。

(二)如何寻找营销机会

1. 寻求已存在的营销机会

即从被人们忽略或丢弃的未被满足的市场需求中寻找营销机会。

(1)从供需缺口中寻找营销机会。某类产品或服务在市场上供不应求时,就表明了可供产品或服务在数量、结构、层次等品种方面的短缺,反映了消费者的需求尚未得到满足,这种供需缺口对于企业来说就是一种市场机会。企业可以从市场需求总量与供应总量的差额、市场供应的产品或服务结构与市场需求结构的差异或需求层次方面来寻求市场机会,找出未被满足的"空档",并提供相应产品或服务予以填补。

(2)从市场细分中寻求营销机会。通过一定的方法在对市场进行细分的基础上,发现未被满足或被他人忽略的市场机会。

(3)从产品缺陷中寻求营销机会。产品缺陷或服务不到位往往会影响消费者的购买兴趣及再次消费的可能,不断地弥补现有产品的缺陷、改进现有服务的不足,提供更加完美的新产品或服务,可以能给企业带来新的生机。

(4)从竞争对手的弱点中寻求营销机会。研究竞争对手,从中找出竞争对手产品或服务的弱点及营销的薄弱环节,也是寻找营销机会的有效方法之一。

2. 创造新的营销机会

创造营销机会在于对营销环境的变化能做出敏捷的反应,要能善于在诸多寻常事物中寻找机会,要巧于利用各种条件进行营销,满足新需求。

(1) 从市场发展趋势中创造营销机会。市场发展趋势包含两方面内容:一是指某类产品市场(包括消费、需求等情况)的增长比率;二是指市场客观环境的变化动向。环境往往使机会与挑战并存,经营者既要能从环境变化动向中预测未来,把握营销机会,还要善于把挑战转化为机会。

(2) 从社会时代潮流中创造营销机会。在社会大潮的冲击下,酒店企业应顺应潮流,把握机遇,迎合当代人们的消费心态,推出或开发适应潮流的新产品或新服务,激发人们新的消费需求。

(3) 用科学技术创造营销机会。现代科学技术的发展趋势,表现新材料的应用、新能源的利用和新技术的应用等。酒店企业应随时关注科学技术发展动态,及时地将这些技术引入生产或服务领域,给企业带来生机。

从顾客体验的角度来看,未来酒店消费主体的生活体验应该特别依赖于科技产品,而且,无论是高端或中端酒店,客人们总会选择更具性价比及增值服务更佳的酒店。因此,酒店要从目标客户的需求出发,不断地进行科技创新,只有这样酒店才能在市场上获得话语权。例如,对目标群为年轻商务旅客的品牌酒店来说,由于年轻商务旅客喜爱简约、时尚,所以,酒店的客房及套房,应该设计新颖时尚,住宿空间应该舒适惬意,房间设施应该先进完善,应包括液晶电视、iPod扬声器等,并提供免费宽频及WiFi上网服务,另应备有优质寝具,让客人忙碌过后,能享受舒适的睡眠。另外,随着信息科技的快速发展,人们对酒店"智慧"的要求日益提升,特别是拿着手机入住客房已成为最新一代"智慧客房"的新目标。为此,酒店可以提供手提电话房间登记入住服务。客人既可以通过手提电话办理入住登记手续,又可以直接利用手提电话开启客房门锁。这样就大大缩短了在大堂等候登记入住时的时间。过程简便,大大缩短了顾客入住酒店的时间。更为关键的是大大提升顾客的入住体验。

(4) 用营销手段创造营销机会。通过采用创新的营销手段,创造新的营销机会。

在到酒店用餐的客人当中,有的是为了填饱肚子,更多的则是家庭聚会、生日聚会、商务宴请、朋友情人间的聚餐等等。因此,酒店要能够主动根据这些客人的构成和特点准备各具特色的包房、观景座位、包厢座位、聚会台位等,同时,尽可能提供个性化的服务。例如,在家庭聚餐上,常常有随父母一起用餐的儿童顾客。不管是出于安全考虑,还是为了营造温馨的用餐环境,酒店应该主动为这些儿童客人准备好儿童椅、高椅以及供儿童饮牛奶、果汁用的一次性塑料杯,还有一次性儿童用餐围兜等。有了这些周到的安排,再加上优质的服务,孩子们的父母一定会对他们的用餐酒店产生深刻的印象。最后的结果是,孩子们高兴,父母也高兴,餐厅也赚了钱,从而达到了"三赢"。

三、整合营销

(一) 整合营销的内涵

"整合营销"(Integrated marketing)概念产生和流行于20世纪90年代。20世纪90年代初,消费个性化和感性化更加突出,为了更好地了解消费者的需求和欲望,企业迫切需要与消费者进行更有效的信息沟通。在这一历史背景下,1992年,《整合营销传播》(Integrated Marketing Communications,IMC)在美国问世。该书的作者是美国西北大学教授唐·舒尔茨及其合作者斯坦利·田纳本、罗伯特·劳特朋。所以说,"整合营销"概念最初是以"整合营销传播"形式出现的。

整合营销传播,一方面强调要把广告、促销、公关、CI、新闻媒体等一切传播活动都整合到营销活动的范围之内;另一方面则强调企业能够将统一的传播资讯传达给消费者,即强调营销传播的一元化(用一个声音说话)策略。

舒尔茨认为,传统的以4P为核心的营销框架,重视的是"产品导向"而非真正的"消费者导向",企业的经营哲学是"消费者请注意"。面对20世纪90年代初市场环境的新变化,企业应在营销观念上逐渐淡化4P、突出4C。企业的经营哲学应该更加"注意消费者"。所以说,整合营销传播倡导更加明确的消费者导向理念,是从"以传者为中心"到"以受众为中心"的传播模式的战略转移。

舒尔茨认为,整合营销传播的核心思想是:以整合企业内外所有资源为手段,再造企业的生产行为与市场行为,充分调动一切积极因素以实现企业统一的传播目标,以驱动顾客购买企业的产品或服务并保持顾客对企业产品、服务的忠诚度。整合营销传播的核心工作是培养真正的"消费者价值"观,与那些最有价值的消费者保持长期的紧密联系。

随后,"整合营销传播"开始扩展为"整合营销"。1995年,保斯蒂安·库德首次提出了"整合营销"(又称全员营销)的观念。他给整合营销下了一个简单的定义:"根据目标设计(企业的)战略,并支配(企业各种)资源以达到企业目标"。通俗地讲,整合营销就是指在企业全体员工以及各部门的参与下,以市场为中心,以顾客为导向,综合运用各种营销工具和手段开展工作,以使交换双方在交互中实现价值增值的营销理念或方法。可见,整合营销强调的是全员参与、以顾客为导向、各种营销工具和手段的综合运用和交换双方在交互中的双赢(Win-Win)。如图5-7所示。

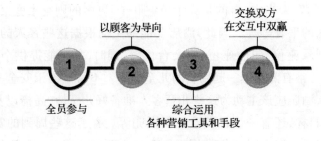

图5-7 整合营销理念

(二) 整合营销的优点

整合营销理念的优点体现在以下几个方面:

(1) 符合经济发展潮流及其对企业市场营销所提出来的新要求。

(2) 有利于配置企业资源,优化企业组合,提高企业的经济效益。

(3) 有利于企业更好地满足消费者的需求,有利于企业的持续发展。

（4）有利于从观念到行为的整合。

（5）有利于企业上下各层次的整合。

（6）有利于企业各个部门的整合。

（7）有利于营销策略的整合。

（8）有利于企业长远规划与近期活动的整合。

（9）有利于企业开展国际化营销。

（三）整合营销的内容

一般来说，整合营销包含两个层次的整合：一是水平整合，二是垂直整合。

1. **水平整合**

（1）信息内容的整合。企业的所有与消费者有接触的活动，无论其方式是媒体传播还是其他的营销活动，都是在向消费者传播一定的信息。企业必须对所有这些信息内容进行整合，根据企业所想要的传播目标，对消费者传播一致的信息。

（2）传播工具的整合。为达到信息传播效果的最大化，节省企业的传播成本，企业有必要对各种传播工具进行整合。所以企业要根据不同类型顾客接受信息的途径，衡量各个传播工具的传播成本和传播效果，找出最有效的传播组合。

（3）传播主体的整合。企业的一举一动、一言一行都是在向消费者传播信息，应该说传播不仅仅是营销部门的任务，也是整个企业所要担负的责任。所以有必要对企业的所有与传播有关联的资源（人力、物力、财力等）进行整合。

2. **垂直整合**

（1）市场定位的整合。任何一个产品都有自己的市场定位，这种定位是基于市场细分和企业的产品特征的基础上制定的。企业的任何营销活动都必须在市场定位的基础上进行。

（2）传播目标的整合。有了确定的市场定位以后，就应该确定传播目标了，想要达到什么样的效果？多高的知名度？传播什么样的信息？这些都要进行整合，有了确定的目标才能更好地开展后面的工作。

（3）营销组合（4P）的整合。其主要任务是根据产品的市场定位设计统一的产品形象。各个 P 之间都要协调一致，避免互相冲突、矛盾。

（4）品牌形象的整合。主要是品牌识别的整合和传播媒体的整合。名称、标志、基本色是品牌识别的三大要素，它们是形成品牌形象与资产的中心要素。品牌识别的整合就是对品牌名称、标志和基本色的整合，以建立统一的品牌形象。传播媒体的整合主要是对传播信息内容的整合和对传播途径的整合，以最小的成本获得最好的效果。

四、绿色营销

20 世纪 80 年代后期，环境、能源、人口等世界性问题日益严重，人们的环保呼声、可持续发展呼声日益高涨，营销理论界出现了一种全新的营销理念，即绿色营销观念。

(一) 绿色营销的内涵

绿色营销是指企业在整个营销过程中,要顺应时代可持续发展战略的要求,注重生态环境保护,促进经济与生态环境协调发展,以实现企业利益、消费者利益、社会利益及生态环境利益的协调统一。绿色营销是"社会营销观念"指导下的产物。关于营销观念的历史变革,如图5-8所示。

知识链接

营销观念的历史变革

营销观念又称为市场营销管理理念,简称营销理念,是指企业从事市场营销活动及管理过程的指导思想或根本看法和根本态度,也就是企业在开展市场营销活动的过程中,在处理企业、顾客和社会三方利益方面所持的态度和指导思想。营销观念的演变过程或历史变革,如图5-8所示。

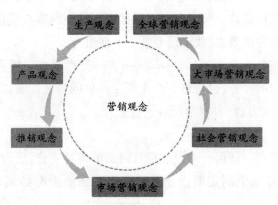

图5-8 营销观念的历史变革

(1) 生产观念(Production Concept)

生产观念是指导卖方行为的最古老的观念之一。生产观念在企业的经营管理中具体地表现为"能生产什么,就卖什么"。譬如,当时美国福特汽车公司生产的T型小轿车非常畅销,为了扩大生产获得最高利润,他们不需要考虑顾客对小轿车颜色、款式的兴趣和偏好,车的颜色一律是黑色。可见,当时福特的生产观念是一种典型的"以产定销"的经营观念。

(2) 产品观念(Product Concept)

产品观念是与生产观念相类似的经营思想。产品观念认为:顾客喜欢高质量、多功能和有特色的产品,认为只要产品好就会顾客盈门。"酒香不怕巷子深"、"皇帝女儿不愁嫁"、"只要产品好,不怕卖不掉"。该观念的症结在于过分地夸大产品的作用,忽视了市场需求和其他营销策略的配合。

(3) 推销观念(Selling Concept)

推销观念在企业经营管理中的具体表现为"我卖什么,顾客就买什么"。由生产观念、产品观念转变为推销观念,是企业经营指导思想上的一大变化。但这种变化没有摆脱"以生产为中心"、"以产定销"的范畴。前者强调生产产品,后者强调推销产品。所不同的是前两种观念是等顾客上门,而推销观念是加强对产品的宣传和推介。

(4) 市场营销观念(Marketing Concept)

市场营销观念在企业经营管理中的具体表现为"顾客需要什么就生产什么、销售什么"。市场营销导向是企业营销管理思想史上一次巨大的突破,与传统的经营观念相比,具有以下区别:第一,传统的导向是以生产和销售为中心,现代市场营销导向则以顾客需求为中心;第二,传统导向通过强化销售职能、卖出产品实现利润,而市场营销导向则通过全面地满足顾客需求获取利润;第三,传统导向是短期刺激的推销手段,从大量销售中获取利润,而市场营销导向则是全面地满足顾客需求。

(5) 社会营销观念(Social Marketing Concept)

社会营销观念是对市场营销观念的进一步完善发展。与市场营销观念相比,社会营销观念有以下特点:要求企业在满足消费者和用户需求及欲望而获取利润的同时,更加考虑消费者及社会的长远利益,即将企业利益、消费者利益与社会利益有机地结合起来。

(6) 大市场营销观念(Megmarketing Concept)

大市场营销观念是20世纪80年代以来市场营销观念的新发展。其核心内容是强调企业的市场营销既要有效的适应外部环境,又要能够在某些方面发挥主观能动作用和使外部环境朝着有利于企业的方向发展。大市场营销观念与一般营销观念相比,具有以下两个特点:第一,大市场营销观念打破了"可控制要素"和"非可控制要素"之间的分界线,强调企业营销活动可以对环境产生重要的影响,使环境朝着有利于实现企业目标的方向发展;第二,大市场营销观念强调必须处理好多方面的关系,才能开展常规的市场营销,从而扩大了企业市场营销的范围。

(7) 全球营销观念(Global Marketing Concept)

全球营销观念是20世纪90年代以后,市场营销观念的最新发展,它是指导企业在全球市场进行营销活动的一种崭新的营销思想。全球营销观念在某种程度上完全抛弃了本国企业与外国企业、本国市场与外国市场的概念,而是把整个世界作为一个经济单位来处理。全球营销观念强调营销效益的国际比较,即按照最优化的原则,把不同国家中的企业组织起来。

较之于传统的营销理念,绿色营销的特点在于:

(1) 从战略高度框定企业的营销目标。绿色营销理念认为企业营销活动的基本出发点和归宿点应是社会整体效益、社会的长期发展,因此,酒店在开展营销活动时,不应狭隘地以经济利润最大化作为其目标,而应寻求企业、社会的可持续发展。酒店应在宾客中提倡适量消费,而反对传统营销理念所提出的高消费、多消费。当然在绿色营销理念中,利润导向依然存在。

(2) 从社会范围确定企业的营销对象。传统的营销理念仅仅把营销对象看做是具有消费欲望的消费者。而绿色营销则把整个社会看做营销对象,认为应在特定的社会背景、环境背景下研究人的消费行为,并通过开展绿色营销活动促成消费者从毫无约束地消费物质资源转向保护自然资源和节约自然资源转变。

(3) 从发展角度研究企业的营销活动。传统的营销活动围绕宾客需求(尤其是宾客的个人需要、当前需要)是否得到满足展开,而绿色营销则认为企业应适时引导宾客产生合理的需要,不仅要让宾客在消费产品或服务时其个人需要得到满足,而且还要考虑宾客个人消费行为发生后,其他人和社会的需要是否能得到满足。

(二) 绿色营销管理

绿色营销管理是一项系统工程,首先要求酒店树立正确的绿色消费理念,在这一基本方针的指导下,进行绿色营销管理活动。

1. 培养绿色消费理念

绿色消费是一种通过选择不危害环境,又不损害未来各代人利益的产品与服务来满足人们的生活需要的一种理性消费方式。它既充分尊重了地球生态系统的极限,又保证了未来各代人和当代人拥有同样选择机会,是一种科学的消费方式。它是一种先进的、合理的消费方式,是一种直接服从于全球可持续发展目标的消费形式。酒店在经营过程中,要积极倡导绿色消费理念,加强企业的社会责任感和历史使命感。

2. 成立相应的组织体系

酒店开展创建绿色酒店活动,要求有相应的组织体系加以保障。为切实推进绿色营销活动,酒店应在管理机构上做相应的调整。酒店可视实际情况,增设环境部或任命生态专职经理,切实推进绿色工程。例如,香港的香格里拉酒店专门成立"绿色委员会",系统化推进可持续发展理念。绿色委员会的任务是制定酒店在创建绿色酒店方面的目标和计划,培训酒店内部专职的督察员,并监督各项制度的落实情况。香格里拉的"绿色委员会"每月召开一次会议,进行工作回顾和展望,如果达到了目标,则委员会将制定更新、更高的目标,在绿色之路上继续前进。

3. 坚持6RS绿色行动

(1) Reducing(减量)。酒店应重视设备、设施的保养与维修,延长其使用寿命,减少更换频率;应制定科学的采购计划,分批适量购买各类物资,防止过度采购、储藏不当等原因而造成各种浪费;强化培训意识,预防因加工不当而导致各种浪费行为的产生;减少一次性消耗品的利用,减少废物和垃圾的产生;购买和使用体积小、重量轻、包装简朴的物资原料;安装各种节能装置,在走道、公共区域和商场等地装上节能灯、节水器等。

(2) Reusing(再使用)。酒店应切实贯彻"物尽其用"的原则,做好可重复使用物品的二次循环利用。如有的酒店将用剩的肥皂头集中起来,用做洗涤、清洁拖把;客房部的大床单破损后可改制成小孩床单、枕套或吸尘器袋等。

(3) Replacing(替代)。以多次可回收利用的物品来代替一次性物品。如有的酒店用布袋或藤篮代替原先塑料的洗衣袋;用消毒筷代替一次性筷子等。

(4) Recycling(循环使用)。酒店应加强不能重复使用物品和能源的循环再生利用,做好各项回收工作。如有的酒店发动员工收集废弃的易拉罐,将其制作成特殊的圣诞树装点酒店;有的酒店设立废旧电池回收箱。

(5) Research(研究)。酒店应重视绿色营销理念的研究和落实,成立专业的研究小组,负责研究绿色营销的基本内容,编制各种活动计划,检测绿色营销理念的基本落实。

(6) Reserve(保护)。酒店应树立积极的环境保护意识,推广绿色消费理念。

五、内部营销

(一) 内部营销的内涵

内部营销(Internal Marketing),是在20世纪70年代,由美国学者Berry在研究服务企业提高服务质量的手段时,提出的营销概念。它是服务企业激励员工、提高服务质量从而产生顾客满意的一种营销思想。Berry认为内部营销就是将员工当作企业的"内部顾客",将其工作当作"内部产品",在实现组织目标的前提下,调整"内部产品"以满足"内部顾客"需要的种种过程、方法及手段。

内部营销(Internal Marketing)是与外部营销(External Marketing)相对应的概念。内部营销理论是建立在如下假设框架内:满意的员工产生满意的客户,要想赢得客户满意,首先要让员工满意;只有满意的员工才可能以更高的效率和效益为外部客户提供更加优质的服务,并最终使外部客户感到满意。满意的员工产生满意的客户,是内部营销的基本前提。内部营销的对象是企业内部员工,目的是通过吸引、保留和激励员工,开发员工的服务理念和客户意识,以满意的员工来实现企业外部客户的满意,从而获得企业竞争优势。

酒店应把员工作为企业的内部市场进行透彻的研究和开发,培育满意的员工,建立全员服务营销意识,着力做好酒店内部促销工作,为酒店企业拓展外部市场提供可靠的后盾支持。

(二) 如何开展内部营销

1. 内部市场调研

提高员工满意度的前提,是要了解员工的情感和需求。只有真正了解员工的情感和需求,才能实施对员工的有效管理。内部市场调研可以借鉴外部营销调研的成熟方法和技巧,如实地观察法、一对一访谈、专题讨论、问卷调查等。内部市场调研的目标市场,不仅包括现有在职员工,甚至可以包括潜在的员工和离职的员工,这样才能真正了解到员工的所思、所想和所需。

2. 让内部员工满意

我国酒店业在强化营销手段、丰富酒店文化上下功夫的同时,更应着重提高员工素质,提升服务质量,力求以质取胜。而服务是靠酒店员工来提供的,服务质量的高低归根结底取决于酒店员工素质的高低。满意的宾客是成功酒店的必要条件,而满意的员工是满意的宾客的保证,成功的酒店都是以拥有满意的员工为基础的。所以,酒店必须在充分调研的基础上,充分贯彻"以人为本"理念,确实采取必要措施提高员工满意程度。员工满意度的提高可以从多方面、多角度去进行,如图 5-9 所示。

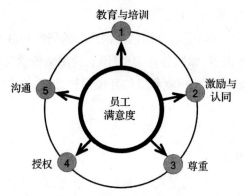

图 5-9　员工满意度的提高

（1）教育与培训。企业与员工之间的相互匹配,是开展内部营销的先决条件,包括:企业文化与员工价值观的匹配,公司发展方向与员工个人职业生涯发展方向的匹配,公司职位与员工能力、兴趣的匹配等等。其中最重要的是企业文化与员工价值观的匹配。因此,酒店在聘用人才的时候,除了要考察其教育背景、技术技能等常规项目之外,还应重点考察应聘人员的内在素质和客户导向的程度,以保证吸收的员工易于同企业核心价值观相融合,从而降低新员工与组织的磨合成本。

教育和培训是企业使员工愿意并有能力接受其所提供产品和服务的必经之路,越来越受到企业的重视。许多知名企业除了依靠良好的薪酬福利吸引人才外,完善的员工培训体系也是招揽人才的重要砝码。教育和培训除了要向员工传授相关技能外,更重要的还有职业道德、工作规范和标准化培训及向员工灌输企业倡导的核心价值观念。

（2）激励与认同。激励是企业采用适当的刺激方式,鼓励员工以更高的水平、更大的主动性和自觉性从事工作,取得成就。激励的方式有很多种。薪酬是使员工满意的基本平台,企业应该设计合适的薪酬福利计划,建立公平、公开和公正的晋升机制,发挥考核与奖励的杠杆作用,使薪酬制度对员工更有吸引力和对外的竞争性。企业应针对员工的不同特点,考虑不同员工群体的不同需求,区分工资和奖金,采取不同的激励方式,使企业中每个人都有获得激励的机会,让他们感受到自己的努力得到了企业的认同和重视,从而促使员工产生奋发向上的进取精神、努力工作的积极性和满足感。

（3）尊重。根据马斯洛的需求层次理论,人的需求有一个从低到高的发展层次。员工是企业最重要的资产,企业对待员工,物质奖励只是最基本的奖励。随着社会的发展,人的要求会不断提高,会更多地朝求得社会认同和尊重这个方向努力。这些都会对员工的内心情感、工作态度产生很大的影响。不尊重,或者以高压姿态对待员工,必将影响企业和员工的沟通以及信息流的通畅,这对企业的发展是十分不利的。如果每个人都能得到充分的尊重,就很容易把一个企业凝聚起来,使员工心甘情愿地为企业奉献。

（4）授权。授权是指通过赋予员工相应的权力和自主性,使其能控制与工作相关的情况和做决定的过程,这意味着可以让基层员工做出正确的决定。授权需要公司首先向员工明确企业的核心价值观是什么,让其知道企业最希望员工表现的行为特征是什么、在什么权限范围内可以自主做出决定。赋予员工现场做出决定的权力，可以确保服务过程的流畅和结果的质量。

（5）沟通。很多企业在与外部客户的沟通中，不惜巨额费用发布广告、印刷画册、举办展览等，却忽视了内部沟通形式的重要性。对于企业内部来说，一般存在三种形式的沟通：向上沟通、向下沟通和横向沟通。有效的沟通可以实现员工对企业目标的高度理解、支持和拥护，有效沟通的关键取决于渠道的有效性和信息发送者与接收者之间的理解。内部刊物、内部网站、宣传栏、总经理信箱、企业论坛、合理化建议等，都是行之有效的沟通方式和渠道。企业必须选择员工能够接受的方式和渠道，使组织目标潜移默化地被员工理解和接受。

服务金三角

1. 服务金三角的含义

"服务金三角"来源于美国服务业管理的权威卡尔·艾伯修先生。它是一个以顾客为中心的服务质量管理模式，由服务策略、服务组织、服务人员三个因素组成。这三个因素都以顾客为中心，彼此相互联系，构成一个三角形。如图5-10所示。

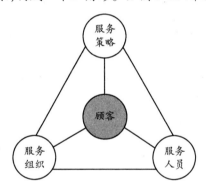

图5-10 服务金三角

"服务金三角"的观点认为：任何一个服务企业要想获得成功——保证顾客的满意，就必须具备三大要素：一套完善的服务策略；一批能精心为顾客服务、具有良好素质的服务人员；一种既适合市场需要，又有严格管理的服务组织。

在"服务金三角"中，把顾客作为"服务金三角"的核心，这就说明服务是建立在以最大限度满足顾客需求的基础之上。作为服务企业必须从顾客的立场出发，时时关心顾客，处处为顾客着想，才能充分满足顾客的需要，也才能获得最大的经济效益。因此，充分满足顾客的需求，既是服务企业一切工作的出发点，也是一切工作的归宿。

2. 服务金三角的内容关系

服务金三角的概念，就是组织——员工——顾客三者之间的内部营销、外部营销和互动营销互相整合。

(1) 内部营销。内部营销指公司管理者透过主动提升员工的服务意识与能力来激励员工。其主要的目标在确保员工具有以客为尊的服务态度以及吸引并留住优秀员工。

(2) 外部营销。外部营销指的是一般我们常听到的各种企业营销行为,例如进行各种营销研究、发掘市场上消费者未被满足的需求、确定目标市场、决定各项产品决策、通路决策、促销决策等。

(3) 互动营销。互动营销是指第一线的服务人员,能够站在顾客的观点出发,将公司的服务提供给顾客的互动行为。服务人员与顾客产生良好、友善、高质量的互动才是真正优良的服务。

思考与练习

一、问答题

1. 酒店营销的含义及其特点是什么?
2. 酒店营销的基础环节有哪些?你认为哪个环节最重要?
3. 传统的市场营销组合包括哪几个方面?其基本内涵是什么?
4. 酒店的整体产品概念包括几个部分?你认为对于宾客来说,哪一个部分最重要?
5. 什么是"主题营销"?酒店在策划主题营销时应注意什么?

二、案例分析

万豪酒店:市场细分永不停息

万豪酒店(Marriott)是与希尔顿、香格里拉等齐名的酒店巨子之一,总部位于美国。八仙过海,各显神通,不同的企业有不同的成功之道。就"万豪"而言,偏向于使用多品牌策略来满足不同细分市场的需求。

1. 万豪酒店的品牌战略

在品牌战略方面,有的酒店采用的是单一品牌战略(如希尔顿酒店),即在其所有次级品牌中都能见到"希尔顿"的名字,如"希尔顿花园旅馆"等。有的酒店则采用多品牌战略(如万豪酒店)。

在美国,许多市场营销专业的学生最熟悉的市场细分案例之一就是"万豪酒店"。"万豪"针对不同的细分市场成功推出了一系列品牌,如 Fairfield(公平)、Courtyard(庭院)、Marriott(万豪)、Marriott Marquis(万豪伯爵)等。Fairfield(公平)是服务于销售人员的,Courtyard(庭院)是服务于销售经理的,Marriott(万豪)是为业务经理准备的,Marriott Marquis(万豪伯爵)则是为公司高级经理人员提供的。

在"市场细分"这一营销行为上,"万豪"可以被称为超级细分专家。在原有的 4 个品牌都在各自的细分市场上成为主导品牌之后,"万豪"又开发了一系列新的品牌。在高端市场上,有面向高档次顾客的 Ritz-Carlton(丽思卡尔顿)、面向职业年轻人的休闲品牌 Renaissance(万丽)等;在低端酒店市场上,万豪酒店由 Fairfield Inn(费尔菲得:公平客栈)衍生出 Fairfield Suite(公平套房),后来又推出了 Springfield Suites(弹性套房)——比 Fairfield Inn 的档次稍高一点,主要面对一晚75至95美元的顾客市场;位于高端和低端之间的酒店品牌有 TownePlace Suites(城镇套房)、Courtyard(万怡:庭院)和 Residence Inn(居家:居民客栈)等,他们分别代表着不同的价格水准,并在各自的娱乐和风格上有效进行了区分。

多品牌酒店的信心是建立在对目标顾客需求的了解之上,并有能力创造一种产品或服务来满足这种需求。它们认为顾客的信心并不是建立在"万豪"这个名字或者其服务质量上,其信心基础是"旅馆是为满足顾客的需求而设计的"。比如说,顾客想找一个可以承受得起的旅馆住上3、4个星期,"城镇套房"可能就是其最好的选择,他(或她)并不需要为"万豪"额外的品质付费,他(或她)可能并不需要这样的品质,而且这种品质对他(或她)而言可能也没有任何价值。

经过多年的发展和演化,万豪酒店现在一共管理着18个品牌。

2. 万豪酒店的创新之道

通过市场细分来发现市场空白是"万豪"的一贯做法。"万豪"一旦发现在旅馆市场上有足够的、尚未填补的"需求空白"或没有被充分满足的顾客需求时,公司就会为一个新的"顾客群"开发出一个新的品牌或将现有的产品或服务进行提升以满足顾客新的需求。

"万豪"开发"弹性套房"品牌的做法就是一个很好的案例。"弹性套房"源自"公平套房"。"公平(Fairfield)"始创于1997年,当时,华尔街日报是这样描绘"公平套房"的:宽敞但缺乏装饰,厕所没有门,客厅里铺的是油毡,它的定价是75美元。现在的问题是:"公平套房"的顾客可能不喜欢油毡,并愿意为"装饰得好一点"的房间多花一点钱。于是,"万豪"通过增加烫衣板和其他令人愉快的东西等来改变"公平套房"的形象,并通过铺设地毯、加装壁炉和早点房来改善客厅条件。通过这些方面的提升,万豪酒店吸引到了一批新的目标顾客——注重价值的购买者。但后来,"万豪"发现对"公平套房"所做的提升并不总是有效——价格敏感型顾客不想要,而注重价值的顾客对其又不屑一顾。于是,万豪考虑将"公平套房"转换成"弹性套房",并重新细分了其顾客市场。通过测算,万豪得到了这样的数据:相对于价格敏感型顾客为"公平套房"所带来的收入,那些注重价值的顾客可以为"弹性套房"至少增加多5美元的收入。

试问:

(1) 万豪酒店的成功之道给我们的启发是什么?

(2) 一个酒店的经营成功之道还可以表现在哪些方面?

三、综合实训

1. 酒店营销方案设计

以小组为单位,一个小组就是一个酒店管理团队,假设一个虚拟的酒店(包括名称、类型、建筑规模、所处的城市和地理位置等),就目标市场选择、市场定位、目标市场营销策略和差异化的竞争优势进行抉择。实训方法如下:

(1) 实训老师对实训进行要点提示,并提出相关要求;

（2）各小组拟定抉择方案；

（3）以小组为单位汇报抉择方案；

（4）小组间相互旁听并进行点评；

（5）实训老师进行点评。

思考：通过本次活动，你学到了什么？

2. 酒店营销组合策略方案设计

以小组为单位，一个小组就是一个酒店管理团队，在上述"酒店营销方案设计"综合实训的基础了，就定位好的目标市场的营销组合策略提出几种可供选择的方案。实训方法如下：

（1）实训老师对实训进行要点提示，并提出相关要求；

（2）各小组拟定酒店营销组合策略设计方案；

（3）以小组为单位汇报酒店营销组合策略设计方案；

（4）小组间相互旁听并进行点评；

（5）实训老师进行点评。

思考：通过本次活动，你学到了什么？

第六章
酒店服务质量管理

学习目标

知识目标
1. 了解酒店服务质量的涵义、特点。
2. 掌握酒店服务质量的内容。
3. 了解酒店服务质量管理的基本内涵。
4. 掌握酒店服务质量管理体系的构建。
5. 掌握酒店服务质量管理的主要方法。

能力目标
1. 学会制定酒店服务规程。
2. 学会运用排列图法等对酒店服务质量问题进行分析。

酒店提供的核心产品就是服务,服务质量是酒店的生命线。酒店能否留住客人,求得长期的生存和发展,关键在于服务质量的优劣及其质量管理水平。酒店之间的竞争,本质上就是服务质量的竞争,因此,不断提高酒店服务质量,以质量求效益是每一家酒店发展的必经之路,也是所有酒店管理者共同努力的目标和日常管理的核心部分。随着酒店业竞争的日趋激烈,宾客对酒店服务质量的要求越来越高,酒店必须不断探索提高和完善自身服务质量的途径和方法,以优质的服务质量赢得顾客的忠诚,取得良好的经济效益和社会效益。

第一节 酒店服务质量概述

现代酒店都非常重视服务质量,质量意识已成为酒店管理者必须具备的一种观念。而对酒店服务质量的涵义的正确理解和对酒店服务质量特点、内容的把握则是进行酒店质量管理最基本的前提。

一、酒店服务质量的涵义

关于酒店的服务质量,有广义和狭义两种理解。

(1) 狭义上的服务质量。是指纯粹意义上的、由服务员的服务劳动所表现出来的酒店服务的质量。不包括提供的实物形态的使用价值。

(2) 广义上的服务质量。包含着组成酒店服务的三要素,即设施设备、实物产品和劳务服务的质量,它是一个完整的服务质量概念。本书所指的服务质量主要指广义的服务质量,即酒店以其所拥有的设施设备为依托,为宾客所提供的服务在使用价值上适合和满足宾客物质和精神需要的程度。

根据酒店服务质量的定义,酒店所提供的服务既要能满足宾客物质上的需求,还要满足宾客的心理需要,即精神上的需求。而所谓"适合",是指酒店为宾客提供服务的使用价值能为宾客所接受和喜爱。所谓"满足",是指该种使用价值能为宾客带来身心愉悦和享受,使宾客感到自己的愿望和期盼得到了实现。酒店所提供服务的使用价值适合和满足宾客需要的程度越高,服务质量就越好,反之,服务质量就差。

二、酒店服务质量的内容

如图 6-1 所示,酒店服务质量实际上包括"有形产品质量"和"无形产品质量"两个方面。酒店服务质量应该是有形产品质量和无形劳务质量的统一,有形产品质量是无形服务质量的凭借和依托,无形服务质量是有形产品质量的完善和延伸,两者相辅相成,构成了完整的酒店服务质量的内容。

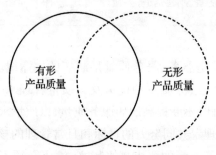

图 6-1 酒店的服务质量

(一) 有形产品质量

有形产品质量主要满足宾客物质上的需求,包括酒店提供的设施设备、实物产品和服务环境 3 个方面的质量。

1. 酒店设施设备的质量

酒店是凭借其设施设备来为客人提供服务的,所以,酒店的设施设备是酒店赖以存在的基础,是酒店劳务服务的依托,反映出一家酒店的接待能力,同时,酒店设施设备质量也是服务质量的基础和重要组成部分,是酒店服务质量高低的决定性因素之一。酒店只有保证设施设备的质量,才能为客人提供多方面的感觉舒适的服务,进而提高酒店的声誉和服务质量。酒店设施设备包括客用设施设备和供应用设施设备。

（1）客用设施设备。也称前台设施设备，是指直接供宾客使用的那些设施设备，如客房设备、康乐设施等。它要求做到设置科学、结构合理、配套齐全、舒适美观、操作简单、使用安全、完好无损、性能良好。其中，客用设施设备的舒适程度是影响酒店服务质量的重要方面。因此，随时保持设施设备完好率，保证各种设施设备正常运转，充分发挥设施设备效能，是提高酒店服务质量的重要组成部分。

（2）供应用设施设备。是指酒店经营管理所需的不直接和宾客见面的生产性设施设备，如锅炉设备、制冷供暖设备、厨房设备等。供应用设施设备也称后台设施设备，要求做到安全运行，保证供应。

2. 酒店实物产品的质量

实物产品质量也是酒店服务质量的重要组成部分之一。酒店的实物产品质量通常包括以下4个方面：

（1）菜点酒水质量。菜点酒水质量是酒店实物产品质量的重要构成内容之一。酒店管理者首先要认识到饮食在宾客心目中占有的重要位置，同时还要能够了解不同客人对饮食的不同要求，如有的客人为求满足新奇感而品尝名菜佳肴，而有的客人只为符合口味而喜爱家常小菜。但无论哪种宾客，他们通常都希望酒店饮食产品富有特色和文化内涵，要求原料选用准确，加工烹制精细，产品风味适口等。另外，酒店还必须保证饮食产品的安全卫生。

（2）客用品质量。客用品也是酒店实物产品的一个组成部分，它是指酒店直接供宾客消费的各种生活用品，包括一次性消耗品（如牙具、牙膏等）和多次性消耗品（如棉织品、餐具酒具等）。客用品质量应与酒店星级相适应，避免提供劣质品，给客人留下恶劣的印象；客用品数量应充裕，要能够满足客人的需求，而且供应要及时；客用品的品种要切实能满足宾客的需要，而不仅仅是摆设，但也不宜过多，否则势必增加酒店成本，最终必会损害到客人利益，影响服务质量。总之，酒店客用品的配备应适度，以能够满足酒店客源需求为佳，同时，还必须保证所提供客用品的安全与卫生。

（3）商品质量。为满足宾客购物需要，酒店通常都设有商场部，而商场部商品质量的优劣也会影响酒店的服务质量。酒店商品应做到花色品种齐全、商品结构适当、商品陈列美观、价格合理等，更为重要的是要注重信誉，杜绝假冒伪劣商品，而且酒店所供商品应符合宾客的购物偏好。

（4）服务用品质量。服务用品质量是指酒店在提供服务过程中供服务人员使用的各种用品，如客房部的清洁剂、餐饮部的托盘等。它是提高劳动效率、满足宾客需要的前提，也是提供优质服务的必要条件。服务用品质量要求品种齐全、数量充裕、性能优良、使用方便、安全卫生等。管理者对此也应加以重视，否则，酒店也难以为宾客提供令其满意的服务。

3. 酒店服务环境的质量

常常会出现这种情况，你对一家酒店的印象特别好，但却说不出为什么。这种良好的印象只是一种感觉,实际上,这种感觉常常是因为受到该酒店服务环境的影响。

酒店服务环境质量,就是指酒店的服务气氛给宾客带来感觉上的美感和心理上的满足感。它主要包括独具特色、符合酒店等级的建筑与装潢,布局合理、便于到达的酒店服务设施和服务场所,充满情趣并富于特色的装饰风格,以及洁净无尘、温度适宜的酒店环境和仪表仪容端庄大方的酒店员工等。一个理想的酒店服务环境,在满足宾客物质需求的同时,又可满足其精神享受的需要。

通常对服务环境质量的要求是整洁、美观、有序和安全。在此基础上,对于高星级酒店来说,还应充分体现出一种带有鲜明个性的文化品位。由于第一印象的好坏很大程度上是受酒店环境气氛影响而形成的,为了使酒店能够产生这种先声夺人的效果,管理者应格外重视对酒店服务环境的管理。

(二)无形产品质量

无形产品质量,即狭义上的服务质量,是酒店纯粹意义上的服务劳动质量。那么,什么是"纯粹意义上的服务劳动"。"服务"的英文单词是"Service",对于其涵义,可以用构成这一单词的每一个字母所代表的含义来理解。如图6-2所示。

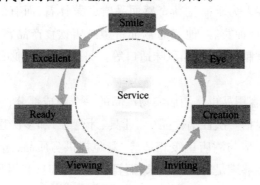

图6-2 服务(Service)的涵义

第一个字母S,即Smile(微笑),其含义是服务员要给每一客人提供微笑服务;第二个字母E,即Excellent(出色),其含义是服务员要将每一项微小的服务工作做得很出色;第三个字母R,即Ready(准备好),其含义是服务员要随时准备好为客人服务;第四个字母V,即Viewing(看待),其含义是服务员要把每一位客人都看作是需要给予特殊照顾的贵宾;第五个字母I,即Inviting(邀请),其含义是服务员在每一次服务结束时,都要邀请客人再次光临;第六个字母C,即Creation(创造),其含义是每一位服务员都要精心创造出使客人能享受其热情服务的气氛;第七个字母E,即Eye(眼光),其含义是每一位服务员始终要用热情好客的眼光关注客人,预测客人的需求,并及时提供服务,使客人时刻感受到自己在被关注。

一般来说,纯粹意义上的服务质量主要包括以下几个方面:

1. 礼貌礼节

礼貌礼节,是以一定的形式通过信息传输向对方表示尊重、谦虚、欢迎、友好等态度的一种方式。礼节偏重于仪式,礼貌偏重于语言行动。酒店礼貌礼节要求服务人员具有端庄的仪表仪容,文雅的语言谈吐,得体的行为举止等。礼貌礼节直接关系着宾客的满意度,是酒店提供优质服务的基本点。

2. 职业道德

职业道德,是人们在一定的职业活动范围内所遵守的行为规范的总和。酒店服务过程中,许多服务是否到位实际上取决于员工的事业心和责任感。因此,作为酒店员工,应遵循"热情友好,宾客至上;真诚公道,信誉第一;文明礼貌,优质服务;不卑不亢,一视同仁;团结协作,顾全大局;遵纪守法,廉洁奉公;钻研业务,提高技能"的职业道德规范,真正做到敬业、乐业和勤业。

3. 服务态度

服务态度,是指酒店服务人员在对客服务中所体现出来的主观意向和心理状态。服务态度的好坏是由员工的主动性、创造性、积极性、责任感和素质高低决定的。因此酒店要求服务人员应具有"宾客至上"的服务意识,并能够主动、热情、耐心、周到地为宾客提供服务。酒店员工服务态度的好坏是很多宾客关注的焦点,尤其当出现问题时,服务态度常常成为解决问题的关键。宾客可以原谅酒店的许多过错,但往往不能忍受酒店服务人员恶劣的服务态度。因此,服务态度是无形产品质量的关键所在,直接影响酒店的服务质量。

4. 服务技能

服务技能,是酒店提高服务质量的技术保证,是酒店服务人员在不同场合、不同时间、对不同宾客提供服务时,能适应具体情况而灵活恰当地运用操作方法和作业技能以取得最佳的服务效果,从而所显现出的技巧和能力。酒店服务人员要掌握丰富的专业知识,具备娴熟的操作技术,并能根据具体情况灵活运用,从而达到给客人以美感和艺术享受的服务效果。

5. 服务效率

服务效率,是指员工在其服务过程中对时间和工作节奏的把握。它应根据宾客的实际需要灵活掌握,要求员工在宾客最需要某项服务时即时提供。因此,服务效率并非仅指快速,而是强调"适时服务"。酒店服务效率有三类:第一,是用工时定额来表示的固定服务效率,如打扫一间客房用30分钟、宴会摆台用20分钟等;第二,是用时限来表示的服务效率,如总台在登记入住时每位宾客不超过5分钟、办理结账离店手续不超过5分钟、接听电话不超过3声等;第三,是指有时间概念,但没有明确的时限规定,是靠宾客的感觉来衡量的服务效率,如餐厅点菜后多长时间上菜、代购物品何时完成等,这类服务效率问题在酒店中大量存在着,若使客人等候时间过长,很容易让客人产生烦躁心理,并会引起不安定感,进而直接影响着客人对酒店的印象和对服务质量的评价。

6. 安全卫生

酒店安全状况是宾客外出旅游时考虑的首要问题,因此,酒店必须保障宾客、员工及酒店本身的安全。酒店应该在日常服务中贯彻以防为主,专职人员和群众管理相结合的原则,建立严密的安全保卫组织和制度,指定酒店的安全措施,切实作好安全保卫工作。酒店清洁卫生主要包括酒店各区域的清洁卫生、食品饮料卫生、用品卫生、个人卫生等。酒店清洁卫生直接影响宾客身心健康,是优质服务的基本要求,所以必须加强管理。

宾客的满意程度是酒店服务质量的最终体现,因而也是酒店服务质量管理努力的目标。宾客满意程度主要取决于酒店服务的内容是否适合和满足宾客的需要,是否能为宾客带来享受感。酒店管理者重视宾客满意度自然也就必须重视酒店服务质量构成的所有内容。

三、酒店服务质量的特点

从整体上来说,酒店所提供的服务带有"无形性"的特点,但局部上具体服务的使用价值又带有"物质性"和"有形性"的特点。具体来说,酒店服务质量具有以下几个方面的特点:

1. 构成的综合性

从酒店服务质量的内容可以看出,酒店服务质量由设施设备、实物产品和劳务服务三个要素的质量构成,且每一要素又由许多具体内容构成,贯穿于酒店服务的全过程。所以,酒店服务质量具有综合性。

服务质量构成的综合性特点,要求酒店必须要有整体观念,把酒店服务质量管理作为一项系统工程来抓,既要重视设施设备方面的质量,又要重视实物产品的质量,更要重视劳务本身的质量。正如"木桶理论"所说的,一只由长短不一的木条拼装而成的木桶,它的盛水量取决于最短的那根木条的长度。由此酒店服务质量应该有自己的强项和特色,但不能有明显的弱项和不足,否则就要影响服务质量的整体水平。同时,酒店还必须要重视学习和运用心理学知识,尽量了解客人的兴趣、爱好、需求及风俗习惯,针对客人的心理特点,充分运用心理学知识,做好每一次服务工作。只有这样,才能提供优质的服务。

2. 评价的主观性

由于酒店服务质量的评价是由宾客享受服务后根据其物质和心理满足程度进行的,因而带有很强的主观性。宾客的满足程度越高,他对服务质量的评价也就越高,反之亦然。因此,酒店员工应在服务过程中通过细心观察,了解并掌握宾客的物质和心理需要,不断改善对客服务,为客人提供有针对性的个性化服务,并注重服务中的每一个细节,用符合客人需要的服务本身来提高宾客的满意程度,从而提高并保持酒店服务质量。正如一些酒店管理者所说,既然我们无法改变客人,那么就根据客人需求改变自己。

3. 显现的短暂性

酒店服务质量是由一次一次内容不同的具体服务组成的,每一次具体服务的显现时间都是短暂的。这类具体服务不能储存,一结束,就失去了其使用价值,留下的也只是宾客的感受,如要进行服务后调整,也只能是另一次的具体服务。即使宾客对某一服务感到非常满意,评价较高,并不能保证下一次服务也能获得好评。

服务质量显现的短暂性特点,要求酒店的服务人员必须具有强烈的服务意识、全面的服务知识及应变能力,要十分重视每一次具体的服务活动,争取使每一次服务活动都能让宾客感到非常满意,从而提高酒店整体服务质量。

4. 内容的关联性

客人对酒店服务质量的印象,是通过他进入酒店直至他离开酒店的全过程而形成的。在此过程中,客人得到的是各部门员工提供的一次一次具体的服务活动。但这些具体的服务活动不是孤立的,而是有着密切的关联性,因为在链条式的服务过程中,只要有一个环节的服务质量有问题,就会破坏客人对酒店的整体印象,进而影响其对整个酒店服务质量的评价。

服务质量的关联性特点,要求酒店必须具有系统观念,既要从住店和用餐客人的活动规律出发,加强前厅、客房、餐饮等服务环节之间的衔接与协调,同时,还要重视各个服务链内部的衔接和协调,确保每项服务的优质、高效,确保酒店服务全过程和全方位的"零缺点",树立整体形象。

5. 对员工素质的依赖性

酒店产品生产、销售、消费同时性的特点决定了酒店服务质量与酒店员工表现的直接关联性。酒店服务质量是在有形产品的基础上通过员工的劳务服务创造并表现出来的。这种创造和表现能满足宾客需要的程度取决于服务人员的素质高低和管理者的管理水平高低。

因为酒店员工的即席表现很容易受到员工个人素质和情绪的影响,具有很大的不稳定性。所以要求酒店管理者应合理配备、培训、激励员工,努力提高他们的素质,发挥他们的服务主动性、积极性和创造性,同时还要提高自身的素质及管理能力,创造出满意的员工,不断提高酒店的服务质量。

第二节 酒店服务质量管理

服务质量是酒店的生命线,在当今旅游市场的激烈竞争中,各酒店都以质量求生存,以质量求信誉,以质量赢得客人,因此,加强酒店服务质量的科学管理,提高服务质量成为酒店管理中永恒的主题。服务质量是酒店生存的基础条件,是酒店获得竞争能力与效益的关键。

一、酒店服务质量管理的基本内涵

酒店服务质量管理,就是从酒店整体出发,以提供最优服务为目标,以服务质量为对象,通过构建质量管理体系,运用一定的手段和方法而进行的全方位、全过程、全员性、综合的管理活动。服务质量管理实际上就是服务的使用价值的管理,是酒店管理的核心部分。对此,可以从以下几个方面来理解:

(1) 酒店服务质量管理是酒店所有管理工作的重要组成部分。服务质量管理不能代替其他管理,如营销管理、采购管理、人事管理等。但由于服务质量是酒店整个工作和管理水平的综合体现,因而服务质量管理就成为酒店管理工作的中心环节,以质量求效益也就成为酒店发展所必经的途径。

（2）酒店服务质量管理是一项必须全员参与的活动。要求酒店全员树立服从质量管理的思想。质量是和酒店内每一名员工密切相差的,他们的工作都直接或间接地影响着产品或服务的质量。因此,为了获得所期望的质量,必须要求酒店内所有成员都能积极参与质量管理活动,不断改进和提高质量水平。

（3）酒店服务质量管理是一项全局性和系统性的活动。酒店服务质量管理涉及到酒店内的各个部门,也涉及到酒店外相关的其他组织和顾客。因此,酒店中所有部门都承担着相应的质量管理职责,这些职责在每一个部门的工作程序文件中应该加以明确的规定。

（4）构建酒店服务质量管理体系是服务质量管理的主要职能。建立酒店服务质量管理体系的目的,是要把酒店各部门的质量管理职能纳入酒店统一的管理系统,从而保证识别宾客的各种需要,并提供能满足各种宾客的各种需求的高质量服务。

二、酒店服务质量管理体系的构建

酒店服务质量管理体系是指通过一定的制度、规章、方法、程序、机构等,把酒店服务的质量管理和质量保证活动加以系统化、标准化、制度化。建立质量保证体系的目的,就是要把酒店各部门质量管理职能纳入酒店统一的质量管理系统,其核心是依靠全体员工的积极性和创造性,运用科学的管理方法和手段,满足宾客的需求。酒店服务质量管理体系的内容主要包括以下几个方面：

（一）形成服务质量管理网络

有效的管理机构是提高酒店服务质量的组织保证。酒店应建立以总经理为首的服务质量管理机构和网络,全面负责酒店的服务质量管理工作。酒店各级管理者应在总经理的直接领导下,根据本部门工作的实际情况,组建以各级管理者为首的服务质量管理小组,全面控制本部门的服务质量,形成遍布酒店的服务质量管理网络。及时发现问题,及时解决问题。

服务质量管理网络形成以后,还必须建立严格的质量责任制,做到责权分工明确。责权分工可以使所有的管理者和员工各司其职,有效地避免推卸责任,并使酒店服务质量管理的每一项规定和措施都能得到不折不扣的执行。所以,在酒店服务质量管理过程中,应明确规定酒店总经理、质管部、各业务部门和职能部门、各班组及岗位员工服务质量的责任和权限,要做到责权统一。

（二）制定服务质量管理制度

无论是新筹建的酒店,还是正在运营中的酒店,都必须建立起一套严密而严肃的酒店服务质量管理规章制度。制度是管理的核心准则,是保障酒店良好运营,给客人提供优质服务的法典。国内许多知名酒店,如南京金陵酒店、广州白天鹅宾馆、北京王府半岛酒店等,在筹建之初就着手制定了完善而严密的服务质量管理规章制度,这些制度保证了酒店服务管理体系的良好运行和服务工作程序的落实到位。服务质量管理制度的内容主要有服务质量标准及其实施工作程序、服务质量检查制度、信息管理制度、投诉处理程序以及服务质量考核(奖惩)制度等。酒店服务质量管理制度应详尽具体,但不宜过多,而且应避免因重复交叉或自相矛盾而使员工无所适从。

(三) 制定酒店服务规程

在酒店服务质量管理过程中,通常是通过对服务规程的制定与实施,以及各种管理原则和方法的运用,达到"服务质量标准化、服务形式规范化、服务过程程序化",最终以优质服务赢得客人。酒店服务规程是各岗位员工必须遵守的准则,是管理人员进行监督检查的依据。酒店服务规程可以让每位员工都明确其服务工作目标,也使酒店管理者有了检查和监控服务质量的依据。

酒店服务活动的"三化"管理

在酒店服务质量管理体系中,核心的内容是保证服务活动的"三化"(即标准化、规范化、程序化)管理。

(1) 服务质量的"标准化"

为保证和提高服务质量,酒店要制定各部门、各岗位、各类人员的服务工作质量规范标准。酒店服务质量的标准应包含设施设备、实物商品、劳务质量和管理等方面的质量标准,制定时要以宾客的需求为中心,要简单明确、具有可操作性,要做到定性和定量相结合,各项标准要配套,又要自成体系。

(2) 服务方式的"规范化"

服务方式是指酒店采用什么形式和方法为客人提供服务,其核心是如何方便客人,使客人感到舒适、安全、方便。酒店服务项目大体上可分为两大类,一类是基本服务项目,即在服务指南中明确规定的,几乎对每个宾客都要发生作用的那些服务项目;另一类是附加服务项目,是指由客人即时提出,不是每个宾客必定需要的服务项目。服务项目反映了为顾客着想的程度,酒店质量管理必须以提高服务质量为出发点,有针对性地提供服务。

(3) 服务过程的"程序化"

酒店服务贯穿宾客到店前的准备工作、宾客在店时的接待工作和宾客离店时的结束工作三个基本环节。服务过程的程序化应包括服务前、服务中、服务后三阶段。酒店应制定一系列制度以明确各服务环节的工作要求,并采取一系列的措施,保证每个服务环节间的有效协作,使酒店服务形成一个有序的整体流程。

1. 酒店服务规程的涵义

酒店服务规程,是指以描述性语言对酒店某一特定的服务过程所包含的作业内容和顺序及该服务过程应达到的某种规格和标准所做的详细而具体的规定。简单地说,它是某一特定服务过程规范化的程序和标准。酒店服务规程通常包含四个要点：

（1）服务规程的对象和范围。服务规程是以酒店某一"特定的服务内容"为对象和范围。通常把某一特定的服务内容从开始到结束称为一个服务过程。

（2）服务规程的内容和程序。服务规程要规定每个服务过程所应包括的内容和作业程序。如总台入住登记，服务规程除了要规定接受订房、登记、排房、收取押金等基本程序内容外，还要具体规定每一环节的内容细节，如动作、语言、姿态、手续、信息传递、权限、时限、例外处理等。服务程序的规定要符合服务过程的规律，同时要考虑减轻员工的劳动强度，减少物资消耗。

（3）服务的规格和标准。不同星级不同档次的酒店有不同的服务规格，不管哪一规格的服务都应该有标准。服务规程就是要规定服务的规格以及与之相对应的标准。

（4）服务规程的衔接和系统性。每套服务规程的首尾都要有与其他规程互相衔接、互相连贯的内容。如前台部门报维修的规程与工程部的维修规程的衔接；客人离店客房查房的规程和总台收银结账规程的衔接；餐厅值台和跑菜规程的衔接等等。规程间的相互衔接和连贯，就形成了服务的系统性。

 案例分析

一个夏日的上午十点多，根据张女士的要求，行李员帮助她提拿行李从308房间换房至508房间。张女士略微整理了一下行李之后即外出游玩，一直到晚上方才回房。略感疲乏的张女士打开电视机，发现自己的眼镜却怎么也找不到了。张女士仔细回想自己最后使用过眼镜的时间，确定是在前一天晚上躺在床上看电视的时候顺手放在床头柜上面了。于是，张女士拨通了客房中心的电话。果然，客房服务员已经把眼镜当作客人遗留物品送至客房中心。虽然张女士找到了眼镜，忍不住还是问了一句："既然发现了眼镜，为什么不送到我的房间里来，让我找了好久。"客房员工非常坦然地回答说："对不起，我们以为您已经离开了酒店。"

试问：本案例中该酒店在管理中主要存在的问题是什么？

2. 酒店服务规程的制定

（1）酒店服务规程制定的依据。

酒店服务规程直接影响着、决定着酒店服务质量的优劣，所以必须建立在科学合理的基础上，能够真正符合宾客的需要。由此，制定酒店服务规程必须考虑以下因素：

① 国家或行业标准。酒店服务规程的制定首先必须以有关的国家或行业标准为依据。如《旅游酒店星级的划分与评定》（GB/T 14308—2010），它提出了酒店服务的基本原则和基本要求，并规定了星级酒店的服务质量保证体系，即具备适应本酒店运行的、有效的整套管理制度和作业标准。所以，它就是各星级酒店制定酒店服务规程的基础。

② 客源市场的需求。只有提供宾客需要的服务才有可能让客人满意。酒店服务规程

的制定应以宾客需求为依据,要能够适应本酒店特定客源市场的需求。因此,酒店在制定规程前,必须对市场需求进行详细的调查和分析,寻找客人真正需要的服务和对服务的要求,使所制定的酒店服务规程真正成为酒店服务质量的保证。

③ 本酒店的特点。酒店服务规程的制定还要结合本酒店特点,如客源特点、组织特点、业务特点以及周围环境特点等,扬长避短,最终制定出来的酒店服务规程要能够突出本酒店的特色。酒店特色也是赢得客人忠诚的有效方法。

④ 行业最新管理信息。酒店应了解国内外酒店管理的最新信息,在制定服务规程时,要在力所能及的范围内,结合国内外酒店业的现状和趋势,力求使规程更加合理和符合客人的需求,且具有一定的时代感。

⑤ 动作及作业研究。在制定酒店服务规程前,还应对每个作业过程进行过程分析和动作分析,在分析的基础上制定规程,使其更具科学性和可行性。

（2）酒店服务规程的制订流程。

酒店服务规程的编制过程大体包括以下4个步骤：

① 提出目标和要求。由酒店决策层根据酒店等级经深入的分析研究后,提出本酒店服务规程应达到的目标和具体要求,并将其布置落实到相关部门。

② 编制服务规程草案。各部门管理者召集下属主管、领班和资深服务人员讨论确定本部门的所有服务内容和服务过程,并制定出每一服务过程的规程草案。具体内容应包括：该服务过程的主要环节；每一环节的具体要求；各个环节之间的衔接内容等。服务质量标准的制定要全面、细致,对每一个服务环节都要细细推敲、琢磨,制定最合理的服务顺序,最佳的服务时机,包括服务员的标准服务用语、服务姿态,以及对特殊客人的服务和突发事件的处理都要做详细规定。

③ 修改服务规程草案。草案出台后,首先应交该服务过程所在班组的全体员工进行讨论,作进一步修改,使其更具可操作性；其次将规程草案在小范围内试行,在实践中再作进一步修改,使其更具可行性；最后将规程草案交酒店决策层审定。酒店决策层应对照目标和要求,由店务会议或由聘请的酒店管理专家、学者对每一服务规程进行评审。经审定通过的服务规程,作为规章制度予以颁布实施。

④ 完善服务规程。随着酒店等级的提高、宾客需求的变化及酒店业的发展,酒店服务规程也会随之陈旧老化。所以,酒店应随时调整服务规程,并定期进行修订,使之更趋于适用和完美。

3. 酒店服务规程的实施

制定科学合理的酒店服务规程非常重要,但更为重要的是酒店服务规程的实施。只有切实地实施服务规程,才能保持并不断提高酒店服务质量,否则,服务规程不过是一纸空文。酒店服务规程的实施过程通常为：

（1）服务质量意识教育。

通过质量教育,树立员工的服务质量意识,使员工认识到服务质量对酒店及员工个人的重要性,从而增强酒店员工执行服务规程的主动性和自觉性。酒店服务质量意识教育,包括服务观念、标准观念、全面质量管理观念等的教育。酒店服务质量教育可更新员工的质量观念,树立质量意识,提高员工整体素质,从而提高酒店服务质量,是非常有效的一种质量管理手段。

(2) 服务规程作业培训。

让员工自觉执行服务规程,首先要让员工掌握规程。通过服务规程的培训,可以使员工了解服务规程的适用对象和范围,熟练掌握服务规程的内容和要求,从而提高员工执行服务规程的规范性和准确性,提高酒店服务质量。

服务规程作业培训可以分期、分批地进行,但必须保证酒店所有员工都经过培训,而且培训后必须进行考核,考核合格者才能上岗。对不合格者可限期提高、待岗或调离岗位,以维护服务规程的严肃性和服务质量的稳定性。

(3) 服务规程执行过程的督导。

酒店各级管理者应对所辖范围员工的服务规程执行情况进行认真、严格的监督、检查和指导。主要可以通过服务质量信息系统和原始记录了解规程执行情况,也可以通过现场巡视检查及时发现存在的质量问题并作及时的纠正,使员工养成实施服务规程的良好意识和习惯。同时,酒店管理者还应经常进行服务质量的对比与评价,并根据实际情况制定出有效的奖惩措施,从而调动员工执行服务规程的积极性。

(四) 建立服务质量投诉应对机制

相对于感到不满而不投诉的宾客,宾客对酒店服务不满而提出投诉是一件好事。曾有统计资料表明,投诉客人的大多数会成为酒店的回头客,因为这些客人认为酒店服务有不足,但他对酒店有信心,相信酒店会改进服务;而绝大多数感到不满而没有投诉的客人往往不会再光临这家酒店。所以,酒店管理者应制定快速有效的服务质量投诉应对机制,明确处理服务质量投诉的原则、方法和措施,妥善、及时地处理好投诉,把宾客投诉视为发现问题、改善服务质量的机会和动力。

酒店处理客人投诉的原则通常有:不争论原则,即使客人是错的,也抱着宽容的态度,不与客人争辩;隐蔽性原则,即处理投诉时应尽可能减少对其他客人的影响;及时性原则,即投诉的处理应以第一时间处理为好;补偿性原则,即给予客人适当的情感补偿和实物补偿。在处理客人投诉之后,管理者还应及时对所发生的问题进行深入调查,以找出问题的关键成因,并采取措施,如修改质量标准、工作程序或进行有针对性的培训等,以防止同类问题的再次出现,最终使酒店服务质量趋于"零缺点"。

(五) 建立服务质量评价体系

孟子曰:"生于忧患,而死于安乐也"。酒店只有时时通过各方评价以改进酒店的不足,才能在激烈的竞争中得以生存,寻求立足之地。所以,对于酒店来说,建立科学的酒店服务质量评价体系也是构建酒店服务质量管理体系的一个重要内容之一。

1. 评价内容

服务质量管理效果评价的内容既包括服务质量管理标准的执行程度,即酒店各部门、各环节、各岗位员工的工作是否符合质量管理标准和服务规程的要求,也包括宾客的物质和心理满足程度,即宾客对酒店服务质量的满意率是否符合酒店星级标准的要求,如员工的素质高低、设施的配套程度、设备的舒适程度、实物产品的适用程度、服务环境的优美程度等。

2. 评价主体

酒店服务质量评价主体应该包括3个方面:顾客方、酒店方和第三方。

(1)顾客方。顾客方作为评价主体的依据是:顾客是酒店服务的接受者;顾客是酒店服务的购买者;顾客是酒店管理决策的"成员"之一;顾客是酒店发展的推动力。顾客评价的形式有:顾客意见调查表;电话访问;现场访问;小组座谈和常客拜访等。

(2)酒店方。酒店方作为评价主体的依据是:酒店是服务的提供者;酒店是服务产品的相关受益者;服务质量评价是酒店质量管理的环节之一。酒店方评价的形式有:酒店统一评价;部门自评;酒店外请专家进行考评;随时随地的"暗评"和专项质评等。

(3)第三方。第三方指除消费者和酒店组织以外的团体和组织。目前我国酒店服务质量评价的第三方主要有国家及省、市、县的旅游行政部门和行业协会组织。第三方作为评价主体的依据是:独立于利益相关者;实行行业管理和推行标准化。第三方对酒店服务质量的评价形式主要有:资格认定;等级认定;质量认证和行业组织、报刊、社团组织的评比。

酒店服务质量评价主体之间的逻辑关系是:顾客评价是服务质量评价的最终目的;酒店评价是提高酒店服务质量、进行顾客评价的参考和第三方评价的依据;以第三方为主体的评价则是整个酒店服务质量评价体系的基础。

3. 评价方法

评价服务质量管理效果的主要方法是检查。检查的方式是灵活多样的,如旅游主管部门对酒店的质量检查,特别是星级评定和星级复查,酒店内部的质量检查,宾客满意率调查等。根据评价内容,对照检查结果,酒店管理者应及时找出存在的质量问题,分析其产生的原因,进而提出有针对性的改进措施,以不断提高酒店服务质量。

三、酒店服务质量管理的主要方法

只有采取有效的服务质量管理方法,才能真正提高酒店服务质量,为宾客提供满意的服务。酒店服务质量管理的方法主要有:

(一)全面质量管理

全面质量管理(Total Quality Control,TQC)起源于20世纪60年代的美国,首先在工业企业中应用,后又推广到服务性行业,取得了良好的效果。我国在1978年引入了全面质量管理的方法,并开始在工业企业中推行,后又将其引入商业、酒店业等服务性行业。它运用科学的质量管理思想,改变了传统的事后检查的方法,把质量管理的重点放在预防为主上。将质量管理由传统的检查服务质量的结果转变为控制服务质量问题产生的因素;通过对质量的检查和管理,找出改进服务的方法和途径,从而提高酒店质量。

1. 全面质量管理的基本内涵

酒店全面质量管理,是指以满足消费者需求为目标,以系统观念为出发点,以人为中心,以预防改进为手段,以全面服务质量为对象,以科学方法为保证,开展的由全体员工参加的、全过程的、综合的科学管理。酒店全面质量管理具有以下 5 个方面的基本特点。如图 6-3 所示。

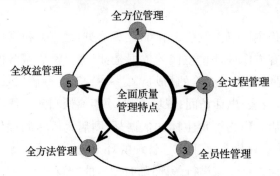

图 6-3　全面质量管理的基本特点

(1) 全方位的管理。酒店服务质量不仅包括有形产品质量,还包括无形产品质量,既有前台服务质量,又有后台工作质量。所以,酒店服务质量管理就是要针对酒店服务质量全面性的特点,对所有服务质量的内容进行管理,即全方位的管理,而不是只关注局部的质量管理。

(2) 全过程的管理。从客人消费的角度来看,从客人进店到客人离店,是一个完整的过程;影响服务质量的因素也是全方位的,既有服务前的组织准备,又有服务中的对客服务,还有服务后的善后处理,这三者是一个不可分割的完整过程。所以,酒店服务质量管理必须是全过程的管理,不仅要注重"服务中的对客服务"和"事后的弥补",更应该强调以预防为主,防患于未然,要把管理的重点逐渐转移到"事先预防"上。

(3) 全员性的管理。酒店所提供的优质服务不仅仅是前台人员努力的结果,同时也需要有后台员工的配合作为保障。前台人员直接为客人提供各种服务,后台人员通过为一线人员的工作服务而间接地为客人服务,管理人员则是组织前台和后台人员共同为客人服务。所以,酒店的全体员工都要参与质量管理工作,并要把每位员工的工作有机地结合起来,从而共同保证酒店的服务质量。"100 − 1 = 0"这是酒店业普遍认可的服务原则,它指的是细小环节上的缺失都会使酒店的整体服务质量受到否认。所以,酒店要以此观念统一各部门的想法。酒店服务的质量和运营的过程是通过小事和细节来构成、来体现的。所以,"小"事不小,"细"节不细,每一件小事,每一个细节,对酒店或部门来说也许只是 1%,对客人来说却是 100%。所以 100 − 1 = 0 就成立了。

(4) 全方法的管理。酒店服务质量的构成丰富,且影响质量的因素复杂,既有人的因素,又有物的因素,既有客观因素,又有社会、心理因素,既有内部因素,又有外部因素。要全面系统地控制这些因素,就必须针对具体情况采取灵活不同的管理方法,才能使宾客全面满意。因此,全面质量管理的要求酒店管理者能够灵活运用各种现代管理方法,从而提高服务质量。

(5) 全效益的管理。酒店服务既要讲究经济效益,同时又要讲究社会效益和生态效益,它是三者的统一。只有在获得一定经济效益的基础上,酒店才能生存和发展。但是,酒店作为社会的重要一员,它同时还必须兼顾社会效益和生态效益。

2. 全面质量管理的基本原则

全面质量管理应遵循以下5个方面的基本原则。如图6-4所示。

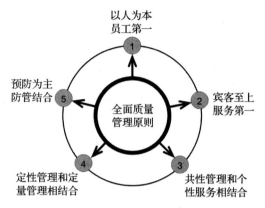

图6-4 全面质量管理的基本原则

(1) 以人为本,员工第一。酒店各级、各部门、各环节、各岗位的优质服务及其服务质量,都是广大员工创造的。要始终把人的因素放在第一位,关心爱护员工,要运用行为科学理论和方法,运用各种激励手段充分调动广大员工,特别是一线员工的主动性、积极性和主人翁责任感。

(2) 宾客至上,服务第一。酒店必须以客人的活动规律为主线,以满足客人的消费需求为中心,认真贯彻质量标准,将标准化、程序化、制度化和规范化管理结合起来,加强服务的针对性,切实提高服务质量。

(3) 预防为主,防管结合。酒店服务质量是由一次一次的具体服务所创造的使用价值来决定的,具有显现时间短和一锤定音的特点,事后难于返工和修补。因此,全面质量管理必须坚持预防为主、防管结合。

(4) 共性管理和个性服务相结合。酒店服务质量管理既有共性问题,又有个性问题和个性化服务。从全面质量管理的角度来看,主要是要抓住那些带有共性的、全局性的问题,同时又要重视那些影响服务质量的个性问题。

(5) 定性管理和定量管理相结合。酒店全面质量管理可以将定性管理和定量管理结合起来,以定性管理为主。

(二) 质量分析方法

进行酒店服务质量分析,可以帮助酒店管理者找出存在的质量问题及其产生原因,从而找到有针对性的解决问题的措施和方法,以保证同类的质量问题不再出现。酒店在对服务质量进行分析时,常采用圆形百分比图法、ABC分析法、因果分析图法等。

1. 圆形百分比图法

圆形百分比图(又称饼分图)分析是通过计算服务质量信息中有关数据的构成比例,以图示的方法表示酒店存在的服务质量问题。其具体分析过程如下：

（1）收集质量问题信息。酒店管理者应通过各种原始记录、质量信息报表、质量检查结果、宾客意见调查表、客人投诉处理记录、质量考核表等方式多方收集酒店现存的质量问题。

（2）信息的汇总、分类和计算。对收集到的质量问题信息进行汇总，并根据不同的内容将其分类，然后计算每类质量问题的构成比例。

（3）画出圆形百分比图。首先画一个大小适宜的圆形，并在圆心周围画一小圆圈（内填需要分析的内容）；然后从最高点开始，按顺时针方向，根据问题种类及其构成比例分割圆形，并用直线与小圆圈相连；最后在分割的圆形中填入相应的问题种类及构成比例。至此，根据圆形百分比图即可一目了然地掌握酒店存在的服务质量问题及其程度。

例如，某酒店客房在上季度共发现服务质量问题 48 例，其中服务态度问题 18 例，菜肴质量问题 12 例，安全卫生问题 8 例，设施设备问题 6 例，其他问题 4 例。其圆形百分比图如图 6-5 所示。

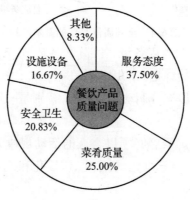

图 6-5　圆形百分比图

2. ABC 分析法

ABC 分析法是意大利经济学家巴雷特分析社会人口和社会财富的占有关系时采用的方法。美国质量管理学家约瑟夫·莫西·朱兰（Joseph M. Juran），把这一方法运用于质量管理。分析质量问题是为了解决质量问题，但一时间不可能解决所有的质量问题，所以，有必要先找出对服务质量影响较大的几个关键性问题加以解决。运用 ABC 分析法，就可以找出这些关键性质量问题。

ABC 分析法（又称排列图法），是以"关键的是少数，次要的是多数"这一原理为基本思想，通过对影响酒店质量诸方面因素的分析，以质量问题的个数和质量问题发生的频率为两个相关的标志，进行定量分析。先计算出每个质量问题在质量问题总体中所占的比重，然后按照一定的标准把质量问题分成 A、B、C 三类，以便找出对酒店质量影响较大的几个关键性的质量问题，并把它们纳入酒店当前重点的质量控制与管理中去，从而实现有效的服务质量管理，使服务质量管理工作既突出重点，又照顾一般。用 ABC 分析法分析质量问题主要由以下四个步骤构成：

（1）收集服务质量问题信息。通过宾客意见书、投诉处理记录、各种原始记录等方式收集有关服务质量的信息。

（2）分类、统计，制作服务质量问题统计表。将收集到的质量问题信息进行分类、统计、排列，制作统计表，在表上计算出比率和累计比率。如表6-1所示。

表6-1　服务质量问题统计表

质量问题	问题数量（次）	比率（%）	累计比率（%）
服务态度	76	38	38
清洁卫生	52	26	64
菜肴质量	42	21	85
工作效率	16	8	93
设备故障	14	7	100
合计	200	100	100

（3）根据统计表绘制排列图。排列图如图6-5所示。左侧纵坐标表示问题数量、右侧纵坐标表示累计比率。由于ABC分析法是巴雷特首次采用的，所以，人们将图6-6中绘制出来的曲线称为"巴雷特曲线"。

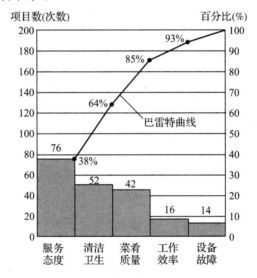

图6-6　服务质量问题排列图

（4）分析找出主要质量问题。这里我们假设把A、B、C三类质量问题的划分标准规定为排列图上累计比率在80%以内的因素为A类因素，即主要因素；累计比率在80%～90%的因素为B类因素，即次要因素；在90%以上的因素为C类因素，即一般因素。根据分类标准找出主要因素就可以抓住主要矛盾。

例如，某餐厅服务质量检查小组日常检查评分时发现，全月共发现"差"的项目共有200项，其中，服务态度差的有76次，占38%；清洁卫生差的有52次，占26%；菜点质量差的有42次，占21%；工作效率反映差的有16次，占8%；设备故障有14次，占7%。根据图6-6，由此分析出A类因素为"服务态度、清洁卫生和菜点质量"三个方面，即是亟待解决的问题。

运用 ABC 分析法进行质量分析有利于管理者找出主要问题,但在运用过程中应注意两点:一是 A 类问题所包含的具体质量问题不宜过多,1~3 项是最好的,否则无法突出重点(可根据情况适当调整 A、B、C 三类质量问题的划分标准);二是划分问题的类别也不宜过多,对不重要的问题可单独归为一类。

3. 因果分析图法

用 ABC 分析法虽然找出了酒店的主要质量问题,但是却不知道这些主要的质量问题是怎样产生的。对产生这些质量问题的原因有必要进行进一步的分析。因果分析法就是分析质量问题产生原因的简单而有效的方法。

因果分析法是利用因果分析图对产生质量问题的原因进行分析的图解法。在酒店管理过程中,影响服务质量的因素错综复杂。因果分析图通过对影响质量(结果)的各种因素(原因)之间的关系进行整理分析,并且把原因与结果之间的关系用图解的方式表示出来。因为因果分析图形同鱼刺、树枝,因此又称为"鱼刺图、树枝图"。其分析过程如下:

(1)用一定的方法(如 ABC 分析法)找出现存的质量问题。尤其是 A 类问题。

(2)分析问题产生的各种原因。在分析产生问题的原因时,追根究源的原则是直到能采取具体措施为止。这是运用这一方法的关键。

(3)将找出的原因进行整理,按结果与原因之间的关系,从大到小,从粗到细,画出因果图。如图 6-7 所示。

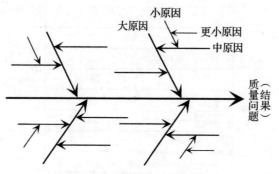

图 6-7 因果分析图

例如,某餐厅菜肴质量有问题,产生的原因很多,可以用"鱼刺图"分析如下,如图 6-8 所示。

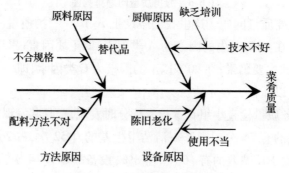

图 6-8 菜肴质量问题"鱼刺图"

（三）PDCA 循环法

1. PDCA 循环法的基本内涵

通过对服务质量存在的问题进行分析,找到了产生服务质量问题的各种原因之后,下一步就是要寻求解决服务质量问题的措施或方法。这就需要运用 PDCA 管理循环。PDCA 即计划(Plan)、实施(Do)、检查(Check)、处理(Action)的英文简称。如图 6-9 所示。

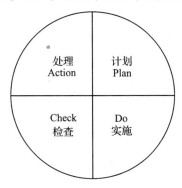

图 6-9　PDCA 循环图

PDCA 管理循环是指按计划、实施、检查、处理这四个阶段进行管理工作,并循环不止地进行下去的一种科学管理方法。PDCA 循环转动的过程,就是质量管理活动开展和提高的过程。

2. PDCA 循环法的基本步骤

运用 PDCA 循环法解决质量问题,分为四个阶段八个步骤。如图 6-10 所示。

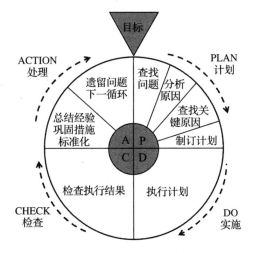

图 6-10　PDCA 循环法的基本步骤

(1) 计划阶段。

这一阶段的任务是通过问题分析,找出产生质量问题的原因,并制订解决措施和要达到的目标。这一阶段包含四个步骤:

步骤一:分析现状,找出存在问题。方法如前所述。

步骤二:分析产生质量问题的原因。方法如前所述。

步骤三：查找质量问题的主要原因。方法如前所述。

步骤四：提出解决质量问题的管理计划，即应达到的目标和实现目标的措施方法。目标确定要结合实际，计划、措施要具体可行。一般应明确以下问题：

"Why"——为什么要制定这一措施或目标；

"What"——预计解决什么问题，达到什么目标；

"Where"——在什么部门或什么范围内执行这一措施；

"Who"——由谁或哪个部门具体负责实施；

"When"——什么时间开始，什么时间完成；

"How"——如何执行这一措施或计划。

(2) 实施阶段。

步骤五：具体地实施质量管理计划所规定的目标。这一阶段要求严格按照预订的计划和目标，实实在在地去执行。执行过程中要注意两个问题：一是做好各种原始记录，及时反馈执行中出现的各种情况；二是做好克服困难的准备。计划实施中一定会遇到各种各样的困难，这是对执行人执行能力的考验，要注意沟通与协调，发挥合力，并做好员工培训等准备工作。

(3) 检查阶段。

步骤六：检查计划执行情况。这一步就是要把措施执行的结果和计划要求进行对比，看看是否达到了预期目标和效果，或者达到了什么程度，哪些方面取得了成功，还存在哪些问题，原因在哪里。

(4) 处理阶段。

这一阶段要把成功的经验形成标准巩固下来，同时要总结失败的教训。包括两个步骤：

步骤七：总结经验教训，对已解决的质量问题提出巩固措施，使之标准化。

步骤八：提出尚未解决的问题，作为遗留问题转入下一轮循环以求得解决。

3. PDCA 循环法的关键问题

(1) PDCA 管理循环的四个阶段缺一不可。只计划而没有实施，计划就是一纸空文；有计划，也有实施，但没有检查，就无法得知实施的结果与计划是否存在差距和有多大差距；若计划、实施、检查俱全，但没有处理，则不但已取得的成果不能巩固，失败的教训不能吸取，而且发生的问题还会再次重复，如此，服务质量就难以提高。因此，只有 PDCA 四个阶段都完成且不断地循环下去，服务质量才会不断提高并最终趋向于零缺点。

(2) PDCA 循环必须在酒店各个部门、各个层次同时进行。如图 6-11 所示，酒店是个大的 PDCA 环，各个部门又有各自的 PDCA 环，各班组直至个人都应有自己的 PDCA 环。只有当这些大循环套小循环，每个循环都按顺序转动前进，互相促进，才能产生作用。外层的 PDCA 循环是内层 PDCA 循环的依据，内层 PDCA 循环又是外层 PDCA 循环的具体化。通过酒店各个部门、各个层次 PDCA 循环把整个酒店的服务质量管理有机地结合起来，使各个部门、各个层次彼此相互推动，相互促进。

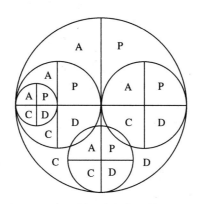

图6-11　PDCA循环在各部门的同时进行

（3）PDCA循环不是简单地原地循环。PDCA每循环一次都要有新的更高的目标,犹如爬楼梯一样,如图6-12所示。PDCA循环每转动一圈就使服务质量提高到一个新的水平,服务质量就会有新的内容和目标。这样循环往复,质量问题不断解决,服务水平、管理水平就不断提高。

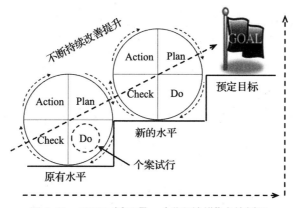

图6-12　PDCA循环是一个"爬楼梯"式的循环

（四）ZD管理法

1. ZD管理法的基本内涵

ZD是英文Zero Defect的缩写,是美国人菲利浦·克劳斯比（Philip B. Crosby）于20世纪60年代提出的一种管理观念,其含义是"零缺点"。ZD管理法以"零缺点"为管理目标,以每个员工都是主角为宗旨,充分挖掘人的内在潜力,将缺点和差错减少到最低限度,确保服务质量。酒店服务不可弥补性的特点,使得开展"零缺点"质量管理成为酒店服务质量管理的一种重要的管理方法。

2. ZD管理法的主要做法

（1）建立酒店服务质量检查制度。酒店服务质量具有显现的短暂性特点,且酒店服务工作大多由员工手工劳动完成。因此,酒店服务质量管理必须坚持"预防为主"的原则,通过全面检查的方式,确保各岗位员工在进行正式服务前就已做好充分的准备,防患于未然。为此,酒店应建立服务质量检查制度。如有的酒店根据自身特点,建立了自查、互查、专查、抽查和暗查等五级质量检查制度,督促员工执行质量标准,预防问题的出现。

（2）每个人都第一次就把事情做对（Do It Right the First Time，DIRFT）。酒店服务具有不可弥补性的特点，所以，每位员工都应该把每项服务做到符合质量标准，这是改善酒店服务质量的基础。为此，要求酒店管理者做到：制定科学合理的服务质量管理标准，并要求标准是"零缺点"，而非"优良"、"良好"之类；执行标准也必须是"零缺点"，不折不扣，而非"差不多"之类；激励并帮助员工把每项工作都做得合乎标准，而不要抱有"人非圣贤，孰能无过"的传统观念。零缺点并不是说绝对没有缺点，或缺点绝对要等于零，而是指要以"缺点等于零为最终目标，每个人都要在自己工作职责范围内努力做到无缺点，从一开始就本着严肃认真的态度把工作做得准确无误。"

（3）开展"零缺点"竞赛。通常，缺乏知识和态度不佳是造成酒店服务质量问题的两类主要因素。通过培训可以帮助员工掌握酒店服务所需知识，但态度问题只有通过个人觉悟才能改进。因此，为帮助员工端正服务态度，酒店可以定期开展"零缺点工作日"竞赛，促使员工养成"DIRFT"的工作习惯，并以服务的零缺点为目标。在"零缺点工作日"的基础上，酒店还可推行零缺点工作周、工作月乃至工作年，以逐渐使每位员工的服务达到完美无缺的程度，最终提高整个酒店的服务质量。

3. ZD 管理法的基本原则

ZD 管理法的基本原则是：基于宗旨和目标，通过对经营各环节、各层面的全过程、全方位管理，保证各环节、各层面、各要素的缺陷趋向于"零"。其具体要求是：

（1）所有环节都不得向下个环节传送有缺陷的决策、信息、物资或技术，企业不得向市场和消费者提供有缺陷的产品与服务；

（2）每个环节、每个层面都必须建立管理制度和规范，按规定程序实施管理，责任落实到位，不允许存在失控的漏洞；

（3）每个环节、每个层面都必须有对产品或工作差错的事先防范和事中修正的措施，保证差错不延续并提前消除；

（4）在全部要素管理中以人的管理为中心，完善激励机制与约束机制，充分发挥每个员工的主观能动性，使之不仅是被管理者，而且是主角，以零缺陷的主体行为保证产品、工作和企业经营的零缺陷；

（5）整个企业管理系统根据市场要求和企业发展变化及时调整。实现动态平衡，保证管理系统对市场和企业发展有最佳的适应性和最优的应变性。

（五）现场巡视管理

酒店员工手工劳动的特点以及宾客需求的不断变化，使酒店服务质量管理的难度增加。不同的酒店员工或同一员工在同时间、不同场合的手工劳动或多或少会存在差异，宾客的差异造成的需求变化也要求员工能在短时间内适应并给予满足。但是，由于员工的差异造成的不同处理，也会使得宾客满意程度上存在差异。这就形成酒店服务质量不稳定和难以控制的特点。而酒店管理者通过现场巡视管理，可以检查员工的准备工作，监督指导对客服务（或后台供应）质量标准的执行情况，指导和激励下属员工的工作，事先消除质量隐患，预防质量问题的发生，并及时处理好质量问题，最终使酒店质量相对稳定。

通常,不同的酒店管理者各有其不同的巡视管理范围。管理者在现场巡视中,应随时倾听宾客的意见和要求,给予反馈,并应注意听取员工的意见和建议。现场巡视过程中如发现员工工作不符合质量要求时,如违反服务规程,应及时指出并纠正,但应注意方式方法。最后,管理者在巡视中执行服务质量管理标准一定要严格,即要求做到公平和公开。管理者应善于挑剔,追求服务质量的完美。

（六）优质服务竞赛和质量评比

酒店还可以定期组织和开展优质服务竞赛和质量评比等活动,以使酒店全体员工树立质量意识,提高执行酒店服务质量标准的主动性和积极性,并形成"比、学、赶、帮、超",努力提高酒店服务质量的氛围。

（1）定期组织,形式多样。酒店应定期组织和开展丰富多样的优质服务竞赛和质量评比等质量管理活动,如"零缺点工作周"、"服务明星"、"微笑大使"或"技术比武"等等。组织竞赛和评比要明确范围和意义、确定参与对象及要求、制定评比标准与方法,要能够激发广大员工的参与愿望。

（2）奖优罚劣,措施分明。竞赛和评比活动的开展有利于酒店提高服务质量、经济效益和管理水平,所以还应制定出具体的奖罚措施。一般应遵循"奖优罚劣、以奖为主"的奖惩原则,如给优胜者发奖金、授予荣誉称号、以 VIP 身份免费入住酒店一天、去国外或外地考察旅游等等。

（3）总结分析,不断提高。每次活动结束后,所有质量管理人员都应认真总结与分析。总结经验加以推广应用,提出不足以便改进提高,从而不断改善酒店服务质量。

（七）服务质量控制

酒店服务质量控制,是指采用一定的标准和措施来监督和衡量服务质量管理的实施和完成情况,并随时纠正偏差,以实现服务质量管理的目标。它是从酒店系统出发,把酒店作为一个整体,以控制酒店服务的全过程、提供最优服务为目标,运用一整套服务质量管理体系、手段和方法,以服务质量为管理对象而进行的系统的管理活动。

一只小虫子引起的风波

某三星级酒店一行15人由总经理率领慕名来到本市一家酒店用晚餐。他们此行的主要目的是想学习该酒店的管理和服务,看看菜肴如何。

晚7时,他们来到单间"春"厅,虽有预订,因多来了几个人,使得服务员和领班手忙脚乱地加椅子和餐具。人们还没有坐下,一位客人指着墙上那幅字,问服务员写的是什么?服务员答:"不清楚。"又问领班,答:"不知道。"入座后,客人点菜,问:"最近咱们餐厅推出什么特色菜没有?"领班回答:"不清楚,我到厨房问一下告诉你。"客人点完菜,领班把菜牌一收离开了。15分钟后才开始上凉菜。客人们发现转盘底下爬出一只蚂蚁,叫服务员赶快处理;同时,一位客人从啤酒杯里打死一只小虫子后,让领班换一只杯子,换后,客人觉得更换的这个杯子似乎就是刚才那个杯子,因为发现杯子里有手拿过的痕迹,要求再重新换一个。领班不情愿的拿来一个与原来杯子不同的高脚杯,往桌子上"砰"地一放,客人问:"怎么是这种杯子?"领班答:"杯子没有了,这才是喝啤酒的杯。"

席间,客人流露出对领班的不满,就对服务员讲:"您服务得不错,你们那个领班真不像话。"后来领班也就没有出现了。结账时客人提出要打折,服务小姐讲:"我做不了主,得上报。"客人中的主人(即总经理)对那个小姐开玩笑地讲:"你可得注意,这个人不好惹(指要求打折的同事),他是黑社会的头儿。"小姐回敬道:"没关系,我们敢开这么大一个店,就不怕有人来捣乱。"10分钟后,小姐把投诉客人叫出去了。餐饮部经理(一个老外,会讲中文)出面说:"可以考虑打折,但只能打八五折。"客人讲:"不行,你们服务出现这么多问题,菜肴也不好,怎么也得打六折。"餐饮部经理讲:"我做不了主,得上报。"这样僵持不下,10分钟又过去了。最后值班经理(是酒店的人力资源总监)来了,听了投诉经过后说:"你们讲的那个领班服务不好我知道,她不代表我们酒店","你们不能指责服务员,你们是人,他们也是人。"最后,以八折达成协议。可是,客人一看账单觉得价格不对,打折下来应为3200多元,怎么是3600多?仔细一算,发现将基尾虾和另一个菜按两份结账。这下客人火了,客人说:"本来是想来考察,学习学习,没想到不仅没学到东西,反而让人生气","钱不在多,关键是要一口气。"

试问:

(1) 这家酒店的服务过程出现了哪些问题?应如何进行有效的控制?

(2) 应该如何提高该酒店的服务质量?

1. 服务质量控制的基础

要进行有效的服务质量控制,必须做好以下几项基础工作:

(1) 制订服务质量标准。具体内容参见本章"制定酒店服务规程"部分。

(2) 做好服务质量信息收集与改进工作。信息的收集主要来自于三个方面。首先是管理人员在现场巡视管理中通过观察,与顾客交流,征求意见等方式收集到的服务质量信息。其次是来源于一线服务人员的质量信息。酒店应要求服务人员做好每日的工作总结,并要求服务人员把客人对产品及服务的评价如实及时地反映到有关部门。另外,定期召开前后台沟通会也是获取服务质量信息的有效途径。再次是来源于顾客的服务质量信息。顾客是服务的主体,顾客对服务质量的反馈信息尤为重要。服务质量的顾客调查可以采用调查问卷、反馈卡、电话调查、网上调查等多种方法进行。对收集上来的信息酒店要进行认真分析,总结优点与不足,并制定相应的措施,不断改进服务质量,提高服务水平。

(3) 设法提高员工的服务素质。服务质量的竞争说到底是人才的竞争,是员工素质的竞争,优质服务是建立在员工全心全意为顾客提供真诚服务的基础之上的。向顾客提供优质服务是要求员工选择一种利他的生活方式,为了顾客的利益而约束自己的行为,所付出的不仅是辛苦,还有热情和智慧。作为现代酒店管理人员应该树立员工理念,以愉快的员工去争取愉快的顾客,将服务好员工作为实现经营管理目标的前提。

随着餐饮业的不断发展,人才短缺问题越来越严重。员工整体素质下降,各个岗位,特别是一线的部分关键岗位缺少合格的服务人员。所以,这就要求每一个管理人员首先必须要重视对员工进行严格而有效的培训,通过培训强化员工服务技能,激发员工自身潜能,充分调动员工的积极性和创造性,不断提高员工素质。实施培训的同时,还要建立有效的激励机制,使员工的个人发展与组织目标相结合。通过满足,引导或激发员工的内在需要,使工作成为满足需要的一种手段或途径,促使员工自觉学习和实践,不断提高服务质量。

2. 服务质量控制的方法

按照时间顺序,通常将酒店服务质量控制分为3个阶段,即事前质量控制、服务过程质量控制和事后质量控制。

(1) 事前质量控制。

随着全面质量管理和零缺点管理的推广,事前质量控制日益受到酒店管理者的重视。事前质量控制要求酒店根据服务质量管理标准,贯彻"预防为主"的方针,做好有形产品和无形服务两大方面的充分准备,以确保在宾客到来之前有备无患。事前质量控制的主要内容包括以下几方面:

① 人力资源的预先控制。根据预订信息及市场预测,合理安排员工班次、数量与岗位。人员安排时要考虑工作量负荷是否合理,工作量的相对平衡,顾客对服务的要求等等,同时从人性化管理的角度,还要充分考虑员工的服务技能技巧及服务特点,本着"人尽其才"的原则将合适的人安排在合适的岗位上。

② 卫生质量的预先控制。根据卫生质量标准,开展全面的卫生检查,其内容包括环境卫生、设施设备卫生、餐用具卫生等,发现问题,马上整改。

③ 物资资源的预先控制。根据所掌握的客人信息和菜单内容准备相应的布草、餐具、服务用具和调味品,并按规定整齐地摆放在固定位置以备用。

④ 服务信息的沟通。信息沟通不畅是造成服务质量下降的重要原因之一。比如,服务员热情的向客人推荐菜品,但当点菜单传入厨房后被告知所点菜品没有;客人订餐时讲明是回民,服务员仍向客人推荐红烧排骨等等。这些因信息沟通不畅而出现的质量问题应在预先控制阶段就予以解决。管理人员应在餐前会上检查服务员对客情及菜品的掌握情况,以便提供更具个性化的服务。

⑤ 员工的思想准备。员工思想准备包括岗前培训、大型、重要接待任务前的思想动员等,其目的是使员工保持良好的服务状态。

语言的魅力

一天,餐厅里来了三位衣着讲究的客人,服务员引至餐厅坐定,其中一位客人便开了口:"我要点××菜,你们一定要将味调得浓些,样子摆得漂亮一些。"同时转身对同伴说:

"这道菜很好吃,今天你们一定要尝尝。"菜点完后,服务员拿菜单去了厨房。再次上来时,便礼貌对客人说:"先生,对不起,今天没有这道菜,给您换一道菜可以吗?"客人一听勃然大怒,"你为什么不事先告诉我?让我们无故等了这么久,早说就去另一家餐厅了。"发了脾气,客人仍觉得在朋友面前丢了面子,于是,拂袖而去。

试问:
(1) 该餐厅在管理方面存在什么问题?
(2) 本案中的服务员怎么说才有可能不让客人有太大的意见?

(2) 服务过程质量控制。

服务过程质量控制是根据酒店服务质量管理体系的要求,通过各级管理者的现场巡视管理和严格执行服务规程,确保宾客满意程度的提高。服务过程质量控制的主要内容包括以下几方面:

① 服务程序及标准控制。管理人员开餐期间应始终在一线指挥,及时纠正和弥补服务中的不足。

② 上菜速度的控制。根据菜单程式、宴会档次及顾客要求,掌握好上菜时机。既不要让客人等候,也不要让客人感到急促,特别是大型、重要宴会,应由宴会主管人员亲自指挥上菜。

③ 意外事件的控制。酒店服务是面对面的服务,加之服务人员素质及技能技巧水平不一,服务环节众多,管理难度大等主客观因素,服务中常有意外事件的发生。一旦出现客人投诉,管理人员应迅速采取补救措施,消除顾客不满,修补与顾客的关系。

④ 服务现场的控制。主动征求每一位用餐客人的意见,从中找到管理与服务存在的不足,及时弥补,提高顾客满意度。

⑤ 人力资源的现场控制,根据各餐厅的客源情况,及时调配人手,保证服务效率,避免因人员问题造成服务质量的下降。

(3) 事后质量控制。

事后质量控制应根据酒店服务质量信息反馈情况,对照酒店服务质量标准,找出质量差异及其产生的原因,提出有效的改进措施,避免过错的再次出现,确保酒店服务质量管理工作的良性循环。信息反馈主要来自于内部系统和外部系统两方面。内部系统是指来自于服务人员及管理人员的信息。外部系统是指来自于客人的信息。只有建立健全两个信息反馈系统,才能准确的把握服务质量现状,以便"对症下药",不断提高服务质量。

思考与练习

一、问答题

1. 什么是酒店的服务质量？你认为最主要体现在哪些方面？
2. 什么是酒店服务质量管理体系？主要表现在哪些方面？
3. 什么是酒店服务规程？制定的依据是什么？
4. 什么是 PDCA 循环法？具体包括哪些步骤？
5. 什么是酒店服务质量控制？应如何进行控制？

二、案例分析

电工的鞋子

住在 902 房的来自英国的简妮太太有洁癖。对房内卫生要求特别高，到了近乎苛刻的程度。例如，进她房间的所有人都必须脱鞋。服务员们无不努力满足她的各种要求，开始倒也相安无事。

这一天，简妮太太告诉楼层服务员，她房内的台灯电源开关有毛病，服务员立即通知工程部。不一会儿，电工小顾就来到楼层，进房前值台服务员小袭特意关照他，这位英国太太挺难伺候，得小心点。

可是，当简妮太太开门见到挎着电工包的小顾时，便挡在门口，她用手指着他的电工胶鞋，硬是不让他进房，又比划着手势，意思是要他脱下鞋才能进房。赤脚操作可是违反电工安全条例的！这下小顾为难了。于是他马上请来了楼层值台服务员小袭，请她帮助解释。小袭向简妮太太反复解释了好几遍，可她依然无动于衷。小顾在一旁有点不耐烦了，大声说了几句。简妮太太听了也恼火起来。双方相持不下，形成僵局，又引来了一群看热闹的客人。还是小袭头脑冷静，她劝住了小顾，转身到客房部请来姜经理。姜经理赶来，弄明白刚才发生的情况后，觉得现场观看的人太多，会给客人造成压力，应该让客人换一个环境，以利于问题的解决。于是，他向简妮太太表示歉意，然后请客人到大厅咖啡屋小座，耐心地听取了她的陈述，不时点头表示理解。待客人情绪平静下来以后，姜经理从容地提出自己的意见："简妮太太，话也要说回来，按照我们国家的规定，电工在操作时必须穿上胶鞋，以保障安全。刚才那位电工并不是有意要破坏您的习惯，这一点也请您谅解。当然，您的习惯应该得到尊重。我想是不是这样，我们先把床单铺在您房间的地毯上，待电工修理完后，再撤走床单，并请楼层服务员仔细吸一下灰尘。您看如何？"简妮太太觉得姜经理的建议合乎情理，表示同意，不过她还有一点要求，她要亲自在旁看着才可以放心。姜经理一口应允，并让她在这儿休息一会儿，待他安排好后再来请她。

姜经理回楼层请小顾再去维修 902 房的电器，把刚才商定的变通办法告诉小顾和小袭，并嘱咐他们一定要主动向简妮太太打招呼，态度要热情，说话要和平。两人心领神会。一会儿，简妮太太回到 902 房时，铺床单的准备工作已经就绪。小顾和小袭完全按照姜经理的要求做了。大家耐心周到,尽心尽力地服务,终于感动了这位"上帝"。当维修结束后,简妮太太主动和小顾、小裘等握手,表示感谢。

试问:

(1) 你认为酒店的服务质量好坏主要取决于哪些方面?

(2) 酒店服务质量管理的方法有哪些?

三、综合实训

1. 分析酒店服务质量

假设某酒店餐厅某月在服务质量检查中,发现"差"的项目共有200项,其中,服务态度差的有74次;工作效率差的有50次;菜点质量差的有40次;清洁卫生反映差的有20次;设备故障有16次。假设把A、B、C三类质量问题的划分标准规定为排列图上累计比率在80%以内的因素为A类因素;累计比率在80%~90%的因素为B类因素;在90%以上的因素为C类因素。

以小组为单位,一个小组就是一个酒店管理团队,假设一个虚拟的酒店(包括名称、类型和等级等),就酒店服务质量方面存在的问题运用排列图法进行分析,并最终确定哪些问题为主要问题。实训方法如下:

(1) 实训老师对实训进行要点提示,并提出相关要求;

(2) 各小组运用排列图法进行分析;

(3) 以小组为单位汇报分析结果;

(4) 小组间相互旁听并进行点评;

(5) 实训老师进行点评。

思考:通过本次活动,你学到了什么?

2. 制定酒店服务规程

以小组为单位,一个小组就是一个酒店管理团队,假设一个虚拟的酒店(包括名称、类型和等级等),就总台收银结账制定服务规程。实训方法如下:

(1) 实训老师对实训进行要点提示,并提出相关要求;

(2) 各小组拟定酒店总台收银结账服务规程;

(3) 以小组为单位汇报酒店总台收银结账服务规程;

(4) 小组间相互旁听并进行点评;

(5) 实训老师进行点评。

思考:通过本次活动,你学到了什么?

第七章
酒店安全管理

学习目标

知识目标
1. 了解酒店安全管理的涵义、重要性。
2. 了解酒店的安全管理体系。
3. 掌握酒店危机管理的方法。

能力目标
1. 学会构建酒店安全管理体系。
2. 能够掌握酒店危机管理的方法。

安全是宾客对酒店产品的第一需求。作为酒店的保安人员,在处理突发事件时,既要考虑服务的规程,又要能够随机应变,及时采取积极有效的应对措施。酒店要树立全员安保意识,要把安保工作渗透到酒店的每一个环节,把安全隐患消灭在萌芽状态。酒店业要充分评估所处环境的危险系数,树立危机意识,以从容应对各种复杂局面,顺利渡过各种经营难关。

第一节 酒店安全管理概述

一、酒店安全管理的涵义

所谓"安全"就是"没有危险、没有威胁、没有事故"。酒店安全,是指在酒店所控制的范围内,人、财、物以及环境等没有危险、没有威胁、没有事故。酒店安全管理,就是在酒店经营管理中,对有关的人、财、物以及环境等实施保护与防范措施的系列活动的总称。较之于酒店内其他管理工作,酒店安全管理具有以下几个方面的特点:

(1)管理幅度大。酒店安全既涉及宾客的安全,也涉及员工的安全。从管理幅度上看,安全管理包括:保障宾客的人身安全、财产安全和心理安全;保障员工的人身安全、财产安全和心理安全;保障酒店的财产安全和环境安全。包括防止财物失窃,保护设施设备,防止宾客逃账,防止灾害,维持酒店正常的经营秩序等;保障酒店的网络安全,防止黑客入侵,防止病毒感染。

可见,酒店安全管理的对象绝不仅仅局限于宾客或宾客与员工的人身、财产安全,酒店安全管理的对象涉及到方方面面,既包括人、财、物的安全,也包括经营环境和网络的安全,同时还包括人的心理安全、酒店的财物等的安全。

(2) 管理难度大。从社会的角度看,商品经济的快速发展和法制发展水平的相对滞后,给社会带来了一些不安定因素,这些因素会影响到酒店。从人的角度看,一是酒店的客源流动率很高,客源构成十分复杂。二是酒店员工流动率较高,员工队伍的稳定性相对较差。频繁的走人换人现象必然会影响管理工作的稳定性和连续性,给酒店安全管理工作带来较大的挑战。从物的角度看,现代酒店结构日趋复杂,规模日渐扩大,空间向上延伸,且酒店内集中了大量的电器设备,电源、火源、气源集中,极易引发各种安全事故。

(3) 政策性强。酒店安全管理工作有很强的政策性和法规性。如消防安全管理、食品卫生安全管理、治安安全管理等管理内容都有很强的政策性。酒店在进行安全管理时,应严格按照国家和政府的有关政策进行,不能我行我素,自有一套。作为酒店安全管理工作人员,应了解有关法律法规的规定,把握酒店安全管理工作的尺度。在此基础上,酒店应根据国家和有关部门的规定,结合酒店实际,拟定各类安全管理制度,并将其落到实处。

(4) 服务性强。酒店属服务型企业,在进行安全管理时,不能破坏服务氛围,不能破坏酒店其他宾客或员工正常的消费心态或工作心态。酒店不能因为进行安全管理而在酒店内步步设"警"。作为服务型企业,酒店应为宾客和员工创造一个愉快、舒适、轻松的安全环境。

二、酒店安全管理的重要性

酒店安全管理不能直接产生利润,但是其重要性显而易见。

1. 安全管理是确保宾客满意和员工满意的基础

宾客和员工都有免遭人身伤害和财产损失的需求,都渴求自身权利和正当需求受到保护和尊重。从经营角度看,为宾客提供安全的环境以满足其对安全的渴望,是酒店开展正常经营管理、提高酒店服务质量、争取宾客满意的基础。从管理角度看,为员工提供安全的工作环境,是酒店促使员工积极而有效工作、争取员工满意的基础。

2. 安全管理是酒店拓展市场、争取客源的基础

酒店产品的销售很大程度上依赖于宾客满意程度以及由此产生的好口碑。一旦宾客的人身或财产安全受到侵犯,宾客就会投诉甚至起诉,酒店因此也将面临因安全问题而引起的投诉、索赔乃至承担法律责任。所谓"坏事传千里",酒店如若面临安全投诉或起诉,不仅无法获得相应的经济效益,而且还会因负面宣传失去市场和客源,最终被市场所淘汰。

3. 安全管理是酒店提升信誉、建立品牌的基础

信誉和品牌是酒店征战市场、走向国际的资本。良好的信誉和品牌首先应包含对安全

的保证。尤其是在人们缺乏安全感的今天,信誉和品牌更是维系于安全。没有安全的酒店必然没有客源,也无从谈及信誉和品牌。

第二节　酒店安全管理体系

要保障酒店正常的秩序和安全运转,不仅需要一个职能部门管理酒店的安全工作,还要建立起酒店的安全管理体系。酒店的安全管理体系包括了与酒店管理有关的各个方面,主要包括建立健全安全管理组织、加强安全管理设施建设、制定安全管理制度等方面。

一、酒店安全管理组织

为确保酒店安全管理工作的实效性,酒店应设立专门的安全管理机构,以对酒店安全管理工作负责。酒店内负责安全管理工作的部门即为安全保卫部(简称保安部),负责酒店各类安全保卫的具体工作,包括贯彻执行国家和政府有关安全政策法令,落实检查各项安全防范制度,预防各类不安全因素的侵害,处理各类突发事件,确保酒店、宾客、员工的全面安全。

(一)保安部组织机构设置

作为酒店安全管理的组织,保安部直接受总经理的领导并对其负责。酒店可根据酒店规模、星级等因素确定保安部的具体岗位。借助于现代科技的力量,绝大多数酒店在安全管理上引进了自动灭火系统、电视监控系统、红外线报警系统、电子识别身份系统等。这些现代化管理手段的引进,在节约大量的人力成本的同时,也极大提高了管理的工作效率。不过,正是这些现代化的管理手段,需要酒店培养专业化的保安人员,以便充分发挥这些设备的安全管理效用。

(二)保安部工作职责界定

作为专司酒店安全工作的部门,保安部是公安机关在酒店进行安全防范工作的重要辅助力量。保安部的基本工作职责包括以下几个方面:

1. 开展安全教育培训

安全管理工作的落实有赖于酒店内全体员工的努力,因此,为强化员工的"安全第一"观念,保安部要从专业化的角度承担起酒店内安全和法制教育培训工作并负责员工安全素质的考核。这种培训工作要根据教育对象的不同确定培训重点。面对新入职的员工,保安部要重点介绍酒店安全管理的重要性及消防、治安等基本安全责任和防范措施,并经考试合格方能上岗;对于老员工,则要时刻提醒其强化安全意识,任何时候不能有任何懈怠心理和侥幸心理;针对宾客,则要重点告知如何强化自我保护能力,免遭意外伤害。考虑到酒店的服务性,保安部在进行安全教育培训时,应注重方式方法,不能在酒店内造成一种"人人自危"的紧张心理。例如在各类安全提醒语言上,宜简洁明确,还应考虑语言的柔性要求。

容易让宾客产生逆反心理的生硬语言尽量少用,如"禁止吸烟"、"贵重物品请寄存,否则概不负责"之类语言。

2. 健全安全管理制度

酒店安全管理几乎涉及酒店内的每个部门和人员,为保证安全管理工作的一致性和严谨性,保安部要根据国家安全部门和上级主管部门的有关规定和要求,结合酒店实际,拟定和落实各项基本安全制度。从内容上讲,包括酒店安全管理的总体方案、各种防范措施及各项安全制度、规定。酒店内常用的安全管理制度包括门卫制度、巡逻制度、钥匙管理制度、消防安全管理制度、访客登记制度、住宿验证登记制度、交接班制度、安全隐患报告制度、财务保管制度、电器设备安装制度等。同时酒店各部门、各岗位还应根据部门和岗位特点,拟定部门或岗位安全责任制。

3. 维护内部治安秩序

随着现代酒店服务功能和经营领域的扩大,酒店已日益成为一个复杂的小社会,保安部还应在治安部门的指导下,强化酒店内部治安管理。这些管理工作包括:对住店宾客户口登记实行监督,对可疑的重点人员进行控防,对员工轻微的违法行为进行教育,对危险物品进行管理。在维护酒店经营秩序的基础上,特别应加强酒吧、舞厅、商场、游乐场所、出租场所等易引发治安纠纷的区域的管理。

4. 协助公安机关查处有关事故

酒店的安全必须获得公安机关的支持保证。保安部应承担起公安部门的"协助员"角色,主动向当地公安机关汇报工作,反映情况和问题,请求支持和帮助。在此基础上,建立治安联防制度,为酒店安全提供良好的外部条件。

酒店安全委员会

酒店安全的维护需要酒店内全体员工的努力。单凭保安部一支力量虽然能获得专业上的安全保障,但就其影响范围而言,若不借助全体员工的力量,仍有其"力不能及"之处。为此,酒店应树立"安全事宜事关人人"的观念,坚持"群防群治"的原则,在酒店内建立安全委员会,齐抓共管安全工作。

安全委员会是酒店安全管理工作的领导机构和群众性组织,它在总经理的领导下,由各部门选派一名管理人员(部门经理或副经理)组成。一般可根据酒店的实际情况,下设包括员工治安小组、员工义务消防队在内的若干小组(队)。酒店保安部是安全委员会的常设办事机构。

安全委员会对酒店的安全负有全面责任,其工作重点包括:制定和实施酒店安全奖惩条例;检查酒店安全状况,提出安全管理意见和建议;监督保安部的工作情况;对员工进行安全教育和法制教育。

二、酒店安全管理制度

酒店安全管理的有关内容贯穿于各部门的各项工作,但为突出安全管理的重要性,各项安全管理制度仍应自成体系,而不能"融化"于各部门的其他工作制度中。

(一) 酒店安全管理制度的拟定

酒店在拟定各项安全管理制度时,必须考虑如下基本要素:
(1) 国家和政府部门的有关法律法规。
(2) 酒店所在地的有关地方性政策和法规。
(3) 酒店服务对象尤其是境外宾客的心理需求。
(4) 酒店的实际情况及有关安全标准。
(5) 各部门有关的岗位职责和任务。
(6) 新出现的犯罪走势和犯罪手段。

各项安全管理制度必须物化为具体、明确的文字表述,以文件的形式使之成为酒店内部法律,以体现制度的权威性。为便于理解和落实,安全制度文字要简洁,表述宜清晰,在各项制度中既要有详细的工作内容,又要有制度的实施方法和要求。安全管理制度的拟定要综合考虑到管理对象等因素。

对于管理对象相对明确、管理内容涉及部门较小的管理制度,可根据岗位和区域来拟定,如前厅、客房、餐厅、商品部、歌舞厅、财务部、物资库房等安全管理制度。在这些安全管理制度中,应明确该岗位有关人员的安全职责。

对于管理对象跨越两个或两个以上部门或岗位的管理制度,则可根据管理内容来拟定,如钥匙管理、访客登记、物品寄存、宾客遗留物品管理、防火规定等。以钥匙管理为例,酒店钥匙使用对象非常广,几乎酒店内每个部门和人员都会涉及钥匙的使用和管理,因此,酒店可根据管理对象拟定钥匙安全管理制度。首先,应明确各部门、各人员都必须严格遵守的基本规定,在此基础上,再分别明确使用频率高的部门如客房部、保安部的钥匙管理办法。

(二) 酒店安全管理制度的执行

安全管理制度不能以"嘴上夸夸,墙上挂挂"的纯文件形式存在,酒店在拟定各项安全管理制度的基础上,更重要的任务是将这些制度加以不折不扣地贯彻执行。

1. 建立安全责任制

安全责任制的建立是酒店落实各项安全管理制度的有力保障,酒店应本着"谁主管、谁负责,谁当班、谁负责"的原则,将安全责任分解到各部门、各班组、各岗位、各人,实行"定人、定岗、定责",确保各项制度在各级岗位的贯彻执行。安全责任制应和奖罚制度有机结合起来。

2. 进行日常安全检查

酒店应督促安全管理委员会承担起安全制度贯彻落实的检查任务。检查方式应灵活机动,包括常规检查和随机抽查,一般检查和重点检查,部门自查和交叉检查等多种检查。

为保证安全网的全面铺开,酒店宜建立"四级安全检查制度"。一级检查由班组负责实施;二级检查由部门领导负责实施;三级检查由酒店保安部和酒店安全委员会负责实施;四级检查由酒店领导负责实施。班组、部门的检查应每天进行;保安部和安全委员会的检查可采取定期检查和随即抽查的方式;遇到重大活动或重要节日,则由总经理或安全管理委员会负责专题检查。值得一提的是,为提高检查效果,酒店可根据季节、酒店实际等情况,开展各项"专题检查",包括防火专题检查、防疫安全检查、食品卫生检查等。每次、每项检查结果均应形成详细的文字检查记录,建立安全检查档案,以提高安全管理工作效率,并以此作为评比部门工作的重要依据。

第三节 酒店的危机管理

天有不测风云,酒店在经营过程中时刻面临着各类危机事件的考验。经营管理不善、市场信息不足、同行恶性竞争、天降自然灾害、人为恐怖事件、社会环境污染等,都可能给企业带来各种危机事件。这些危机事件一般都在人们的意料之外,而且引发的消极影响比较深远。若不及时化解,甚至能葬送企业的前程。为有效应对这些危机事件,酒店除了建立一般的安全管理制度外,还应建立危机处理机制,针对各种可能出现的潜在危机进行有效防范,以达到减少危机发生概率、降低危机损失、维护酒店形象之目的。

一、酒店危机的界定

危机是指在任何组织系统及其子系统中,因其外部环境或内部条件的突变,而导致的对组织系统总体目标和利益构成威胁的一种紧张状态。这种具有不确定性的重大事件,可能对组织及其相关成员、产品服务和声誉等造成巨大的损害。酒店业危机指的是由于突发性的重大事件的发生而对酒店造成的重大破坏和后续不良潜在影响的状态。对于酒店来说,要能够当酒店危机发生时,准确地判断其有可能带来的危害,并能借助于公共关系活动尽量做到化险为夷或成功地"借梯上楼"——使其美誉度得到进一步提高。酒店危机一般具备4个方面的基本特征。如图7-1所示。

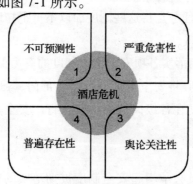

图7-1 酒店危机的基本特征

1. **不可预测性**

危机事件的本质特点在于它的突发性,它们一般是在企业毫无预料的情况下突然发生的,且来势较为凶猛,企业一般很难预料到。因此,危机给企业带来的是恐慌和混乱。酒店业是一个关联度极高的行业,一旦其他行业有了风吹草动,酒店业不可避免地会受到牵连,这在一定程度上决定了酒店业先天的产业脆弱性。因此,酒店业必须以高度的责任感警惕可能发生的相关危机。例如,2003年在我国较大范围内流行的"非典",使我国酒店业受到严重的打击,使我国蓬勃发展中的酒店业蒙受了巨大的损失。此后,一些酒店业已开始研究面对类似突发事件的基本对策,使得酒店业在日后的发展过程中能"临危不畏",从容地度过危机,有效实现酒店业的可持续发展。

2. **严重危害性**

危机事件所引发的后果往往非常严重,且这种严重后果有时会波及影响到整个社会。从酒店角度看,危机首先破坏了酒店正常的经营秩序,导致经营混乱或经营陷于困境;危机的危害性还在于它给酒店企业造成的形象破坏力是巨大的。随着酒店日常竞争秩序的逐步规范,现代酒店的竞争已经过渡到以销售力、商品力和形象力为资本的"三维竞争时期",且形象力作为一种软性竞争资本,所起的作用尤为突出。因此,一旦危机出现,酒店除了启动一般的危机计划外,还应重点做好酒店形象的重塑工作。

3. **舆论关注性**

危机因其突发性和严重危害性容易引起舆论的高度关注,常常成为人们谈论的主题和媒体报道的焦点。对新闻界而言,危机事件是人人关心的有价值新闻,对企业而言,就意味任何危机事件都不能成为秘密。因此,危机一般都会成为舆论的焦点。这种舆论若不利于酒店,则酒店企业有可能就此陷入困境而一蹶不振。所以,酒店业处理危机的关键环节在于如何搞好媒体关系,发挥舆论关注的积极作用,借助舆论的正向报道使得酒店业实现"化险为夷,借梯上楼"之目的。

4. **普遍存在性**

危机的普遍存在性是指任何一个企业在发展过程中都不可避免要遭遇形形色色的危机。有一位企业领导人很形象地说:"企业发生危机如同死亡和税收一样,是不可避免的。"也有人说:"危机是趁你不注意时积累起来的灾难。"既然危机不可避免,现代酒店就应建立敏锐的预警机制,及早发现危机萌芽,防微杜渐。国外有的企业通过"末日管理法"达到居安思危的目的。

二、酒店危机的管理

危机管理就是酒店通过建立预警机制,对危机进行监测、防范,并建立快速反应机制,对危机进行及时处理,达到避免和减少危机产生的目的,甚至将危机转化为机会的管理过程。根据危机的发展过程,可将危机管理分为三个阶段:危机防范、危机处理和危机总结。

(一)危机防范阶段

危机管理的重点应放在危机发生前的预防,而非危机发生后的处理。为此,建立一套规范、全面的危机管理预警系统是必要的。

1. 建立危机预警机制

建立预警机制的主要目的是及时收集各类信息,捕捉危机预兆。酒店企业在发展过程中,尤其应通过如下途径收集如下信息:强化新闻意识,了解国家经济政策以及旅游行业政策的变化;强化与重点宾客的沟通,征求来自他们的意见和建议;定期或不定期进行自我诊断,找出薄弱环节;经常分析竞争对手的经营策略;借助暗访了解酒店质量现状。

2. 强化危机意识

酒店面临的环境带有比较大的不确定性,因此,酒店必须对环境保持高度警醒,通过培养、强化酒店内部人员的危机意识,将风险降到最低。如为了强化全体员工的危机意识,百事可乐公司专门成立了找问题小分队,要求每位员工都必须轮流参加。找问题小分队的主要任务是寻找公司发展过程中的各种问题、隐患、不足、差距,做到居安思危、居优思劣、居盈思亏、居胜思败。特别是地处变化环境中的优势企业,一方面,因其优势地位往往成为众矢之的,另一方面,动荡的环境随时也会给企业经营带来挑战和风险。因此,这些企业尤其应强化危机意识,谨防任何懈怠心理、侥幸心理和优势心理。

3. 设立警戒指标

设立警戒指标是酒店及时发现潜在问题、防范危机发生的有效手段。值得注意的是,警戒指标应表现为具体的数字指标而不是空泛的文字。酒店可根据实际情况以宾客流动率、住房率、餐饮营业额、企业见报率、员工流动率、宾客投宿率、宾客满意程度等作为警戒指标,一旦下滑或上升至某一数量,就应对这一问题加以高度重视,着手寻求整改措施。

4. 拟定危机应变计划

危机应变计划是酒店处理危机的行动纲领,它表现为各类可行的操作程序,它要求酒店企业能设想企业可能发生的诸多危机威胁并据此制定相应的行动对策。危机应变计划是企业"在危机四伏的森林里迷路时用以摆脱困境的地图"。在危机计划中,必须明确:当危机出现后,酒店各部门、各级人员的分工、职责和工作程序等基本内容。同时,酒店还应拟定出危机爆发后,酒店应采取的新闻界对策、员工对策、受害宾客对策、主管部门对策等。在危机应变计划中,酒店应分别针对出现概率高的危机拟定不同的应变计划(如火灾应变计划、治安性事件应变计划、食物中毒应变计划、自然灾害应变计划等)。

5. 进行危机模拟训练

酒店企业可模拟某种危机情况,考核危机管理人员处理危机的能力。通过定期的模拟训练,不仅可以提高危机管理小组的快速反应能力,强化危机管理意识,还可以检测已拟定的危机应变计划是否充实、可行。

(二)危机处理阶段

危机发生后,酒店企业应迅速采取有效的措施,在危机迅速膨胀前开展各项补救工作。这些工作包括:

1. 做好危机隔离

进行隔离的目的是不让事态继续蔓延,并迅速找出危机发生的原因,进行化解处理。

危机隔离首先指酒店要明确危机涉及的范围,要确保危机范围之外的部门和岗位正常运转;同时要进行必要的人员隔离,明确处理危机的基本成员,不能让任何人以危机管理为借口而擅自中断正常的服务工作。

2. 快速启动危机应变计划

酒店应根据危机模拟训练成果快速启动相应的应变计划。如果初期反应滞后,将会造成危机的蔓延和扩大。酒店应根据危机应变计划的指导,针对内部员工、宾客、新闻媒介、主管部门启动不同的对策,以协调各方关系。

酒店危机应急程序的启动和管理

一日,一位男士和一位女士找到某酒店大堂经理,要求查找一位刘姓女士,男士自称是刘女士的弟弟。大堂经理根据酒店为宾客保密的惯例进行处理,先打电话到刘女士的房间,无人接听,遂转告:"宾客房间无人接听。"(未泄露宾客房号)——执行正常程序。

随后,男士出示一张刘女士的遗书,上面写着:"在离开这个世界的时候,将要入住本市最好的酒店……"。前台接待立即通知保安部。——启动应急程序。

保安部接报后,一边接待宾客并安排在隐蔽的大堂酒吧,同时稳定宾客的情绪;一边根据前台提供的刘女士的房号,迅速派人赶赴房间,发现刘女士已呈半昏迷状态(后证实其服用了99颗安眠药和一瓶洋酒)。保安人员立即通知其在大堂等候的亲戚赶到现场。同时,通知酒店的值班汽车在地下停车场待命。——执行应急程序。

当亲属赶到现场时,会同保安人员将刘女士通过员工电梯运送到地下停车场,迅速送往医院抢救。房务部人员赶到现场,同保安人员和其亲属对现场物品进行清理,并做好详细的认证登记。随后清理现场。——房务部启动并加入应急程序。

刘女士经抢救脱险。大堂经理到医院送上鲜花;财务部清理宾客账单,将余额返还其亲属。——恢复正常程序。

由于该酒店有应急程序,从刘女士的亲属进入酒店到离店送往医院抢救,从正常程序转为应急程序,整个过程经酒店监控系统记录只用了23分钟,赢得了宝贵的时间,避免了严重的后果。

由于危机情况的产生具有突变性和紧迫性,因此尽管在事先制定出危机应变计划,由于不可预知危机的存在,任何防范措施也无法做到万无一失。在处理危机时,应针对具体问题,随时修正和充实危机处理对策。

在危机处理阶段,企业应主动承担责任,坚持宾客利益至上的原则。无论何处出现危机,不论责任在谁,企业在控制危机时都应更多地关注宾客利益而不仅仅是企业的短期利益。酒店应把宾客利益放在首位,尽量为受到危机影响的宾客弥补损失,以维护酒店品牌形象。

(三)危机总结阶段

危机总结是整个危机管理的最后环节,危机所造成的巨大损失会给企业带来必要的经验教训,所以,对危机管理进行认真而系统的总结不可忽视。危机总结一般可以分为 3 个步骤:

1. 调查事态全貌

调查事态全貌是指对危机发生的原因和相关预防和处理的全部措施进行系统的调查。调查的内容包括:危机的种类;引发危机的原因;危机发生的地点、时间;危机涉及的相关人员;危机的影响和后果;本次危机处理对策。

2. 评价处理过程

评价处理过程是指对危机管理工作进行全面的评价,包括对预警系统的组织和工作内容、危机应变计划、危机决策和处理等各方面的评价,要详尽地列出危机管理工作中存在的各种问题。尤其是要分析危机应变计划的合理性和针对性,确保以最快速度、最小投入处理各种危机。

3. 提出整改措施

提出整改措施是指对危机涉及的各种问题综合归类,分别提出整改措施,并责成有关部门逐项落实。各项整改措施应形成档案,以备后续检查。

思考与练习

一、问答题

1. 酒店安全管理的含义及其特点是什么?
2. 酒店安全管理体系包括哪些方面?你认为哪个方面最重要?为什么?
3. 酒店危机有哪些基本特征?对其实施管理应该注意哪些问题?

二、案例分析

烟感器发出报警声

一天晚上,某饭店保安员小郝正在保安室值班,突然,烟感报警器发出尖锐急促的报警声。同时,913 房的警孔上不断闪现红色信号。这异常的声音和闪光立即引起了小郝的警觉。"不好,913 房出事了!"他立刻从座椅上跳起来,冲出房门,奔向电梯口,赶上 9 楼,直奔 913 房。

只见 913 房门口挂着"请勿打扰"的牌子,小郝便按了一下电铃,里面没有回音,接连按几下,仍然没有动静,小郝便用力敲起门来,一面大声叫道:"913 房客人请快开门。"里面还是死一般地寂静。小郝当机立断,叫来楼层服务员小范,让她用备用钥匙打开房门。小郝和小范闯进客房,只见缕缕浓烟直冲烟感报警器装置。原来是垃圾筒里的废纸冒出烟雾,废纸上火星点点,但尚未燃烧起来,两人急忙到卫生间弄来两杯冷水将筒里废纸的火星浇灭。"好险啊!"小郝和小范轻轻地舒了口气。

到这时,他们才发现客人正躺在床上呼呼大睡,小郝上前推推他,客人仍然睡得死沉沉的,同时一股浓烈的酒气扑鼻而来,他们明白原来客人是喝醉了。小郝便使劲用力反复推他,一边还大声叫喊:"先生,请醒醒!"客人终于醒来,一副醉眼朦胧的样子。小范去泡了杯茶,递给客人,客人喝了几口,酒意渐渐消散。小郝向客人说明得到烟感器报警赶来抢救的过程,并请他说说事情经过。

原来这位客人晚饭喝醉了,一个人跌跌撞撞回到客房,坐在靠椅上抽了一支烟,随手把烟头往垃圾筒里一扔,就蒙头睡大觉了,以后的事情他就全然不知了。小郝态度严肃而语气平缓地对客人说:"先生,维护所有客人的生命和财产安全,是酒店的责任,也是每位客人的责任,您喝酒应有节制,不要喝醉,喝醉了对身体也没好处。醉后抽烟,乱扔烟头,易造成火灾,后果不堪设想。刚才您差点酿成一场事故……"客人羞愧得低头认错,表示今后一定吸取教训。

试问:

(1) 当酒店安全出问题时,我们应该怎么办?

(2) 本案例给我们带来的启示还有哪些方面?

三、综合实训

1. 实训内容

以小组为单位,一个小组就是一个酒店管理团队,假设一个虚拟的酒店(包括名称、类型和等级等),就其"安全管理体系构建"提出自己的设想(包括安全管理组织、安全管理制度等)。

2. 实训要求

(1) 实训老师对实训进行要点提示,并提出相关要求;

(2) 各小组拟定酒店安全管理体系设想;

(3) 以小组为单位汇报酒店安全管理体系设想;

(4) 小组间相互旁听并进行点评;

(5) 实训老师进行点评。

第八章
酒店集团化管理

学习目标

知识目标
1. 掌握酒店集团化的基本涵义。
2. 了解酒店集团的发展历程。
3. 掌握酒店集团的经营形式。
4. 了解酒店集团的经营优势。
5. 了解我国酒店集团的发展现状与趋势。
6. 了解世界及我国著名酒店集团的品牌发展情况。

能力目标
1. 能够对特定酒店集团的发展历程提出设想。
2. 能够根据特定酒店集团的有关情况选择适当的经营策略。

随着经济与旅游业的发展,酒店业的竞争越来越激烈。在激烈的市场竞争环境下,单个酒店的孤军作战很难形成竞争优势,它们意识到互相联合组成一个大的经营公司,避免市场的过度竞争,获得规模效益,增强实力是十分必要的。现代酒店必须充分认识酒店集团的经营优势,要能结合自身实际,适时走酒店集团化经营之路,采取适当的经营策略,创建有影响力的品牌,在竞争中站稳脚跟。

第一节　酒店集团化概述

一、单体酒店与酒店集团化

（一）单体酒店

单体酒店，又称独立酒店，指由个人、企业或组织独立拥有并经营的单个酒店企业。单体酒店是传统酒店形式，其特点是单独、分散地存在于各个城市和地区，独立地进行营销活动和管理活动，不属于任何酒店集团，也不以任何形式加入任何联盟，通俗地说就是"仅此一家，别无分店"。单体酒店在我国分布广、数量大，一直是我国酒店行业的主要构成部分。单个酒店一般由自己管理，也可以委托别人管理。

（二）酒店集团化

酒店集团是以酒店企业为主体，以连锁或者合作为主要方式，以经营酒店资产为主要内容，通过产权交易（包括有形资产和无形资产）、资产融合、管理合同、人员派遣以及技术和市场网络等形式而相互关联的企业集团。酒店集团一般拥有或管理两家以上的酒店，这些酒店使用统一的店名、店标，统一的管理模式和服务标准，进行联合经营。简单地说，酒店集团就是指以经营酒店为主的联合的经济实体。在酒店集团化过程中，出现的酒店组织形态主要有以下几种：

1. 酒店联号

酒店联号，是指两家或两家以上在同一品牌下运转的酒店集合体。其结构类型有以下三种：

（1）公司所有型联号。由一家母公司（即酒店联号总部）拥有所有成员酒店所有权的酒店联号。

（2）特许经营联号。所有成员酒店都是通过特许经营协议和联号总部联结的酒店联号。

（3）混合型联号。酒店联号中的部分成员酒店由母公司所有，另外一些成员酒店通过特许经营方式成为联号成员的酒店联号。

2. 酒店管理公司

酒店管理公司，是以其特有的专业技术和管理人才向酒店输出管理，并独立享受民事权利和承担民事义务的企业法人。从经营者角度来看，它是提供管理产品的知识型企业，其客户是酒店。其结构类型有以下两种：

（1）联号管理公司。其所管理的酒店具有相同的品牌（一般只拥有一个酒店联号），既与成员酒店签订特许经营协议，又同时为成员酒店提供管理服务。

（2）第三方管理公司。不依存任何品牌酒店而独立存在的管理公司，即独立酒店管理公司,仅提供单纯的管理服务,不能够向酒店提供品牌及与品牌相关的营销和预订服务。

3. 酒店公司

酒店公司,一般是指拥有多个酒店联号的大型酒店组织,即其所管理的酒店具有多个品牌。目前,酒店管理公司或酒店公司所拥有的联号基本上都是"特许经营"联号,只有少数的酒店管理公司或酒店公司拥有的联号主要是"公司所有型"联号或"混合型"联号。

4. 酒店联盟

随着酒店业的发展,单体酒店联合化经营成为酒店业发展的趋势,而客源结构散客化则成为酒店追求的目标。为了延伸酒店服务、扩大酒店知名度、合理地整合资源、提高酒店经营能力,从而全面打造酒店核心竞争力,酒店联盟应运而生。目前的酒店联盟主要有两种类型:

一类是成员酒店加入联盟后自身品牌不会消亡,改为"自身品牌+联盟名号"的形式,可以获得联盟有限的营销服务,更多的营销活动还是由自己承担。如"世界小型豪华酒店组织(Small Luxury Hotel,SLH)",就是一个由各个单体酒店组成的酒店机构。该组织是一个较为松散的酒店联盟,成立于1991年,目前在全球70多个国家拥有500多家独立经营的豪华酒店,恪守着"小但却最好"的生存理念,为客人提供最贴身、最细致、最尊贵的服务。SLH只鼓励最好的酒店加盟Small Luxury Hotels of the World品牌。成功加盟之后,将立即从SLH丰富的经验以及与其他奢侈品牌和知名企业的合作关系中获益。成为Small Luxury Hotels of the World的一份子,酒店的知名度和酒店形象将迅速获得提升。在将收入最大化的同时,还能保持自己的独立地位。

另一类是提供信息技术资源支持的酒店联盟,联盟的名号对消费者不具品牌涵义,更加注重有关信息技术服务的提供。如携程网创立的"星程联盟"、7天连锁酒店集团推出的"星月联盟"等。

酒店联盟对成员酒店没有管理权。

(三)酒店集团的发展历程

欧美国家的酒店集团在市场需求和经济利益的牵引下,从无到有、从小到大、从单一品牌到多品牌、从国内到国际的发展过程,总体上经历了区域发展、洲际发展和全球整合三大阶段。

1. 区域发展阶段(20世纪40~50年代)

世界大战后的欧美国家出现了相对持续的和平、稳定和繁荣的历史机遇。由于受交通条件的限制,各国的商务或休闲旅游大多局限于本国境内及周边区域市场。酒店集团的扩张发展方向由本国或本地游客的批量流向来决定,哪里本国或本地的游客最多,哪里就有这些跨市、跨国经营的现代酒店集团的身影。1946年成立的"最佳西方国际集团"、1949年成立的"希尔顿国际酒店公司"、1952年成立的"假日酒店集团"等酒店集团都是这一时期出现的。这一时期主要是通过投资酒店,购买不动产进行品牌培育及扩张。

2. 洲际发展阶段(20世纪60~70年代)

随着发达国家民航业的蓬勃发展、人们带薪期的增加与洲际高速公路交通网络的逐步建成,各国的商务和休闲旅游的范围从本土性、区域性向洲际性、国际性方向发展。酒店集团可以为出境游客在异国他乡同样感受到"家外之家"的温馨、安全与舒适。这一时期以委托管理和特许经营为主要扩张方式。

3. 全球整合阶段(20 世纪 80 年代至今)

这一阶段酒店集团纷纷抢滩中国,发展中国市场。这一阶段的最显著特征就是酒店集团扩张模式突破了以往的单一酒店和单一品牌连锁的规模局限,形成了跨国酒店集团甚至跨行业的兼并、收购与联盟的转型;委托管理、特许经营、联销经营等方式交错运用。

二、酒店集团的经营形式

随着酒店集团的不断扩张,集团规模不断扩大,地区分布日益广泛,使得酒店集团的经营活动变得越来越复杂,酒店经营的形式发生了很大的变化。目前,酒店集团经营的形式主要有以下几种,如图 8-1 所示。

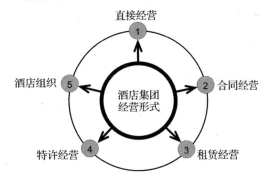

图 8-1　酒店集团的经营形式

(一) 直接经营

直接经营的形式是酒店集团所采用的最基本和最通常的做法,是由酒店集团直接投资建造酒店、购买或兼并酒店,然后由酒店集团直接经营管理的形式。在这种形式下,酒店集团既是各酒店的经营者,又是拥有者。

采取直接经营形式组成的酒店集团,酒店集团总部既可投资建造酒店,也可以通过购买现成的酒店,或购买酒店的一定数量的股份而达到直接经营酒店的目的。集团成员酒店的名称通常在本酒店集团的前面加上当地的地名,如"桂林假日酒店"、"北京香格里拉酒店"等。

一般来说,酒店集团通常都会拥有若干酒店的所有权并直接经营,作为集团扩张的后盾,然后在此基础上采取其他经营形式,逐步扩大集团的规模。在具体的实施过程中,由于受到资金、土地、人才和经营风险等各方面因素的制约,酒店集团要想通过直接经营形式快速地扩张通常是比较困难的。

(二) 合同经营

合同经营,也称委托经营,是酒店集团或酒店管理公司与酒店所有者签订合同,接受酒店委托,根据其自身的经营管理规范和标准经营管理酒店,并获取管理酬金的经营形式。

合同经营形式主要适用于酒店业主建造或购买了酒店,但缺乏管理经验或不打算自己经营,准备聘用酒店集团或酒店管理公司经营的情形。合同经营形式具有以下几个方面的特点:

(1) 在合同经营中,双方的关系是合同关系。在合同期内,酒店业主可以使用该酒店集团或酒店管理公司的名称、标志,加入其市场营销和客房预订系统。酒店集团或酒店管理公司作为酒店业主的代理人,为酒店提供经营管理服务,一般不承担或只承担部分酒店经营亏损的风险。

(2) 合同经营的形式是典型的企业所有权和经营权分离的结果。采取合同经营的方式,酒店集团可以以最小的成本和风险扩大集团的规模,可以依靠人力、信息、网络等资源优势增加收入。而业主则可以利用酒店集团的品牌、声誉等无形资产筹措资金,迅速占领市场,并取得理想的经济效益。

(3) 合同经营的形式通常有三个基本原则。第一,业主将所有经营责任授权给经营者并不得干涉其日常业务运营;第二,业主支付所有的经营费用并承担可能的财务风险;第三,经营者的行为受到绝对保护,除非具有欺诈或严重的失职行为。但是,随着酒店业竞争的日趋激烈,越来越多的业主要求在合同中加入经营业绩的条款,作为支付管理酬金的基础,如果经营者达不到最低财务业绩标准,业主有权终止合同。

(4) 酒店业主支付的经营管理酬金主要包括技术援助酬金、开业前管理酬金和开业后管理酬金。技术援助酬金是对酒店集团在设计和建设酒店时所提供的咨询服务支付的费用;开业前管理酬金是业主为了使酒店开业后正常运转,购买酒店集团的开业前服务的支出,如配备培训员工、市场调研等;开业后管理酬金则是指酒店集团管理开业后的酒店的相应酬金,通常由基本报酬和奖励酬金两部分组成。

在现代酒店业发展中,合同经营形式已成为国际酒店集团在世界各地发展规模、扩大势力的重要手段之一。在我国已经有许多国外酒店集团是通过合同经营形式介入我国酒店业的经营管理,这些酒店集团将先进的管理方法、管理技术介绍进来,对改善我国酒店经营管理、提高服务质量起到了十分积极的作用。但与此同时,也使国内的酒店业面临着巨大的挑战和竞争压力。

(三) 租赁经营

租赁经营,是指酒店集团通过签订租赁合同、交纳固定租金的形式,租赁业主的酒店,然后由酒店集团作为法人对酒店的经营管理活动完全负责的经营形式。

采用租赁经营形式,酒店集团只需要向酒店业主交付一定的租金,即可取得酒店的经营权。酒店集团作为酒店的经营者,在支付固定租金和经营成本以后,可以获得一定的剩余利润。同时,还可以使酒店集团节省巨额的固定资产投资。所以,有利于酒店集团规模的迅速扩大。

租赁经营形式与合同经营形式既有相似之处,又有严格的区别。首先,在酒店的所有权与经营权分开、收取管理费和收取租金的方法上比较类似。但是,这两种形式的性质完全不同。在租赁经营形式中,承租的酒店集团是作为法人进行经营管理的,酒店的员工属于酒店集团,酒店集团独自承担经营亏损的风险。在合同经营的形式中,酒店集团则是酒店业主的代理人,与业主的关系是合同关系,酒店的员工一般由酒店业主负责,同时酒店集团一般不承担或只承担部分酒店经营亏损的风险。

（四）特许经营

特许经营,是指拥有特许经营权人向受特许权人提供特许经营权力,以及在组织、经营和管理方面提供支持,并从受特许权人获得相应回报的一种经营形式。酒店集团的特许经营扩张形式具有以下几个方面的特点：

（1）特许经营的核心是特许经营权的转让。在特许经营中,双方的关系是合同关系。酒店集团向受让者的酒店转让特许经营权,允许其使用酒店集团的品牌名称、标志,加入集团的营销和预订网络,成为集团的成员。

（2）酒店集团要向受让酒店提供一定的指导和帮助。酒店集团要在受让酒店的可行性研究、地点选择、建筑设计、资金筹措、宣传营销、人员培训、管理方法、操作规程和服务质量等方面给予指导和帮助。

（3）受让酒店需向酒店集团支付一定的报酬,但在酒店所有权和财务上保持独立。一般受让者向让渡的酒店集团支付特许权让渡费、特许权使用费及广告推销费作为报酬,但在酒店所有权和财务上不受酒店集团的控制。即受让酒店的所有者是在无须出让所有权和自主经营权的情况下,向酒店集团支付一定的报酬后即可使用集团的品牌名称、标志、服务标准、操作规程和经营模式,加入集团的预订系统,成为该集团的成员。

（4）特许经营的业务基础是酒店集团所拥有的一整套成功的经营模式或品牌名称、标志及服务标准等。拥有特许经营权的酒店集团必须拥有知名的品牌、良好的市场声誉以及完善的服务和管理。

采用特许经营的形式,酒店集团可以利用极少投资迅速渗透市场,实现集团快速扩大规模、占有市场的效果,并能够稳定地获取收益。特许经营的成员酒店通常自负盈亏,总部不承担直接投资,也没有人员费用的负担,而且不必投入大量的监督费用。受特许权人则可以使用酒店集团的销售网络、参与集团经营,获得成功的管理经验和系统的员工培训等等,从而最大限度地降低酒店经营失败的风险。

目前,从总体上讲,世界上真正实行直接经营形式的大的酒店集团已越来越少,而"特许经营"和"合同经营"形式已逐渐成为酒店业最为常见的酒店集团扩张形式。特许经营与合同经营的共同之处在于它们都不涉及酒店所有权的变化。但区别是,前者主要是提供经营管理的咨询或指导,而后者须对合同经营的酒店的标准、质量等进行完全的控制,并从事日常的酒店经营管理。

（五）酒店组织

酒店组织是独立的酒店业主之间通过契约的形式组织起来的酒店联合体。它们之间的联系一般只是使用共同的预订系统和为组织成员提供有限的营销服务。酒店组织各成员酒店的所有权与经营权独立,通常只需要支付给酒店组织使用预订系统和相关服务的费用。酒店组织属于酒店联盟的类型之一。

酒店组织的成员酒店通常也采用统一的预订系统、推行统一的质量标准和一定程度的统一广告宣传等,是一种较为松散的酒店集团形式。但是通过这种形式,酒店组织的酒店可以与紧密型的大酒店集团相抗衡。随着酒店全球预订系统(global distribution systerm,GDS)的开通和网络技术的迅猛发展,越来越多的独立的单体酒店加入到酒店组织之中,以求在竞争中立于不败之地,并得到进一步的发展。酒店组织使得独立的酒店可以通过 GDS 全球预订系统进入全球市场,使得酒店细分市场更加趋于专业化。

三、酒店集团的经营优势

随着经济全球化的影响,酒店业的集团化趋势日益明显。众多的单体酒店纷纷加入集团的行列,寻求更有利的生存与发展机会。在酒店业竞争日趋激烈的形势下,酒店集团的优势主要表现在以下几个方面,如图 8-2 所示。

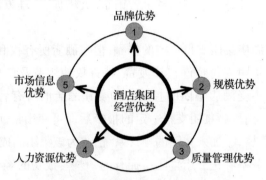

图 8-2 酒店集团的经营优势

（一）品牌优势

酒店集团品牌的一致性、辨认度、可识别性通常比较高,特别是作为一个群体,它有着统一的名称、标志、相类似的设施和统一的服务标准,通过宣传便于在公众中留下深刻的印象。另外,酒店品牌实际上是对顾客的一个关于服务质量标准的承诺,这对于集团的市场宣传、引导顾客对酒店产品的品牌联想、形成对产品的质量预期和感知、进而培养顾客的品牌忠诚非常有利。特别是在开拓国际市场方面,一个为公众所熟悉的国际酒店集团名称及其在服务质量上的声誉,可以非常容易吸引更多的顾客,并使顾客对酒店产生信赖感。

为了使集团的品牌和标志更加容易识别,各酒店集团已经形成了具有自身特色的企业形象识别系统(CIS),并以视觉识别系统(VIS)为其传达形式。这个视觉识别系统通常包括酒店集团的名称、标志,产品品牌名称、标志等。

当顾客在一个陌生的环境中选择酒店产品时,对酒店集团产品品牌的信任,可以在很大程度上树立顾客对酒店产品和服务的信心。所以,在酒店竞争中,酒店集团的品牌以及其明确的市场定位已经成为酒店集团占领市场、扩大市场份额、降低营销成本的有效手段。

（二）规模优势

酒店集团通过规模经营可以实现规模经济,在酒店业竞争中取得由规模与范围而来的效率优势以及由交易成本和信息成本而来的成本优势。酒店集团的这种规模经营的优势具体表现在以下几个方面：

1. 采购优势

酒店集团为了保证给顾客提供优质的酒店产品和稳定的服务质量，会要求集团所属酒店的各种设备和原材料符合一定的规格和标准，如中央空调、电梯设备、家具、客房用品以及制服、食品原料等等，都必须符合规定的质量标准。为了严格监控采购质量，增强采购中的讨价还价能力，获得供货单位的最大优惠，酒店集团通常采用集中采购的方式，发挥集团批量采购的优势。批量购买使得酒店集团所属酒店的经营成本大大降低，经营利润获得显著提高。

2. 财务优势

酒店集团的规模经营可以充分利用资金，发挥自己的财务优势。

在酒店集团外部，酒店集团比单体酒店企业更容易得到金融机构的信任，因而在筹措资金方面具有明显的优势，使它有可能得到某些机构的大额借额，而且往往条件优惠。这样，酒店集团就有能力及时对酒店进行改造，采用新的技术，更新服务项目，使其在同行业的竞争中处于有利的地位。

在酒店集团内部，酒店集团总部可以通过资金的集中使用，来帮助集团内部某些资金短缺或者因其他因素造成暂时资金困难的酒店成员克服困难。而且由于酒店集团的规模经济效应，使集团酒店的平均费用支出一般少于独立的单体酒店，这就可以大大增强酒店的竞争能力。

3. 竞争优势

酒店集团与单体酒店相比具有较强的竞争优势，主要表现在酒店集团对客源市场和价格的垄断，以及在大规模促销活动中所具有的优势。

在客源市场上，各个酒店集团都有自己的市场信息预测系统，可以及时了解市场的动态、游客的需求，不断调整经营战略，使自己保持稳定的客源市场。同时，各个酒店集团又可以利用自己的预订中心，有力地控制客源流向，从而达到垄断客源的目的。这充分表现出范围经济的特点。范围经济是指由于跨国公司所经营的业务在地理上扩展到更为广泛的空间，从而能更有效地抓住这些地方可能出现的市场机会。因此，酒店业有"全球化思维，本地化经营"的口号。酒店集团力求抓住每一个市场机会扩大集团规模，取得相对竞争优势，获取理想收益。

在价格市场上，由于酒店集团在市场上所占份额较大，它可以通过垄断价格与单体酒店进行价格竞争，并具有相对竞争优势。

在促销活动上，单体酒店往往因资金问题而无力进行大规模的宣传促销，尤其是国际性的促销活动，而酒店集团则可以利用其财务优势，迅速集中资金，发动促销攻势。而这些促销费用又可以由其成员酒店共同承担，显然比较经济。同时，由于酒店集团和一般酒店相比，更能够进行较深入细致的市场调研与分析，这使酒店集团的促销活动更容易成功。另外，酒店集团所拥有的中央预订系统也使集团内各酒店之间的相互促销和宣传比较方便和容易有成效。

(三) 质量管理优势

酒店集团一般都具有经过实践检验可以达到理想效果的质量管理系统,与单体酒店的质量控制相比,其管理模式通常更为先进和完善。集团的成员酒店可以运用集团统一的管理程序和服务标准,使酒店在质量管理上更加制度化、规范化、程序化、标准化、等级化,从而显著提高酒店的管理水平和服务质量。因此,相比较而言,酒店集团具有一定的质量管理优势。

(四) 人力资源优势

一方面,酒店是以服务取胜的行业,服务质量的好坏直接影响着酒店的经营状况和发展潜力,而服务质量的高低取决于酒店员工的素质。另一方面,酒店业是一个非常容易被模仿而缺少差异和个性的行业。但是,训练有素的员工、配合默契的团队以及特有的管理风格是难以模仿的。因此,酒店集团通常都非常看重人力资源的开发和利用,并充分利用这一资源在竞争中取得相对优势。酒店集团的人力资源优势主要体现在以下两个方面:

(1) 员工教育培训上的优势。许多酒店集团已经在集团总部或地区中心建立自己的培训基地和培训系统,用于轮训集团成员酒店的管理人员和培训新生力量。

(2) 集团统一的人力资源管理和安排上的优势。酒店集团通常由总部的人力资源部门负责在世界范围内招聘、考评各级员工,并为他们制定工资福利计划,建立能力和绩效档案和个人职业生涯发展计划。酒店集团可以从整个酒店集团的需要出发,集中工程技术、装潢、财务会计、市场营销、市场分析、人事管理、质量管理、电子计算机技术以及食品技术等各方面的专家,进行合理的调配,为集团内部的各个酒店服务。由于这些人员了解集团整体的经营战略与经营状况,熟悉集团的工作程序、标准和各方面要求,因此能够合理地解决酒店中存在的问题,并能帮助酒店特别是新开业的酒店打开局面,并在经营管理活动中发挥积极的作用。

(五) 市场信息优势

在现代酒店管理中,信息已经成为酒店的一种非常重要的资源。对酒店集团而言,利用先进的信息技术,快速准确地获得全球范围内的信息并迅速作出反应是其获得竞争优势的又一重要手段。计算机技术在酒店中的运用,使酒店集团收集和处理信息的能力得到大大加强。

计算机技术在酒店业中的运用大致经过了 HMS、CRS 和 GDS 三个阶段。HMS 是指酒店管理系统(Hotel Management Systerm),主要用于预订客房、客账的管理等,一般仅限于酒店的内部管理。CRS 即中央预订系统(Center Reservation Systerm),是酒店集团为控制客源采用的集团内部的电脑预订系统。CRS 使得酒店集团在客源控制方面一直处于领先地位。20 世纪 60 年代后,GDS 即全球预订系统(Global Distribution System)成为国际酒店业开始广泛使用的新技术。GDS 是一种共享的网络信息系统,使得中小型的单体酒店有可能利用网络技术扩大自己的市场范围,带来更大的收益。随着网络技术的迅速发展和信息费用的进一步降低,越来越多的单体酒店开始选择 GDS,并加入相应的酒店组织,以求得生存和发展的机会。因此,建立在网络基础上的酒店组织可能会超越传统酒店集团的模式成为更为巨大的集团。

由于酒店集团具有上述优势,随着酒店业的进一步发展,酒店集团经营将成为一种大趋势,呈现出更为迅猛的发展态势。而分散的单体酒店也将通过各种方式,或形成自己的酒店特色,以特色取胜,或加入酒店集团的行列,通过集团的优势取得生存和发展的空间。

四、我国酒店集团的发展历程

（一）国际酒店集团在我国的发展历程

国际酒店集团在我国的发展大致分为三个阶段,分别为20世纪80年代的引进初期、20世纪90年代的全面铺开阶段和21世纪初开始的纵深发展阶段。

1. 引进初期(20世纪80年代初)

继1982年香港半岛集团Peninsula进入内地之后,假日集团(巴斯酒店集团的前身,现为洲际酒店集团)于1984年管理北京丽都假日酒店,并在5年之内成为当时中国境内管理酒店最多的国际酒店集团。20世纪80年代进入我国市场的还有喜来登(Sheraton)、希尔顿(Hilton)、雅高(Accor)、香格里拉(Shangri-La)、新世界(New World)、拉美达(Ramada)、凯悦(Hyatt)、太平洋(Pacific)、马尼拉(Manila)等10余家酒店管理集团。在引进初期,进入我国的国际酒店集团以经营中高档为主,多数分布在沿海中心城市。国际酒店集团进入中国市场的第一个10年里,只有假日集团形成管理10家以上酒店的规模。

2. 全面铺开阶段(20世纪90年代)

20世纪90年代,尝到了甜头的国际酒店集团登陆中国市场的步伐明显加快。这一时期既是我国旅游业蓬勃发展的阶段,也是国际酒店集团积极扩大市场份额的时期。于是,形成了一批中国市场份额在两位数以上的国际酒店集团,如:巴斯酒店集团(六洲酒店集团的前身,现为洲际酒店集团)、马里奥特(Marriott)、香格里拉、雅高等。90年代,马里奥特、最佳西方国际(Best Western)、天天(Days inn)、凯宾斯基(Kempinski)、喜达屋(Starwood)、海逸(Harbour Plaza)、文华(Mandarin Oriental)、威士汀(Westin)、豪生、瑞迪森、罗顿等数十家国际酒店集团纷纷进驻中国市场,出现了群雄逐鹿的局面。根据国际酒店与餐馆协会的资料统计,2000年世界酒店管理集团排行前10家的9家已在中国建立或管理酒店,并逐步涵盖了高中低所有的消费档次,中国成为著名国际酒店集团的集聚地。

3. 纵深发展阶段(21世纪初至今)

进入21世纪初期,国际酒店集团在我国的发展呈现网络化、两极化、本土化的特征,不仅酒店数量增长,而且以全球化战略为前提,追求地区分布、经营格局的更加合理化。在中国市场形成规模和特色的国际酒店集团越来越多,这既是国际酒店业发展的必然趋势,也是全球经济一体化的必然结果。2015年,中国旅游酒店业协会发布的"中国饭店集团60强"的前20强中,国际酒店集团有6家(温德姆酒店位置位列第六、洲际酒店集团位列第七)。

（二）我国本土酒店集团的发展历程

我国酒店业从 20 世纪 80 年代初开始全面对外开放，回顾过去 30 多年我国酒店集团的发展历程，大致可以分为以下三个阶段：

1. 引进国际酒店集团阶段（1978—1987 年）

从 20 世纪 80 年代初开始，通过合资、合作、独资等方式引进了一大批国际知名酒店管理集团。1982 年，北京建国酒店作为中国大陆首家中外合资酒店正式开业，并由香港半岛酒店管理集团来管理，香港半岛集团因此成为进入中国大陆的第一家国际酒店集团。这成为一般意义上的我国酒店集团化的开始。与此同时，原有计划经济体制下的地方政府主导型酒店集团和大量酒店联合体开始出现。比如以上海锦江酒店为骨干成立的上海锦江（集团）联营公司，这成为我国第一家国际性的酒店管理公司，以及中国酒店联谊集团，它是我国出现的第一个酒店联合体。这一时期的主要特征就是政府导向十分严重。尽管大部分酒店集团的成立带有强烈的计划经济色彩，但从某种角度讲，这些在原有计划经济体制下地方政府主导成立的酒店集团才是真正意义上我国酒店集团化的开始。

2. 兴建本土酒店集团阶段（1988—1997 年）

1988 年 4 月，国务院办公厅转发了《国家旅游局关于建立酒店管理公司及有关政策问题请示的通知》，确立了酒店管理公司的性质、意义和职能，意味着政府开始意识到培育中国酒店集团的重要性。由于各级政府行政命令的驱动和诸多优惠政策的扶持，一大批以模仿国外酒店集团经营管理模式为特征的中国本土酒店管理公司和酒店集团应运而生。1990 年，上海锦江（集团）联营公司正式接管北京国际酒店，这标志着国家旅游局正式开始探索一条国内跨地区管理酒店的新路子。我国酒店集团的发展进入了跨地域发展的新阶段。20 世纪 90 年代中期以后，以行业性集团为主体向旅游业渗透而成立的酒店集团大量涌现，山东鲁能集团成立的山东鲁能信谊有限公司以及成立于 1997 年的东方酒店管理公司（该公司是中国银行全资附属的非银行金融机构——中国东方信托投资公司的专业酒店管理公司）都是这一过程的代表产物。这一时期的主要特征就是酒店集团开始跨地区的管理以及跨行业的投资联合。

3. 快速成长阶段（1998 年至今）

进入 20 世纪 90 年代，国际酒店业发生了巨大变化——兼并和收购浪潮迭起。这些兼并和收购动辄十几亿美元，甚至高达上百亿美元。与国际酒店集团相比，我国的酒店集团无论是在规模上还是在竞争力上，都存在巨大差距，特别是一些通过委托管理等非产权方式扩张的酒店集团，由于效益方面的原因，不少受托方退出了酒店集团。正是在这一背景下，为了摆脱困境，探索出路，寻求发展，我国旅游酒店业的行政主管部门、学术界专家学者和众多的业内人士自 1998 年以来频繁地坐在一起，共商发展大计，并就中国酒店集团化的必要性、发展方向、路径选择等一系列战略问题达成了共识。此后的几年时间里，在政府和市场双导向作用下，我国酒店集团开始了"二次集团化"。这其中比较有代表性的是北京的首旅集团和上海的锦江国际集团。在此过程中，通过连锁运作、资本多元化发展的经济型酒店成为中国酒店集团化的新亮点。

近年来,在市场繁荣、资本介入和公司品牌建设的共同推动下,中国酒店集团化在"做大"和"做强"两个方面都获得了稳步的发展。2015年,中国旅游酒店业协会发布的"中国饭店集团60强"中,一大批本土酒店集团已经表现出强劲的实力。如上海锦江国际酒店(集团)股份有限公司位列第一、如家酒店集团位列第二、华住酒店集团位列第三、格林豪泰酒店管理集团位列第四、维也纳酒店有限公司位列第五等。

第二节 国内外著名的酒店集团认知

一、国外著名酒店集团

任何酒店集团如果只是单纯追求规模而没有自己的经营哲学和管理体系是无法取得成功的。因此,世界著名的酒店管理集团都拥有自己的经营思想和管理特色,并成为酒店管理理论的最好的实践者、运用者和创新者。

(一)洲际酒店集团

英国洲际酒店集团(InterContinental Hotels Group)成立于1946年。洲际酒店集团是世界上最具全球化并拥有客房数最多的酒店集团。亚太区是洲际酒店集团发展最快的区域。该集团于1984年进入中国,目前,已经是大中华区(即包括中国大陆和港、澳、台在内的地区)最大的国际酒店集团。中国旅游酒店业协会发布的"2015年度中国饭店集团60强"中,洲际酒店集团位列第七(在所有在华的国际酒店集团中位居第二)。

目前,洲际酒店集团旗下拥有、管理、出租或托管的酒店超过5 000家,遍布全球将近100多个国家和地区。主要品牌情况,如表8-1所示。

表8-1 洲际酒店集团的主要品牌情况

品　　牌	发　展　情　况
洲际®酒店及度假村 (InterContinental Hotels & Resorts)	始于1946年。是全世界第一个真正意义上的豪华酒店品牌。目前已经成为全球旅行常客心目中良好声望、经典及成功的象征。2000年,中国第一家洲际酒店开业
Kimpton®酒店和餐厅	2014年,洲际酒店集团以4.3亿美元的价格收购全球最大的独立精品酒店公司——Kimpton酒店及餐饮集团(美国)。进而,确立其在生活时尚类精品酒店市场的领导地位
华邑™酒店及度假村 (Hualuxe)	2013年3月,洲际酒店集团发布了全球酒店业首个专为华人消费者度身打造的高端国际酒店品牌——华邑酒店及度假村
皇冠假日®酒店及度假村 (Crowne Plaza Hotels & Resorts)	1991年,首家皇冠假日酒店在北京开业。目前,皇冠假日酒店已成为中国最大的高端国际酒店品牌
英迪格酒店®(Indigo)	大中华区首家英迪格酒店于2010年年底正式开业。2012年英迪格酒店位于大中华区的厦门海港英迪格酒店和天津海河英迪格酒店隆重开业

续表

品　　牌	发　展　情　况
EVEN™酒店	2014年在美国推出的一个面向健康时尚人群的中档酒店品牌，以吸引那些希望在旅程中继续健身和保持饮食健康的旅行者。其定位要高于旗下的假日品牌
假日®酒店 （Holiday Inn）	假日酒店及度假村在1984年进入中国，成为第一个扎根中国的国际酒店品牌。如今，假日酒店已是中国酒店数量和客房数量最多的国际中档酒店品牌，同时也是大中华区最具知名度的酒店品牌
智选假日®酒店 （Holiday Inn Express）	2004年，智选假日酒店正式进入中国，每家都会根据中国客人需求推出众多特色服务，例如在早餐菜单中加入中式粥品和面条
假日度假村®	遍布世界各地主要的家庭度假胜地，每一个度假村都配有一个泳池、活动和康体娱乐设施，在这里入住，您的每一位家庭成员都可以尽享假期的欢愉

洲际酒店集团的成功主要得益于以下几个方面：

1. 人力资源三部曲

员工喜欢企业的三个最佳理由应该是薪资与福利、员工培训和企业文化三个方面。如果你想在酒店业"找刺激"，请加入洲际酒店集团；如果你想去一家真正在乎员工的企业，洲际酒店集团是个很好的选择，这家酒店不仅仅希望了解客户在想些什么，而且真正渴望了解员工的种种想法、抱怨以及困难，并且愿意付出努力，将员工提出的任何问题一一解决。洲际酒店集团管理者相信：只有首先服务好员工，吸引、复制、保留优秀的人才，才能更好地服务客户，这也正是该集团全球发展长久不衰的宝贵经验。

2. 强大品牌吸引人才

作为世界上最大的酒店管理集团之一，洲际酒店集团可谓是一个名副其实的"巨无霸"。强大的品牌吸引力可以吸引优秀的人才加盟，但要让员工全心全意投入工作，留住核心员工，公司尤其是人力资源部门就要真正做到尊重员工、相信员工，在企业飞速发展的过程中为员工成长提供无限的可能。洲际酒店集团做到了这一点。

3. 全新商业模式——特许经营模式

洲际酒店集团的前身六洲酒店集团于1991年推出快捷假日酒店（即现在的"智选假日酒店"），这一举动成为酒店业史上最成功的事件之一。该集团通过创造这一品牌，迅速地划分出一类中档酒店市场，这类酒店一般没有餐饮设施，但可以让宾客免费享用包括新鲜水果、麦片及糕点在内的早餐。快捷假日酒店品牌是精致、创新以及全新的酒店选择，它提供高品质、可信赖和个性化设计的酒店设施及服务，成为了全世界酒店业主的明智的选择。在中国，随着国内旅游人数的增长以及休闲旅游市场的快速发展，消费者开始寻求一种介于四星级酒店与经济型酒店之间的可靠的酒店产品，而快捷假日酒店品牌正填补了这片空白，为中国的理性消费者和休闲旅游者提供了更多的价值与便捷。

2007年4月，洲际酒店集团正式宣布，首次推出"快捷假日酒店"品牌在中国的特许经营计划。标志着快捷假日酒店品牌加快了进入中国市场的步伐。特许经营是一种已被公认为有效的经营理念,诚如"麦当劳"以特许经营方式在全球飞速发展那样,特许经营授权商将其成功的品牌、产品和运作模式传授给特许经营体系中的受许者使用,使受许者获权经营了一种早已获畅销的产品或服务。特许经营是一种新的现代商业运营组织方式。它适应市场经济的发展,能够更好地为客户服务。它利用知识产权的转让,充分调动了一切有利的资本并将其实现了最优化的组合。

(二) 万豪国际酒店管理集团

1. 基本情况

万豪国际酒店管理集团(Marriott International Inc. Hotels)创建于 1927 年,总部位于美国马里兰州贝塞斯达。它是全球首屈一指的酒店管理公司,旗下拥有近 4 500 家酒店,遍布 87 个国家和地区。2015 财年的财报收入超过 140 亿美元。公司由 J. 威拉德(J. Willard)和爱丽丝·马里奥特(Alice Marriott)创办,近 90 年来由马里奥特家族领导人执掌运营。2015 年 11 月,万豪国际酒店管理集团于与喜达屋酒店及度假村集团达成了初步收购协议。

万豪国际酒店管理集团拥有 JW 万豪酒店、万丽酒店、万豪酒店及度假酒店、万怡酒店和万豪行政公寓等酒店品牌。主要品牌情况,如表 8-2 所示。

表 8-2　万豪国际酒店管理集团的主要品牌情况

品　　牌	发　展　情　况
丽思卡尔顿酒店 (The Ritz-Carlton®)	作为精美、时尚和卓越服务的永恒象征,丽思卡尔顿旗下的全球 80 多家酒店及度假酒店倾力打造无与伦比的奢华体验。由附属于万豪国际的丽思卡尔顿酒店公司管理
BVLGARI®酒店及度假酒店 (BVLGARI Hotels & Resorts)	全球顶级奢华酒店系列。酒店均位于国际大都市和豪华度假胜地。每家酒店均充分融汇当地文化,同时保留鲜明的当代意式豪华风情
JW 万豪酒店 (JW Marriott®)	每一家酒店都独具特色,简约优雅、宁静奢华。酒店温馨典雅,舒适奢华,提供无与伦比的私人服务,真正商务、休闲两相宜
艾迪逊 (EDITION®)	由 Ian Schrager 与万豪联袂打造的独特现代豪华酒店系列,旨在呈现具有当代生活方式的宾客所追求的精美体验
傲途格精选酒店 (AUTOGRAPH COLLECTION® Hotels)	这个品牌旨在为客人提供风格迥异、自成一家的独立酒店体验。每家酒店都与众不同,在质量、原创性、鲜明风格及客房数量等方面都属于一时之选,为旅客提供一系列满足个人不同品味及探索尝新精神的精彩酒店体验
万丽酒店 (Renaissance® Hotels)	酒店专为热爱探索、活力四射的旅客而设。独一无二的风格,有着难以言喻的吸引力。酒店坐落于世界各大名市的中心位置,毗连旅游景点
万豪 AC 酒店 (AC Hotels by Marriott℠)	这是一个全面关注旅客需求的中高端时尚生活酒店品牌。每家酒店都拥有便利的城市位置和时尚的国际化氛围。酒店非常适合希望真正体验城市大千精彩的商务和休闲旅客
万豪酒店 (Marriott Hotels®)	无论您前往哪里,有何种需求,从休闲度假、商务办公、举行会议到出席婚礼,豪华的万豪酒店都能一一满足

续表

品　　牌	发 展 情 况
万怡酒店 （Courtyard by Marriott®）	万怡酒店深切了解商务人士的需要，能根据您的出行方式设计众多不同的选项，度身定设称心服务。无限舒畅、全新入住体验是万怡酒店的服务主旨。酒店内的每项设施均经过细心的挑选，务求能迎合您的要求
万豪行政公寓 （Marriott Executive Apartments®）	面向入住数周、数月或更长时间的全球旅客。行政公寓建于国际大都会市中心。从开放式客房到三卧室楼层均配备美食厨房、专用办公区和客厅等豪华设施
盖洛德酒店 （Gaylord Hotels®）	每家度假酒店均提供"一地全包"服务，综合了宏伟的环境、奢华的房间和一流的娱乐场所，为您带来魅力无穷的逍遥游尊享

　　万豪国际集团于1989年在香港开设拥有602间客房的香港JW万豪酒店，这是万豪在亚太地区的第一家酒店。万豪国际集团于1997年进入中国酒店业市场，目前，在中国通过丽思卡尔顿酒店、JW万豪酒店、万豪酒店、万丽酒店、万怡酒店和万豪行政公寓等数个品牌管理着数十家酒店。中国旅游酒店业协会发布的"2015年度中国饭店集团60强"中，万豪国际集团位居第十八。

2. 核心价值观

　　万豪国际集团的核心价值观是"以人为本、追求卓越、勇于创新、诚实正直及感恩回报"。

　　"关心员工，员工才会关心客户"。万豪国际集团的创始人是威拉德·玛里奥特（J. Willard Marriott）先生。他1927年在美国华盛顿创办了一个小规模的啤酒店，起名为"热卖店"，以后很快发展成为服务迅速、周到、价格公平、产品质量持之以恒的知名连锁餐厅。其成功经验的关键是自公司成立之日起，就以员工和顾客为企业的经营之重。他的经营思想是：你如能使员工树立工作的自豪感，他们就会为顾客提供出色的服务。万豪国际集团"以人为本"的企业文化为其赢得了无数奖项以及全球范围的广泛认可。

　　万豪国际酒店在卓越客户服务方面的卓著声誉可追溯至J. Willard为万豪业务制定的最初目标："精致美食、卓越服务、合理价格"。万豪相信酒店的水平取决于"一个左撇子的客人进入餐厅后，服务员能否通过观察正确地把餐具放到该放的位路上"。在抵达酒店以前，客人会提前5天收到人性化的信息，内容包括旅行目的地的天气、交通、购物、特色餐饮以及地图服务；客人可以在网上预订SPA水疗护理和送餐服务，到店就有可口的菜肴送上，因为万豪了解"一个舒服的胃对旅途的重要性"。

　　创新一直以来都是万豪国际酒店的"经营理念"。万豪的经营理念体现在三个方面：品牌创新、服务创新和营销创新。首先是品牌创新，万豪偏向于使用多品牌策略来满足不同细分市场的需求，通过市场细分来发现市场空白是万豪的一贯做法。万豪一旦发现有某个价格点的市场还没有被占领，或者现有价位的某些顾客还没有被很好地服务，它就会马上填补这个"空白"。其次是服务创新，万豪擅长提供从餐饮、客房、会议服务、大厅商店以及人员等全方位的服务，以至于有些酒店在万豪品牌入住以后，在硬件没有任何改善的情况下，入住率可以高达50%的增长速度猛增。最后是营销创新，万豪集团基本不实行按门市价打折的传统促销方式,集团营销策略以积分营销为核心,它充分利用自身的优势,把上下游和并行的企业联合在一起,以万豪品牌为核心,构筑产业链平台。

万豪国际酒店始终严于自律,以一丝不苟的态度奉行最严格的道德和法律标准。万豪还将这一原则延伸到其日常业务行为、员工政策、供应链政策、环境计划和实践,以及致力于维护人权、承担社会责任的坚定承诺中。

万豪国际酒店致力于为其所生活和办公的社区提供支持。万豪主要关注全球五大社会问题:扶贫、环境、社区劳动力培养、儿童健康以及全球多元化和包容性。

3. 黄金标准

万豪国际集团在其核心价值观的引领下,多年来能始终坚持"黄金标准"。以"丽思卡尔顿酒店"的金牌标准为例,该标准是丽思卡尔顿酒店公司的基础。这些标准涵盖其在经营中所奉行的价值观,主要内容如表8-3所示。

表8-3 丽思卡尔顿酒店的"黄金标准"

价值观	基 本 内 容
信条	使宾客得到真诚关怀和舒适款待是丽思卡尔顿的最高使命
	我们承诺为宾客提供体贴入微的个人服务和齐全完善的设施,营造亲切、舒适、优雅的环境
	丽思卡尔顿体验带给您身心愉悦、至高享受,我们甚至还能心照不宣地满足宾客内心的愿望和需求
座右铭	丽思卡尔顿酒店公司的座右铭是"我们以绅士淑女的态度为绅士淑女服务",而丽思卡尔顿全体工作人员的预期式服务态度正是最好的佐证
优质服务三步骤	热情真诚地问候宾客。亲切地称呼宾客姓名
	提前预期每位宾客的需求并积极满足
	亲切送别。亲切称呼客人姓名并告别
服务准则 (我以成为丽思卡尔顿的一员感到自豪)	建立良好的人际关系,为丽思卡尔顿宾客创造优质生活
	敏锐察觉宾客明示和内心的愿望及需求并迅速做出反应
	能够为宾客创造独特难忘的体验
	了解自己在实现成功关键因素和创造丽思卡尔顿法宝过程中所起的作用
	不断寻求机会创新与改进丽思卡尔顿的服务
	勇于面对并快速解决宾客的问题
	创造团队合作和边缘服务的工作环境,从而满足宾客及同事之间的需求
	有机会不断学习和成长
	专心制定与自身相关的工作计划
	对自己专业的仪表、语言和举止感到自豪
	保护客人、同事的隐私和安全,并保护公司的机密信息和资产
	负责使清洁程度保持最高标准,创造安全无忧的环境

续表

价值观	基本内容
丽思卡尔顿承诺	在丽思卡尔顿,我们的员工是我们向客人提供服务的最重要资源。我们以信任、诚实、尊重、正直和献身精神为准则,培养并发挥员工的才能,从而实现每位员工和公司的双赢。丽思卡尔顿致力于打造一个重视多元化、能够提高生活品质、实现个人抱负、稳固丽思卡尔顿成功法宝的工作环境

4. 经营方式

万豪国际集团称霸酒店业的原因很简单:它超常地擅于经营全方位服务的酒店,即包括餐饮、客房、会议服务、大厅商店以及人员等全方位服务的大型酒店。万豪在全世界经营的几千家酒店中,真正拥有所有权的仅占0.3%左右,绝大多数酒店要么属于特许经营,要么由万豪直接管理(合同经营)。一般来讲,规模小、档次相对较低的酒店,属于特许经营;规模较大、档次较高的酒店,则由万豪直接管理(合同经营)。目前,万豪在中国市场上主要是合同经营,而不是特许经营。采取特许经营方式的,万豪要向成员酒店收取5%到6%的酒店收入作为品牌使用费,订房系统的费用另算。采取由万豪直接管理的,员工的薪资由万豪承担,作为运营商,万豪收取营业收入的65%,用于支付员工薪资、公共设施费用、保险费、酒店供给品和健康保险;剩余部分归酒店业主所有,作为提供资本的报酬(含物业税)和业主的利润所得。

(三)希尔顿全球酒店集团

1. 基本情况

希尔顿全球酒店集团(Hilton Worldwide)创立于1919年,创始人是康莱德·尼柯尔森·希尔顿(Conrad N. Hilton,1887—1979),是一家跨国酒店管理公司。在100个国家和地区拥有4 600多家酒店、度假村和分时度假酒店,总计超过758 000间客房。成立至今将近100年,酒店集团已经创建了包括13个世界级品牌的品牌组合,其中包括"希尔顿酒店及度假村"旗舰品牌,该酒店品牌在全球最负盛名。中国旅游酒店业协会发布的"2015年度中国饭店集团60强"中,希尔顿全球酒店集团位居第十九。

如今的"希尔顿全球酒店集团"其成长或发展过程,如表8-4所示。

表8-4 希尔顿全球酒店集团的发展过程

时期	发展状况
1919年	康莱德·希尔顿收购位于德克萨斯州Cisco的Mobley酒店
1925年	第一家以"希尔顿"命名的酒店在德克萨斯州的达拉斯创立,希尔顿酒店公司(Hilton Hotels Corporation,HHC)也在几年后正式成立
1949年	第一家希尔顿海外酒店——加勒比希尔顿酒店(Caribe Hilton)在波多黎各开业
1964年	美国希尔顿成为一家独立企业,与如今的英国希尔顿集团正式分道扬镳,不过当时的英国希尔顿集团还没有成立,还只是美国希尔顿的非美国酒店公司团体

续表

时 期	发 展 状 况
1987年~1999年	英国博彩集团莱德布鲁克(Ladbrok)集团对这些非美国希尔顿酒店进行了收购,并且最终在1999年创建了今天的英国希尔顿集团。在此之后的时间里,美国希尔顿主要负责美国酒店市场,而英国希尔顿则主要负责美国之外的酒店市场运营。但两家公司在很长一段时间里,一直持续着密切的合作,例如,双方分享对豪华酒店品牌康拉德(Conrad)的运营权,合作市场开发、市场推广、客房预定等项目
1979年	康莱德·希尔顿辞世,享年91岁
1995年	希尔顿首个网站 www.hilton.com 正式上线。全球各地的客户可以全天候在线预定客房、查询酒店活动和特价优惠活动信息
2007年	美国希尔顿酒店公司(Hilton Hotels Corporation)以33亿英镑(合57亿美元)购入(全盘接手)英国希尔顿集团(Hilton Group)的"国际酒店业务",自1964年以来,"希尔顿酒店品牌"首次重新纳入一家公司名下
2009年	希尔顿酒店将其名称和徽标变更为"希尔顿全球酒店集团",并将总部从加利福尼亚州比弗利山迁至弗吉尼亚州麦克林

希尔顿全球酒店集团拥有包括华尔道夫酒店及度假村、康莱德酒店及度假村、希尔顿酒店及度假村、希尔顿逸林及度假村及度假村、希尔顿尊盛酒店、希尔顿花园酒店等10大品牌和1个俱乐部。如表8-5所示。

表8-5 希尔顿全球酒店集团的品牌及俱乐部情况

	品 牌	发 展 情 况
豪华酒店	华尔道夫酒店及度假村(Waldorf Astoria® Hotels & Resorts)	全球最具代表性的酒店品牌
		从豪华水疗中心和卓越美食,到世界一流的高尔夫球场,宾客可在此享受精致住宿和特色设施,领略精致典雅的真谛
	康莱德酒店及度假村(CONRAD Hotels & Resorts™)	"精致奢华"是其所有工作的核心所在
		可以为杰出人士打造完美服务,让其领悟"真我奢华,唯您独享(The luxury of being yourself®)"的感受
		1982年,康莱德酒店成立,致力于在全世界各主要商业和旅游之都建立豪华酒店网络
全方位服务酒店	希尔顿酒店及度假村(Hilton Hotels & Resorts)	酒店业最负盛名品牌,全球酒店业典范
		开创"机场酒店"概念的先河,首个在客房内安装电视的酒店
		2010年和2011年荣获 Harris Poll EquiTrend® 评选的"年度最佳品牌——全方位服务酒店"殊荣
		创立全球化水疗理念
	希尔顿逸林酒店及度假村(DoubleTree by Hilton™)	"细致入微、体贴入心"。其贴心服务从送上热巧克力香脆曲奇开始,小小的心意为宾客在整个住宿期间将会享有的满足体验定下基调
		可提供特色 Sweet Dreams® 甜梦体验
		特色逸林自助早餐(Wake-up DoubleTree Breakfast®)
		1969年,首家"希尔顿逸林酒店"在亚利桑那州斯科茨代尔开业

续表

品　　牌		发　展　情　况
中端服务酒店	希尔顿尊盛酒店 (Embassy Suites by HiltonTM)	致力于在每次住宿期间为宾客提供更多,例如,免费现点现做早餐、免费泳池以及在每天晚间提供的免费小吃和饮料等
		1984年,首家尊盛酒店在密苏里州堪萨斯城欧弗兰帕克开业
	希尔顿花园酒店 (Hilton Garden Inn®)	设施高档而又经济实惠的酒店品牌
		从可调节的花园睡眠系统(Garden Sleep System®)睡床,到免费有线和Wi-Fi上网等旅途中的各项事务,都深得宾客信赖
		始终在关键消费者奖项中被评为最佳中档、全方位服务品牌
		1990年,花园酒店品牌首次登场
	希尔顿欢朋酒店 (Hampton by Hilton®)	服务于注重价值及讲究品质的旅客
		"您的光临,我们的荣幸(We love having you here®)"。通过100%满意保证(100% Satisfaction Guarantee®)作为坚强后盾。如免费早餐和上网、清爽欢朋睡床(Clean and Fresh Hampton Beds®)等
		98%酒店为特许经营酒店
		连续3年被《Entrepreneur》杂志评为特许经营类别第1名(2010~2012年)
		1984年,首家欢朋酒店在田纳西州孟菲斯开业
		1989年,欢朋酒店首家承诺100%满意度保证:"如果您对住宿感到不满,您可不必支付费用"
	Tru by Hilton®	活力四射,简约质朴,乐趣无穷和引人入胜的理想居所。打造返璞归真的心灵体验,并始终如一地提供非同凡响的经济实惠住宿
	希尔顿欣庭酒店 (Homewood Suites by HiltonTM)	"家外之家"。全套房住宅风格酒店,主要服务于追求居家体验的旅客。为"高档长期住宿"设立了全新标准。始终致力于为宾客打造"宾至如归"的舒适住宿体验
		宽敞的单卧室和双卧室套房以及豪华单间套房内均配有全套厨房,可令旅客享受烹饪乐趣并在旅行途中保持高效
		每间套房均包括:每日全套热早餐;每周一至周四晚餐和饮品;高速上网;商务中心和健身房——所有服务与设施均可提供100%满意保证
		1989年,首家欣庭酒店在内布拉斯加州奥马哈开业
	希尔顿惠庭酒店 (Home2 Suites by Hilton®)	"轻松由我(Free to be you®)"。为"中档长期住宿"设立了全新标准。是注重价值型旅客的不二选择
		2011年,作为长期住宿市场的全新概念,惠庭酒店在北卡罗来纳州费耶特维尔开设首家酒店

续表

品　　牌	发　展　情　况
分时度假酒店　希尔顿分时度假俱乐部（Hilton Grand Vacations®）	可在全球最令人神往的地点为宾客提供卓越的分时度假计划
	从住宅风格的度假村住宿,到奢华独享的旅行优势,分时度假俱乐部可为会员提供诸多无以伦比的尊贵特权
希尔顿荣誉客会（Hilton HHonors®）	可为会员提供赚取和兑换积分的更多方式,通过遍及100个国家及地区的逾4 600家酒店为宾客打造值得与挚爱分享的卓越体验
	可帮助会员为其住宿同时赚取积分和航空公司里程

1988年,大陆第一家希尔顿酒店"上海希尔顿酒店"开业,它标志着希尔顿集团开始进入中国市场。2006年,"金茂三亚希尔顿大酒店"开业,这是中国第一家希尔顿度假酒店。

2. 价值观

希尔顿全球酒店集团的价值观可以用"希尔顿(Hilton)"中的6个英文字母开头的6个英文单词所代表的含义来表示,如图8-3所示。

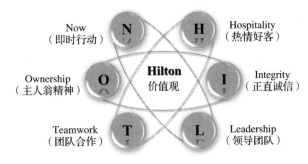

图 8-3　希尔顿全球酒店集团的价值观

Hospitality(热情好客):以万分热情提供超凡出众的客户服务。

Integrity(正直诚信):行为自始至终符合道德规范。

Leadership(领导团队):行业及所在社区的杰出领导者。

Teamwork(团队合作):在任何工作中都会发挥团队合作精神。

Ownership(主人翁精神):以认真负责的主人翁精神来指导自己的行为和决策。

Now(即时行动):在运营过程中始终意识到紧迫感和纪律性。

3. 经营管理

希尔顿全球酒店集团的经营管理策略主要体现在以下几个方面:

(1)特许经营扩张市场。

希尔顿的发展模式经历了自建模式(直接经营)、管理合同(合同经营)、特许经营等几个阶段。20世纪50年代以前,希尔顿一直延续自建模式,集团发展速度较慢,丧失了发展的机遇。60年代希尔顿创立的管理合同方式,通过管理输出迅速拓展了集团的市场网络,品牌国际影响力迅速提高。90年代年希尔顿开始实施"特许经营"方式进行拓展,逐步出售自有的酒店,只保留管理权和特许品牌权利。酒店管理公司逐步将业务重点转移到经营的高端利润区:品牌维护、市场促销等优势领域。

（2）品牌多元发展模式。

希尔顿采用品牌多元化发展战略，希尔顿在对市场做了细致分类的基础上，采用"主品牌＋系列子品牌"的品牌多元化战略，利用各种不同的酒店品牌提供不同档次的服务以满足不同的顾客需求，专攻各细分市场。例如，希尔顿旗下主要品牌有希尔顿酒店及度假村、康莱德酒店及度假、希尔顿逸林酒店及度假村、希尔顿花园酒店、希尔顿分时度假俱乐部等，每一个品牌都有特定主要的目标市场，从而极大地提高了希尔顿在全球酒店市场的占有率。

（3）微笑塑造品牌形象。

在希尔顿创业之初，他的母亲曾经对他说："除了对顾客诚实之外，还要想办法使每一个住进希尔顿旅馆的人住过了还想再来住，你要想这样一种简单、容易、不花本钱而行之可久的办法去吸引顾客。这样你的旅馆才有前途"。母亲的话让希尔顿沉思，如何才能达到既简单、容易、又不花钱且能行之久远的办法来吸引顾客呢？为此，他每天都到旅店里参观，以顾客的身份来感受一切，他终于得到了一个答案：微笑服务。于是希尔顿将企业理念定位为"给那些信任我们的顾客以最好的服务"，并将这种理念上升为品牌文化，贯彻到每一个员工的思想和行为之中，从而塑造了独特的"微笑"品牌形象。希尔顿每天至少到一家希尔顿酒店与酒店的服务人员接触，向各级人员问的最多的一句话，必定是："你今天对客人微笑了没有"。希尔顿酒店的每一位员工都能用"微笑服务"为客人创造"宾至如归"的文化氛围。为了保持顾客高水平的满意度，希尔顿酒店不断地听取、评估顾客意见，并且在各个国家实行公平制度来处理顾客投诉并尊重消费者的权利。

（4）创新个性服务项目。

希尔顿酒店集团十分注重以顾客需求为出发点，创新酒店产品与服务，从而给客人以惊喜。希尔顿在产品开发上采取诸多亲近客人的策略，针对游客离家在外的种种不习惯与不方便，希尔顿酒店特别推出了"真我奢华，唯您独享（The luxury of being yourself®）、eforea水疗中心（eforea：希尔顿 spa）、Sweet Dreams® 甜梦体验、可调节的睡眠系统（Garden Sleep System®）睡床、100％满意保证（100％ Satisfaction Guarantee®）等特色服务，以尽可能地缩小游客住宿酒店与住在家里之间的差异，保证客人能够有充足的睡眠，健康的旅游生活方式，以及帮助客人减轻外出旅游时感到的压力。不断创新的差异化酒店产品与服务为希尔顿赢得了大批忠诚顾客。

（5）全面开展市场营销。

希尔顿酒店集团一流的市场业绩在很大程度上与其一流的营销是紧密关联的。首先希尔顿十分注重市场调研以准确把握市场需求，它有专门的部门负责从世界各地的航空公司、旅游办事处、政府机构等收集市场信息，作为集团营销和产品开发决策的依据。其次，形式多样的高效促销活动（如周末度假促销活动、家庭度假站促销活动等）和公益营销活动极大地提升了希尔顿品牌的知名度和社会影响力。再次，希尔顿十分重视利用网络技术进行营销。1973年所有希尔顿酒店统一使用CRS；1999年4月希尔顿酒店公司宣布使用新的中央预定系统（HILSTAR）；1995年8月希尔顿因特网站开通；等等。先进的信息网络技为希尔顿拓展全球市场增添了腾飞的翅膀。

(6) 善于培养团队精神。

希尔顿的成功利益于坦诚、信任的用人之道。在他的旅馆王国中,许多高级职员都是从基层逐步提拔上来的,大部分酒店经理都在本系统工作12年以上。他对于提升的每一个人都十分信任,都会放手让他们去干。如果他们之中有人犯了错误,他会单独把他们叫到办公室,告诉他们:"当年我在工作中犯过更大的错误,你这点小错误算不得什么,凡是干工作的人,都难免会出错。"然后,他再帮他们客观地分析错误的原因,并一同研究解决问题的办法。

希尔顿认为,只要企业高层领导的决策是正确的,员工犯些小错误是不会影响大局的。他的处事原则是,让手下都对他信赖、忠诚,对工作兢兢业业,认真负责。正是由于希尔顿对下属的信任、尊重和宽容,才使得希尔顿有可能获得其经营管理中的两大法宝——团队精神和微笑。当有人问他,为什么要在旅馆经营中引进团队精神时,他回答道:"我是在当兵的时候学到的,团队精神就是荣誉感和使命感。单靠薪水是不能提高店员热情的。"事实证明,团队精神对于希尔顿的事业非常重要,是团队精神让他渡过一个又一个难关。

(四) 香格里拉酒店集团

1. 基本情况

"香格里拉"的名字,源于英国作家詹姆斯·希尔顿于1933年出版的传奇名著《消失的地平线》中所描写的一处梦幻世外桃源。许多年后,香格里拉酒店集团(SHANGRI-LA Hotels and Resorts)以其幽雅、安逸的环境与久负盛名、发自内心的殷勤待客之道,为这个名字作了完美的诠释。

香格里拉酒店集团成立于1971年,总部设于香港,是香港上市公司"香格里拉(亚洲)有限公司"的品牌。香格里拉酒店集团起源于马来西亚郭氏集团(由郭鹤年先生创建),郭氏集团是一家大型综合企业集团,拥有香格里拉(亚洲)有限公司的大部分股权。时至今日,香格里拉酒店集团已成为亚太地区最大的豪华酒店集团,同时是世界上公认的最佳酒店产权和管理公司之一。香格里拉酒店集团拥有并/或管理超过90家酒店及度假酒店,遍及亚太地区、北美、中东和欧洲,客房总数已超过38 000间。

如今的"香格里拉酒店集团"其成长或发展过程,如表8-6所示。

表8-6 香格里拉酒店集团的发展过程

时 期	发 展 状 况
1949年	总公司郭氏集团成立
1971年	新加坡第一家豪华大酒店——香格里拉大酒店开业
1982年	香格里拉国际酒店管理公司成立
1984年	新加坡香格里拉大酒店转由香格里拉国际酒店管理公司管理
1991年	香格里拉国际酒店管理公司负责旗下所有酒店的管理
1997年	香格里拉(亚洲)有限公司收购了香格里拉国际酒店管理公司
2011年	推出嘉里酒店品牌,开设上海浦东嘉里大酒店

香格里拉酒店集团拥有包括香格里拉酒店、香格里拉度假酒店、盛贸酒店、嘉里大酒店等酒店品牌。主要品牌情况，如表8-7所示。

表8-7 香格里拉酒店集团的主要品牌情况

发展情况	发展状况品牌
香格里拉酒店 （SHANGRI-LA Hotels and Resorts）	在亚太、中东、北美和欧洲各大城市的黄金地段均开设有香格里拉五星级豪华酒店。"宾至如归"这4个字恰如其分地反映了入住香格里拉酒店宾客的感受。其"S"标识犹如雄伟壮丽的山脉倒映在宁静的湖面上
香格里拉度假酒店 （SHANGRI-LA Hotels and Resorts）	在世界上最具特色的旅游胜地,香格里拉度假酒店为游客及其家人营造轻松而充实的假期体验
盛贸酒店 （TRADERS Hotels by Shangri-La）	香格里拉盛贸酒店遍及澳大利亚、亚洲和中东主要商业中心,实为商务休闲游客的理想选择
嘉里大酒店 （Kerry Hotels）	以独特而简约的设计、热情而自然的服务使其超越了一般酒店的概念,为宾客打造优雅豪华而富有激情的入住体验
今旅酒店 （Hotel Jen）	今旅品牌的灵感源自虚拟人物Jen,她是一个热爱生活、喜欢旅行和发现的专业酒店经营者。Jen独特的品牌风格和周到的服务备受"新一代"旅客的青睐

1984年，香格里拉在中国内地管理的首家酒店——杭州香格里拉酒店开业。1986年，香格里拉在中国内地新建的首家酒店——北京香格里拉酒店开业。2011年，嘉里大酒店在上海和北京盛大开业。中国旅游酒店业协会发布的"2015年度中国饭店集团60强"中，香格里拉酒店集团位居第二十二。

2. 企业文化

香格里拉的经营思想是"香格里拉热情好客，亲如家人"。香格里拉秉承独特的亚洲式热情好客之道。香格里拉致力于为客人提供独具特色的亚洲待客之道和热情服务，这是其有别于其他酒店业同行的关键所在，同时也是香格里拉赢得世界级酒店集团荣誉的基础。

香格里拉的前景目标是"成为客人、同事、股东和经营伙伴的首选"。

香格里拉的宣言是"以发自内心的待客之道，创造难以忘怀的美好经历，时刻令客人喜出望外"。在力求每时每刻令客人喜出望外的过程中，香格里拉始终希望能够超越客人的期望，始终如一地为客人提供物有所值的优质产品和服务。

香格里拉的核心价值观是"尊重备至、温良谦恭、彬彬有礼、乐于助人和真诚质朴"。"自豪而不骄矜"极其重要，香格里拉希望员工能够由衷地为其所获得的成就而自豪，但在对待客人时仍要表现出温良谦恭的品质。

3. 经营管理

作为较早进入内地的酒店管理集团，香格里拉从1984年在杭州开设第一家香格里拉酒店开始，就实行带资管理（投资兴建），也是当时唯一采用此方式的国际酒店管理集团。香格里拉所到之处，都成为当地标志性酒店，在内地成功地打造了香格里拉品牌。自2001年起，香格里拉开始"两条腿走路"——输出管理和带资管理齐头并进。2001年，香格里拉接管了南京丁山酒店，改名为南京丁山香格里拉大酒店，就是以纯输入管理的方式介入。

(五) 温德姆酒店集团

温德姆酒店集团是全球规模最大、业务最多元化的酒店集团企业,总部设于美国新泽西州帕西帕尼。目前,在全球 73 个国家经营近 8 000 家酒店,拥有约 679 100 间客房。强大的品牌线全面覆盖高档、中端、经济型酒店,可满足日常旅客的各类需求。中国旅游酒店业协会发布的"2015 年度中国饭店集团 60 强"中,温德姆酒店集团位列第六(在所有在华的国际酒店集团中位居第一)。

目前,温德姆酒店集团旗下拥有 16 个酒店品牌,包括速 8 酒店(Super 8®)、戴斯酒店(Days Inn®)、豪生酒店(Howard Johnson®)、爵怡温德姆酒店(TRYP by Wyndham®)、华美达酒店(Ramada® Worldwide)、华美达安可酒店(Ramada Encore)、蔚景温德姆酒店(Wingate by Wyndham®)、温德姆花园®酒店(Wyndham Garden®)、温德姆酒店及度假酒店(Wyndham Hotels and Resorts®)、温德姆至尊酒店(Wyndham Grand®)等品牌。

除了上述酒店集团以外,世界著名酒店管理集团还有法国的雅高酒店集团、美国的精选国际酒店集团、美国的最佳西方酒店集团、美国的喜达屋酒店集团、美国的凯悦酒店集团、澳大利亚的雅阁酒店集团等。

二、我国著名酒店集团

(一) 上海锦江国际酒店(集团)股份有限公司

1. 基本情况

上海锦江国际酒店(集团)股份有限公司(即"锦江酒店"),主要从事酒店营运、管理与特许经营、餐厅营运、客运物流和旅行社等业务。酒店业务涵盖全服务酒店、有限服务酒店。目前,在全球范围内拥有或管理的酒店超过 6 000 家,客房总数超 65 万间,分布于全球 60 多个国家,覆盖高、中、低端全系列品牌酒店。中国旅游酒店业协会发布的"2015 年度中国饭店集团 60 强"中,锦江酒店位居第一。

2015 年 9 月,锦江国际集团旗下的"锦江股份"与铂涛集团签订战略合作协议。本次交易以锦江股份作为投资主体,战略投资铂涛集团 81% 股权。这标志着,锦江国际集团将携手铂涛集团,一跃成为首家跻身全球前五的中国酒店集团,并共同致力于打造全球领先的、具有国际竞争力和品牌影响力的跨国集团。铂涛集团的成长或发展过程,如表 8-8 所示。

表 8-8 铂涛集团的发展过程

时　期	发　展　状　况
2005 年	7 天连锁酒店正式创立
2007 年	门店突破 100 家
2009 年	11 月,7 天连锁酒店在美国纽约证券交易所上市
2011 年	门店突破 1000 家

续表

时 期	发 展 状 况
2013年	7月,铂涛集团正式成立,同时完成对国内著名连锁酒店品牌——7天连锁酒店的私有化收购;并一举发布推出多个体验型品牌:铂涛菲诺酒店、麗枫酒店、喆·啡酒店、ZMAX潮漫酒店
2014年	4月,7天推出品牌核心价值主张"年轻的选择",并推出7天优品(7Days Premium)创新型酒店产品
	7月,发布中国首个女性视角连锁酒店品牌:希岸酒店(Xana Hotelle)
	10月,举办战略发布会,同时推出多个体验型品牌:Maison Albar(安珀)、MORA COFFEE、漫珠沙华艺术平台(Manjusaka Art Platform);与希尔顿全球共同举行希尔顿欢朋酒店(Hampton by Hilton)品牌发布会,正式宣布希尔顿欢朋酒店在中国落地,铂涛集团将全面负责欢朋酒店在中国的市场运营
2015年	2月,推出国内首个互联网概念酒店IU酒店
	3月,在国内首创轻标准连锁酒店派酒店
	4月,发布主打"新奢华主义"体验的H12酒店;推出主打舒适生活、趣味社交的青年长租公寓品牌窝趣
	5月,与携程旅行网共同战略投资中国领先的移动酒店预订公司艺龙旅行网
	9月,接受锦江国际旗下上市公司锦江股份的战略投资,强强组合,成为首家跻身全球前五的中国酒店集团;推出"城品"、"品乐"等酒店品牌
	12月,在酒店业首创新品时尚秀——"连接+∞ 铂涛集团2016新品时尚秀",以此为开端,铂涛旗下子品牌将每年面向消费者发布新产品、新服务、新设计
2016年	3月,联手欧洲知名奢华酒店集团——Althoff酒店集团在亚洲推出了高端酒店品牌Ameron
	6月,与西班牙巴塞罗集团联合举办发布会,正式宣布巴塞罗(Barceló HOTELS)这一享誉欧洲的酒店品牌进入中国。铂涛集团作为巴塞罗的"品牌运营商"

 知识链接

"锦江国际集团"、"锦江酒店"与"锦江股份"

"锦江国际集团"即"锦江国际(集团)有限公司",是中国规模最大的综合性旅游企业集团之一。以酒店管理与投资、旅行服务及相关运输服务为主营业务;控股(或间接控股)"锦江酒店"、"锦江股份"、"锦江投资"、"锦江旅游"4家上市公司。集团设有酒店、客运物流、旅游、地产、实业、金融六个事业部。其中,酒店、客运物流、旅游为集团三大核心产业。"锦江(Jin Jiang)"是中国驰名商标、上海市著名商标。

"锦江酒店"即"上海锦江国际酒店(集团)股份有限公司"。是"锦江国际集团"控股的4家公司之一。

"锦江股份"即"上海锦江国际酒店发展股份有限公司",是"锦江酒店"控股的3家上市公司("锦江股份"、"锦江投资"、"锦江旅游")之一。以"有限服务型酒店"和"食品及连锁餐饮"等为重点发展方向。公司于1994年在上海证券交易所上市,目前旗下拥有"Golden Tulip"、"锦江都城(Metropolo)"、"Campanile"、"锦江之星(Jin Jiang Inn)"、"丽枫"、"喆啡"、"七天"等酒店品牌。

2. 旗下品牌

锦江酒店的品牌包括:J. Hotel、锦江(JinJiang)、锦江都城(Metropolo)、锦江之星(Jin Jiang Inn)等系列,还包括法国卢浮酒店集团旗下系列品牌及铂涛集团旗下系列品牌。铂涛集团旗下的主要品牌情况,如表8-9所示。

表8-9 铂涛集团的主要品牌情况

时 期	发 展 状 况
7天连锁酒店 (7 days Inn)	创立于2005年,2009年11月20日在美国纽约证券交易所上市。2013年7月17日,7天连锁酒店被铂涛集团成功私有化收购,成为该集团旗下的全资子品牌。7天是目前少数能"7×24小时"同时提供多种便利预订方式的连锁酒店
铂涛菲诺酒店 (Portofino)	高端酒店品牌。由全球最大的投资基金凯雷投资集团、红杉资本及英联投资共同组建。致力打造城市酒店、旅游度假酒店及公寓酒店
安珀酒店 (Maison Albar Hotel)	高端精品酒店品牌。联合法国巴黎酒店集团共同创立,面向全球市场发展。是铂涛集团第一个与国外酒店集团深度合作的项目
丽枫酒店 (LAVANDE)	中端连锁酒店品牌。力推以天然薰衣草香气为特色的舒适体验型酒店
喆·啡酒店 (James Joyce Coffetel)	中端连锁酒店品牌。致力打造为首家以咖啡馆文化与酒店完美结合的中端的精品酒店品牌
ZMAX潮漫酒店 (ZMAX Hotels)	最新锐的精品中端酒店品牌。致力于打造酒店生活社交圈,为"率性乐活"的时尚睿智新一代旅客带来颇具社交互动氛围的多元体验空间
希岸酒店 (Xana Hotelle)	秉承"小幸感,宠你开始"的价值主张:你不能改变生活,却能够选择生活的态度——一种宠爱自己的态度。为追求精致生活态度的商旅人士提供一家充满经典优雅与时尚摩登轻奢风的宠己空间
IU酒店 (IU Hotel)	互联网概念酒店。是"互联网+"概念在酒店行业的成功探索和应用。既迎合了现代人追求个性的心理诉求,更顺应了生活科技化、社交分享化的时代要求
派酒店 (π Hotels)	"轻标准、个性化"连锁酒店品牌,主张"No try no high,不试不欢"。鼓励不断尝试,连接新鲜体验,为追求个性化的年轻消费者提供"每家都不一样"的个性化住宿体验
H12酒店	"新奢华主义"体验品牌酒店。H12巧妙地将独特艺术设计、最优质产品和个性化服务融合在一起,为消费者提供一个多重体验的空间。"新奢华主义"是一种相对于以豪华室内装修、坚持严谨服务的传统奢华主义而言的新酒店体验。人们在这个地方,只要享受生命,做回自己,无需遵守传统奢华酒店的行为规则。H12最重要的区分度是艺术,即坚持以12位艺术家为创作特色,在每一个酒店创造有个性的艺术

续表

时 期	发 展 状 况
希尔顿欢朋酒店（Hampton by Hilton）	是希尔顿全球旗下最大的酒店品牌。2014年,希尔顿全球与铂涛集团签订独家战略合作协议,在中国启动和快速发展希尔顿欢朋酒店品牌。作为品牌合作伙伴,铂涛集团全面负责希尔顿欢朋酒店在华市场的开发和运营

(二) 如家酒店集团

1. 发展历程

如家酒店集团创立于2002年。如家始终以顾客满意为基础,以成为"大众住宿业的卓越领导者"为愿景,向全世界展示着中华民族宾至如归的"家"文化服务理念和民族品牌形象。中国旅游酒店业协会发布的"2015年度中国饭店集团60强"中,如家酒店集团位居第二。截止2015年12月31日,如家酒店集团在中国市场355个城市共有2 922家酒店正式运营,形成了遥遥领先业内的国内最大的连锁酒店网络体系。如家酒店集团的发展历程可以分为四个主要阶段,即前期探索阶段、快速扩张阶段、筹备上市阶段和发展壮大阶段。

(1) 前期探索阶段。

如家的故事起源于一个网络帖子。2001年,携程旅行网创始人季琦注意到一位网友抱怨在"携程"上预订宾馆的价格偏贵。于是,他对携程旅行网上订房数据情况作了分析,发现国内城市居民已进入大规模休闲度假旅游消费阶段,中小型商务客人日益增多,但是国内酒店的现状是豪华的不够经济,经济的不卫生、不实用。于是,利用"携程"的销售网络和行业优势整合经济型酒店资源,建立一个在中国处于主导地位的酒店业连锁品牌的想法跃入季琦的脑海。

2001年8月,携程旅行网成立唐人酒店管理(香港)有限公司,准备在国内开发经济型连锁酒店项目。从2001年8月到12月期间,公司以"唐人"作为品牌名,重点发展三星级以下的宾馆成为唐人品牌的连锁加盟店。2001年12月,公司正式将"如家"(Home Inn)定为品牌名,同时申请商标注册(曾用名"唐人"、"朋来")。2002年6月,携程旅行网和北京首旅集团共同组建成立"如家酒店连锁"合资公司,"如家快捷酒店"是其核心品牌。"首旅"投入四家"建国客栈"作为如家首批经济型酒店样板店,"携程"通过互联网向客户推广如家,两家共同合作经营,风险共担。

由于刚开始缺乏经营酒店的相关经验,如家在这一阶段主要是直接借鉴国外经济型酒店的成熟模式,然后通过整合利用自己的优势资源,即"首旅"的资金和"携程"旗下的网络营销来完成的。在这一阶段,如家重点发展三星以下的宾馆成为其品牌的连锁加盟店。

(2) 快速扩张阶段。

有了前期的积极探索和经验积累,如家开始进入了快速扩张的发展阶段。在2002年半年的时间内就开了4家连锁店,展示出良好的发展势头。2003年1月,如家第一家特许经营店签约,同时也成为国内酒店品牌第一个真正意义上的特许经营案例。2004年,如家在八座城市开设了26家酒店,当年净营收9 089.9万元人民币,净利润达596.9万元人民币。2005年底,如家开业酒店达78家,当年净营收达26 903.1万元人民币,净利润2 093.3万元人民币,发展速度成加速增长态势,使得市场网络迅速拓展。

在这一发展阶段,如家首先以"直营店"为酒店发展的重点,通过直营店来扩大规模和提升品牌。随着直营店数量的增多及酒店品牌效应的扩大,如家开始综合采用特许经营、管理合同、加盟连锁等扩张方式,急剧扩张如家酒店数量。从如家扩张的地域布局来看,起步于北京、上海,然后以中国最大的两个城市为跳板,进入其周边的大中城市,逐步形成了围绕北京的"华北区",围绕上海"华东区",围绕广州、深圳的"华南区"的市场格局。

(3)筹备上市阶段。

经过大规模的扩张阶段以后,资金缺乏成为制约如家继续快速发展的最大瓶颈。融资上市成为"如家"高层领导的最高战略,也是如家创始人的最终目标。2005年1月,孙坚出任如家 CEO,加速了如家上市的进程。2006年10月26日,如家快捷酒店股票在美国纳斯达克成功上市,当日报收22.5美元,较13.8美元的发行价格飙升了63%,这使如家募集资金超过1亿美元,为如家今后的进一步发展奠定了坚实的资金基础。

(4)发展壮大阶段。

融资上市成为如家发展壮大的转折点,或者说是新的起点,而不能成为终点。多品牌战略的发展路径是公司发展的另外一个有力途径。2008年12月,"如家酒店连锁"正式更名为"如家酒店集团",并推出"和颐酒店"——中高端商务品牌。此时在如家快捷酒店的基础上,如家已经拥有了两个主要酒店品牌,即"如家快捷酒店(如家酒店)"——经济型连锁酒店品牌、"和颐酒店"——中高商务酒店品牌。虽然如家快捷和和颐酒店服务的对象不同,定位也有差异,但是"和颐"是如家酒店集团在品牌方面一个新的积极尝试,同时也可以作为"如家快捷"的品牌延伸,可以起到提升集团知名度,创造更多利润的目的。在上述两大品牌基础之上,如家后来又拥有了另外两个品牌"莫泰酒店"和"云上四季酒店",并迅速成长为我国经济型酒店市场的排头兵。

如家酒店集团的具体发展过程,如表8-10所示。

表8-10 如家酒店集团的发展过程

时期	发 展 状 况
2002年	6月,携程旅行网与北京首旅集团,正式成立名为"如家酒店连锁"的合资公司,"如家快捷酒店"是核心品牌
	7月,如家的第一家酒店——北京燕莎店在北京朝阳区开门迎客
	12月,如家酒店连锁全国免费预订电话800-820-3333正式开通
2003年	1月,"如家"第一家特许经营店签约,同时也成为国内酒店品牌第一个真正意义上的特许经营案例
2004年	3月,如家酒店率先在上海成立了"如家酒店管理学院",给全体如家人提供了一个良好的学习平台
2005年	1月,如家酒店管理平台正式使用
	7月,开通网上预订支付系统,实现全网络数字化覆盖
	10月,如家酒店以51家店的规模,位列国内经济型酒店第一,并延续至今

续表

时期	发展状况
2006 年	10 月,如家成功在美国纳斯达克上市,成为中国酒店业海外上市第一股
2007 年	10 月,如家全面收购七斗星酒店,揭开中国酒店业大规模资本并购浪潮的第一幕
2008 年	3 月,"如家"被评为中国驰名商标
	12 月,首家和颐酒店于上海漕宝路隆重开幕,同时宣布如家酒店集团成立
2009 年	5 月,如家酒店集团与携程正式签定 5 000 万美元融资协议,进一步加快企业扩张的脚步
2010 年	12 月,如家希望学校在四川广元落成
2011 年	5 月,如家酒店集团以 4.7 亿美元收购莫泰 168 全部股权
	9 月,"如家快捷酒店"品牌的第 1 000 家酒店开业,完成单一品牌的千店布局
2012 年	《财富》杂志评选出的全球最具成长性公司 100 强榜单中,如家酒店集团名列第九
	12 月,如家酒店集团以 5 980 万人民币完成收购 e 家快捷酒店
2013 年	9 月,如家酒店集团、阿里巴巴等 20 家优秀企业当选首批"中国诚信典范企业"
	10 月,如家酒店集团成为中国自主创新经济型连锁酒店中"最具影响力的品牌"
	如家酒店管理大学荣获 2013 年度中国最佳企业大学"TOP 20"排名第七。荣获 2013 年度中国企业大学社会责任贡献奖
2014 年	全球最大权威传播集团 WPP 评选出 2014 年《最具价值中国品牌 100 强》,如家酒店集团旗下的"如家酒店"以 4.21 亿美元的品牌价值,位列酒店行业之首
2015 年	12 月 6 日和北京首旅酒店(集团)股份有限公司(以下简称"首旅酒店集团")及其关联公司共同签署了合并协议
2016 年	3 月 25 日,如家酒店集团股东大会审议并通过了其与首旅酒店集团的合并协议。4 月,如家从美国纳斯达克完成退市,并成为首旅酒店集团控股子公司,回归国内市场。首旅酒店集团作为最大股东,持有如家约 65% 股权。如家酒店集团管理团队阵容不变
	5 月 17 日,如家酒店集团与 HRS 集团(在线酒店预订网站与咨询服务解决方案提供商)正式签署战略合作协议,今后全球各地的用户都可通过 HRS 的网站或 App 直接预订如家旗下酒店。这些酒店将与 HRS 的酒店预订系统实现直接对接,为用户提供实时房价和房态等信息

知识链接

"首旅集团"与"首旅酒店集团"

首旅集团组建于 1998 年,是中国综合实力最强的旅游服务业企业集团,位居中国企业 500 强之一,在中国 10 大旅游企业集团中名列前茅。海内外近 300 家控股参股企业和 1600 多家成员企业构成首旅集团国内成网,国际成链的战略格局。集团所属吃、住、行、游、购、娱六大业务板块涵盖餐饮、酒店、交通、旅行社、商业、景区及其它业务。

1999 年,首旅酒店集团经北京市人民政府批准,由首旅集团、北京城乡贸易中心股份有限公司、同方股份有限公司、北京聚全餐饮有限责任公司、北京市昌平区十三陵特区旅游服务开发总公司作为发起人,以发起设立方式设立股份有限公司。

2. 旗下品牌

如家酒店集团旗下拥有如家酒店(即"如家快捷酒店")、和颐酒店、莫泰酒店、云上四季酒店4大品牌,截至2014年一季度末已在全国300座城市,拥有连锁酒店2 500多家,形成了遥遥领先业内的国内最大的连锁酒店网络体系。主要品牌情况,如表8-11所示。

表8-11 如家酒店集团的主要品牌情况

品 牌	发 展 情 况
和颐至尊酒店 (Yitel Premium)	中高端商旅型精致连锁酒店品牌。中西文化融合的艺术气息弥漫在酒店的设计之中,倡导商旅途中视觉、听觉、味觉、嗅觉、触觉等"五感"全方位体验,满足高品位商旅人士的社交情感需求,将人文关怀融入产品和服务之中
和颐酒店 (Yitel)	中高端商旅型连锁酒店品牌。注重设计细节,配套便捷高效的商务设施与恰到好处的热情款待。和颐酒店提供物超所值的星级酒店住宿服务体验,让消费者在领略通体舒泰的全方位感官享受后,重塑和谐、激发活力。 和颐酒店目前在全国25个城市拥有67家酒店。和颐酒店曾多次获得中国金枕头奖"中国最佳中高端商务酒店品牌"殊荣
如家精选酒店 (Homeinn Plus)	中端商旅连锁酒店品牌。流行的英伦现代设计风格,典雅而不失时尚,简约且依然精致。创意性的细节处融入酒店产品,倡导商旅途中视觉、听觉、味觉、嗅觉、触觉等"五感"全方位体验,满足高品位商旅人士的社交情感需求,为工作和生活带来无限灵感
如家酒店 (Homeinn)	"温馨舒适"的商旅型连锁酒店品牌。通过标准化、简洁、舒适的酒店住宿服务,使大众商务以及休闲旅行宾客收获温馨、便捷的住宿体验。 如家酒店也是国内商务酒店品牌中规模最大的品牌,目前在全国349个城市拥有2700家酒店。如家酒店多年获得中国金枕头奖"中国最受欢迎经济型连锁酒店品牌"殊荣。2015年,如家酒店以4.79亿美元的品牌价值被世界上最大的传播集团WPP列入中国品牌100强,居酒店行业之首
莫泰酒店 (Motel)	"时尚简约"的商旅型连锁酒店品牌。以设计时尚、设施完备、舒适方便,焕发新颜的莫泰酒店高度契合了当代消费者个性化的住宿需求。 莫泰酒店目前在全国100百多个城市拥有近500家酒店。莫泰酒店曾获得中国金枕头奖殊荣
云上四季酒店	"地域风情"的商务连锁酒店品牌。以品质商务铸造为己任,致力打造传承经典中国元素和体现滇域文化特色的连锁型酒店。2014年5月,云上四季连锁酒店整体加入到如家酒店集团大家庭中。云上四季酒店主要位于云南省,在全国10多个城市拥有31家店,约3500间客房。

(三)华住酒店集团

1. 发展历程

华住酒店集团,是国内发展比较早的多品牌连锁酒店管理集团。自2005年创立以来,华住在短短数年间已经完成全国主要城市的战略布局,并重点在长三角、环渤海湾、珠三角和中西部发达城市形成了密布的酒店网络。2010年3月26日,"华住酒店集团"的前身"汉庭酒店集团"(NASDAQ:HTHT)在纳斯达克成功上市。

目前,华住酒店集团在中国350多个城市里已经拥有约3 000家酒店,并为5 500多万

"华住会"会员提供关怀与激励。中国旅游酒店业协会发布的"2015年度中国饭店集团60强"中,华住酒店集团位居第三。

华住酒店集团的成长或发展过程,如表8-12所示。

表8-12 华住酒店集团的发展过程

时 期	发 展 状 况
2005年	8月,汉庭第一家酒店昆山火车站店试营业
2006年	7月,汉庭预订热线4008-121-121开通
	9月,汉庭常客俱乐部——汉庭会(现华住会)成立
2007年	5月,汉庭开放特许加盟
	7月,完成第一轮8500万美元融资
2008年	2月,汉庭酒店连锁更名为汉庭酒店集团,确立酒店、快捷、客栈三大产品
	7月,完成第二笔融资5500万美元
	9月,首家汉庭客栈在杭州西湖风景区开业
2009年	9月,汉庭客栈更名为海友客栈
2010年	2月,汉庭酒店更名为全季酒店
	3月,汉庭在美国纳斯达克成功上市(NASDAQ:HTHT)
2012年	4月,集团入股星程酒店,与全季酒店合力成为国内中端酒店领导品牌
	8月,推出高端酒店品牌——禧玥酒店
	11月,汉庭酒店集团更名为华住酒店集团;汉庭快捷酒店更名为汉庭酒店;海友客栈更名为海友酒店
2013年	4月,华住及子品牌LOGO全新亮相
	10月,华住推出度假酒店品牌——漫心度假酒店,且第一家酒店于丽江试营业
	11月,海友酒店试水"开放式定价",创业内先河
	12月,高端品牌——禧玥酒店第一家酒店于武汉试营业
2014年	4月,第一家全季好声音主题酒店于杭州试营业
	8月,华住推出个性化经济型酒店品牌——怡莱酒店
	12月,华住与雅高酒店集团缔造长期战略联盟,将接手雅高旗下中端和经济型酒店品牌美爵、诺富特、美居、宜必思尚品和宜必思在大中华区(中国大陆、台湾地区、蒙古)的经营;推出"华住世界"(H World),围绕住宿这一核心需求,打造出行生活圈,并将建立中国酒店业史上规模最大的"万店联盟"
2015年	3月,华住H World酒店全面上线,计划将于年底增至800家
	4月,华住发布"书香汉庭"项目,计划将在未来的一年至一年半的时间内让"书香汉庭"遍布全国各大汉庭酒店
	12月,华住宣布收购中州国际集团旗下中州快捷快捷酒店85%股权
2016年	3月,华住投资入股国内白领公寓领先品牌新派公寓,共同打造中国版的Welive

2. 旗下品牌

目前，华住旗下拥有7个广受欢迎的酒店品牌：包括商旅品牌——禧玥酒店、全季酒店、星程酒店、汉庭酒店、海友酒店、怡莱酒店，以及度假品牌——漫心度假酒店，在全国各地为宾客提供从高端到平价、从商务差旅到休闲度假的美好住宿体验。主要品牌情况，如表8-13所示。

表8-13　华住酒店集团的主要品牌情况

	品牌	发 展 情 况
商旅品牌	禧玥酒店 ——满心禧悦 （Joya Hotel）	是华住酒店集团推出的全新朴适高档酒店品牌。立足中国一、二线城市核心区域，以全新的设计理念、五星级客房与服务为特点，为宾客提供"全行政楼礼遇"，"禧玥+1"特色服务，和"轻松科技"的产品体验，为高端白领人士打造"满心禧悦"的酒店生活新方式
	全季酒店 ——爱自己，住全季	是华住旗下针对中档酒店市场的有限服务酒店，以简约而富有品质的设计风格，恰到好处的优质服务，致力于为智慧、练达的精英型商旅客人提供最优质地段的选择。选址在中国一、二线城市的商业中心，让客人无需支付五星级酒店的价格，即可享受五星级酒店的地段优势
	星程酒店 ——星光照耀旅程	是华住旗下非标准中档连锁酒店。选择3-4星级优质的单体酒店，注入现代管理、顾客服务及品牌经营理念，打造"宽敞高雅空间；优质床品卫浴；完备设施服务；i-hotel 聪明服务"四项品质特征，同时又具备极佳的性价比
	汉庭酒店 ——人在旅途，家在汉庭	是华住旗下第一个品牌，标准经济酒店。汉庭的标志源于东汉青铜器"马踏飞燕"，呈现了自由驰骋于地平线上的非凡旅程景象
	海友酒店 ——四海皆朋友	是华住酒店集团旗下的经济型酒店连锁品牌，致力于为有预算要求的客人提供"更经济超值"的住宿产品。与顾客真诚沟通，分享快乐，为客人带来轻松愉快、舒适便捷的住宿体验。一切从我们的"HI"开始……
	怡莱酒店 ——轻松住宿，自由自在	是华住集团旗下的个性化经济型酒店。精心导入现代设计元素，营造耳目一新的清新氛围，怡莱酒店致力于为宾客提供独特的商旅生活体验。体现个性，自由自在的全新概念，为商旅客人提供最具自我及惊喜无限的出行选择
度假品牌	漫心度假酒店 ——漫度好时光	个人旅游日益繁荣的今天，度假式旅游正在成为新时尚。不再满足于走马观花，越来越多中高端游客选择找个好酒店，在风景优美处好好享受几日。漫心度假酒店，就是应此需求而生。漫心的立意，是要在中国和亚洲的最美丽的地方，创造一个个自在的度假空间。要有品位地腐败，要慢慢地、浪漫地享受好时光

思考与练习

一、问答题

1. 简述酒店集团化过程中出现的各种组织形态。
2. 简述酒店集团的主要经营形式。
3. 酒店集团的经营优势表现在哪些方面？你认为哪一个最突出？
4. 你最喜欢的国际酒店集团是哪一家？你认为它的成功之处在哪里？

二、案例分析

如家酒店集团的成功经验

如家酒店集团借鉴欧美完善成熟的经济型酒店模式，为商务和休闲旅行等客人提供"干净、温馨"的酒店产品，倡导"适度生活，自然自在"的生活理念。作为我国经济型酒店市场的第一品牌，其成功的经营管理策略主要体现在以下几个方面：

1. 速度制胜策略

如家在短短的几年内就能迅速成长壮大，首先得益于它的速度制胜策略。当其他酒店还在星级酒店市场中进行生死角逐时，如家为自己打开了经济型酒店的发展之门；当众多酒店还在竞争激烈的沿海地区挣扎时，如家率先启动了西部市场的拓展战略。如家清醒地意识到，只有制定适度超前的发展计划，采取速度制胜的竞争策略，尽可能的加快发展速度，如家才有后来的成功。

2. 连锁扩张策略

连锁化的经营发展可以形成规模效应和范围经济，从而提高企业的竞争优势。如家酒店连锁集团的发展策略，就是以"连锁"作为发展核心战略，从发展初期就建设了完善的连锁化支撑体系，如酒店预定网络、连锁化品牌、VI识别系统、独特的经营理念等。如家以超强的连锁复制力，综合采用了"合资"、"直营"、"管理"、"特许"等多种经营方式，以平均每月开1.5家分店的速度，形成了四海建"家"的市场局面。在扩张的过程中，如家始终严格坚持连锁特质，即品牌标识统一、经营模式统一、客源销售网络统一、管理系统统一、培训及服务标准统一、企业文化统一等，从而确保了如家产品的一致性。

3. 准确定位策略

成立伊始，如家就将目光锁定在中小企业商务人群和休闲游客，充分关注其核心需求，注重细节，坚持有所为有所不为，走出了一条成功的如家之道。

（1）有所为。如家和传统星级酒店的最大区别就在于，传统酒店讲究提供更多的服务，而如家则把自己的定位明确锁定在一点上——住宿。在如家看来，出差公干的商务人士业务繁忙，对他们而言最重要的东西只有两个：床和卫生间。所以床品和卫生间就是如家有所为的重点所在。

（2）有所不为。如家倡导的"有所不为"就是超出"住宿"需求以外的不做。剔除了传统星级酒店过多的豪华装饰,享受性服务以及娱乐设施;不设门童,改为自助;没有豪华、气派的大堂;舍弃投资巨大、利用率低的康乐中心,没有桑拿、KTV、酒吧等娱乐设施。消除星级酒店很多旅客不需要或用的较少的功能服务,如购物区、康乐实施、会议场所等。

(3) 有所多为。为了增添房间的温馨感,如家打破星级酒店和旅社床单、枕套都用白色的传统,改用碎花的;淋浴隔间用的是推拉门而不是简陋的塑料布;毛巾则有两种不同颜色,便于顾客区别。在如家酒店客房的书桌上,常常为客户摆放几本书,开展"书适如家"的活动,如家给每一个房间提供几本书籍,文学的、历史的、旅游的都有,客人可以随意阅读。一盏家用普通台灯,提供免费上网等,在细节上及尽可能营造出家的温馨。另外,如家快捷的品牌服务也受到中外客人的好评。如家在不断给客人提供细致、温馨的服务同时,还积极为会员提供额外的增值服务。例如,如家和世界知名汽车租赁公司推出的"租车"服务,受到了广大宾客的极度欢迎。

(4) 有所少为。在保证服务质量的前提下,在非关键的方面也尽可能少为。该花钱的地方绝不吝啬,该砍下的成本也绝不手软。这些措施都为如家降低了整体服务价格,提高了服务水平和效率。例如,在人员管理方面,如家每百间房的用人为30~35人,远远低于传统高星级酒店的每百间房100~200人的配置,人力成本仅有同业的三分之一至六分之一;扁平的组织结构使得效率提高。店长、值班经理、员工三层就构成了一家酒店的组织机构图。

4. 低成本运作策略

对于经济型酒店而言,努力降低成本是其盈利的基本前提。如家摒弃了传统酒店的购地置产模式,而是采用低成本运作方式——租赁营业用房,只是对原有房子按一定要求进行装修和改造,就可以为自己所用了。这种运作模式大大降低了酒店的经营成本,也方便更多的人加盟如家,实现了超常规、跨越式发展。另外,如家在日常的经营管理中也十分重视降低成本。如两张床共用一盏床头灯;地上铺设的是地板而不是地毯;牙刷手柄处塑料掏空,既不影响使用又节约了成本;肥皂内薄外厚造型,既能保证客人使用又不至于浪费;酒店员工人数十分精简,平均服务于每间客房的员工数为0.3人;等等。在如家,这种精打细算的做法很多,极大降低了运作成本,提高了竞争优势。

试问:

(1) 以如家为例说明酒店集团的经营优势有哪些?

(2) 酒店集团的成功经营策略还可以有哪些?

三、综合实训

1. 实训内容

以小组为单位,一个小组就是一个酒店管理团队,假设一个虚拟的酒店(包括名称、类型和等级等),就其"酒店集团化"提出自己的设想(包括发展历程的规划、企业文化的构思、经营形式的选择和经营策略的选择等)。

2. 实训要求

(1) 实训老师对实训进行要点提示,并提出相关要求;

（2）各小组拟定酒店集团化设想；
（3）以小组为单位汇报酒店集团化设想；
（4）小组间相互旁听并进行点评；
（5）实训老师进行点评。

第九章
酒店业务管理

学习目标

知识目标
1. 了解酒店各部门的组织结构。
2. 了解酒店各部门在酒店中的地位。
3. 掌握酒店各部门的工作任务、主要部门的职能。
4. 掌握酒店各部门的业务管理。

能力目标
1. 能够为特定酒店的部门组织结构设置提供选择方案。
2. 能够为特定酒店的部门业务管理提供指导性意见。

第一节　酒店前厅管理

前厅部(Front Office)又称大堂部、前台部等。前厅部是酒店对客服务的开始和最终完成的场所,也是客人形成对酒店的第一印象和最后印象之处。所以,前厅部的每一位员工或主管或大堂副理,既要严格地按照服务标准履行好自己的职责,服务好每一个环节和细节,又要能够灵活地、恰如其分地处理好一些突发事件或宾客的投诉,尽量地服务好每一位宾客,维护好酒店形象。

一、前厅部的服务体系

(一) 前厅部的组织结构

由于酒店及前厅的组织系统受到酒店本身的背景、特点、规模、经营方式、营业对象、目标市场、管理经验、财务制度、政策法令等诸因素的制约,所以酒店应该遵循组织结构设计原则,采取最适合各自的组织结构形式。

1. 大型酒店

在大型酒店中,前厅部内通常设有部门经理、主管、领班、普通员工四个层次,但不同酒店有着其不同的前厅部组织结构。一般大型酒店的前厅部组织结构,如图9-1所示。

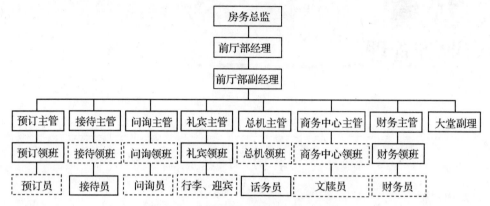

图9-1 大型酒店前厅部组织结构示意图

大堂副理的直接上级是前厅部副经理,其直接下级是前厅部员工。大堂副理的主要岗位职责是代表酒店管理层,协调和督导各服务区域的对客服务,确保酒店经营秩序的正常运转,接待并处理宾客对酒店各部门的一切投诉;全面掌握前厅部各分部门的业务内容,以前台接待业务为主,可以随时处理各分部门的业务问题并可以随时协助各分部门的日常工作;检查并督导员工遵守酒店的各项规章制度,包括员工仪容仪表、行为举止、岗位纪律、礼节礼貌等方面;全面掌握酒店各营业场所的各项经营信息,了解相关设备、设施的运转情况,并给予宾客准确、及时的服务信息等方面。

2. 中型酒店

中型酒店的前厅部一般由部门经理、领班、普通员工三个层次构成,前厅部下设的工种比大型酒店少。一般中型酒店的前厅部组织结构,如图9-2所示。

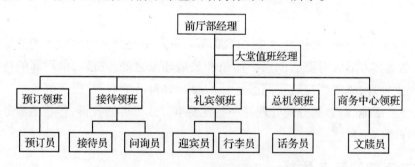

图9-2 中型酒店前厅部组织结构示意图

3. 小型酒店

小型酒店的前厅部通常由客房部下设的总服务台班组替代,一般只设领班(或主管)、普通员工两个层次。一般小型酒店总服务台组织结构,如图9-3所示。

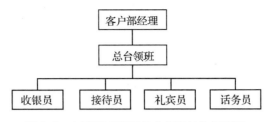

图9-3 小型酒店总服务台组织结构示意图

（二）前厅部在酒店中的地位

1. 前厅部是酒店的形象

前厅部处于酒店接待工作的最前列，是酒店最先迎接客人和最后送别客人的地方，前厅服务是使客人对酒店产生第一印象和留下最后印象的重要环节。客人总是带着第一印象来评价酒店的服务质量，而最后印象则在客人的脑海里停留时间最长，留下的记忆也最为深刻。作为酒店的门面，前厅部的环境气氛、服务质量水平在客人心目中代表着酒店的总体水平及形象，这不仅包括大堂的建筑设计、装饰、陈设布置，也包括前厅部员工的精神面貌、仪容仪表、服务态度、服务技巧、服务效率及组织纪律等。

前厅部是酒店与客人的"中介桥梁"，也是与客人接触最多的部门，所以前厅部是酒店与客人建立良好关系的重要部门。根据希尔顿酒店手册，在与客人的关系中每一位员工都是"希尔顿"，在客人面前都是希尔顿大使。酒店服务质量从客人角度来分析，"客人满意程度"是重要的评价指标，而建立良好的客户关系正是提高客人满意程度的重要因素。

2. 前厅部是酒店的销售窗口

前厅部通过和客人的直接或间接地接触，建立起广泛的联系，从而了解到许多客源信息，为酒店制定销售政策和酒店其他部门的销售提供重要的依据和条件。通过前厅部全体员工的全力以赴，按酒店已定的价格政策，可以推销出更高档次和更多数量的客房，从而带动酒店其他产品的销售。

3. 前厅部是酒店的神经中枢

前厅部为了有效地开展预订服务，更好地组织客源、做好接待工作，必须和旅行社、大使馆、领事馆、商业机构、客户单位、机场、车站、码头及旅游景点等单位保持联系。同时，还必须联络与协调酒店的其他部门，共同对客人服务。所以，前厅部犹如酒店的神经中枢，对外起着"联络官"的作用，对内则发挥着业务调度的职能，在很大程度上控制与协调整个酒店的经营活动。

4. 前厅部是酒店的信息中心

前厅部是酒店经营活动的主要信息源，酒店绝大多数的业务信息都来自前厅。前厅部是酒店的信息集散中心，它所收集、加工和传递的信息是酒店管理者进行科学决策的依据。酒店管理工作的质量和效率，很大程度上取决于传递信息的数量、有效性、及时性和精确性。

（三）前厅部的工作任务

前厅部的基本任务就是最大限度地推销客房商品及酒店产品，并协调酒店各部门，向客人提供满意的服务,使酒店获得理想的经济效益和社会效益。

1. 销售客房

客房产品的销售是前厅部的中心工作,其他一切工作都是围绕这个中心进行的。客房是酒店最主要的产品,是酒店经济收入的主要来源,客房产品具有所有权的相对性、地理位置的固定性、价值补偿的易逝性等特点,受时间、空间和数量的限制。因此,能否积极发挥销售作用,做好客房产品的销售,将会影响到整个酒店的赢利水平。

2. 控制房客状态

客房状况的正确显示,是酒店服务质量与管理水平的体现,也是客房产品顺利销售的基础。前厅部的客房状况显示系统包括客房预订显示系统、客房现状显示系统。准确、有效的房态控制有利于提高客房的利用率及对客服务质量。

3. 提供各项前厅服务

前厅部直接为客人提供各种服务,为住店客人办理住宿手续、接送行李、委托代办业务、记账结账、问询服务等。酒店前、后台之间以及各部门与客人之间的联络、协调关系等也需要前厅部来牵头。

4. 协调对客服务

前厅部将通过销售所掌握的客源市场预测、客房预订与到客情况以及客人的需求及时通报给其他相关业务部门,使各部门能够相互配合协调,有计划地完成本部门应该承担的工作任务。前厅部通过对客售后服务及时地将客人的意见反馈给有关部门,以改善酒店的服务质量。

5. 负责客账管理

目前,国内大多数酒店为了方便客人、促进消费,已向客人提供统一结账服务。客人提供必要的信用证明或预付账款后,可在酒店各部门签单消费,客人的账单可在预订客房或办理入住登记手续时建立。前厅部的责任是区别每位客人的消费情况,建立正确的客账,以保证酒店的良好信誉及应有的经营收入。前厅部的客账管理包括客账建立、客账累计、客账审核及客账结算等内容。

6. 建立宾史档案

由于前厅部为客人提供入住及离店服务,因而自然就成为酒店对客服务的调度中心及资料档案中心。大部分酒店为住店一次以上的散客建立了客史档案,记录了酒店接待客人的主要资料,这是酒店给客人提供个性化服务的依据,也是酒店寻找客源、研究市场营销的信息来源。

(四)前厅部主要部门的职能

1. 预订处(Room Reservation)

预订处是专门负责酒店订房业务的部门,可以说是前厅的"心脏",其人员配备由预定主管、领班和预订员组成。其主要职能是:负责酒店的订房业务,接受客人的预订;负责与有关公司、旅行社等建立业务关系;密切与总台接待处、销售部等联系,制定预定报表,向前厅部经理及前台有关部门提供有关客房的预订资料和数据,向上级提供 VIP 信息;参与前厅部对外订房业务的谈判及合同的签订;参与制定全年客房预定计划等。

2. 接待处(Reception/Check—in/Registration)

接待处又称"开房处",通常配备接待主管、领班和接待员。其主要职能是:负责迎送接待、推销客房、开房登记、排房、准确控制客房状态、协调对客服务、积极参与酒店的促销活动、建立客账、制作统计分析报表等业务。

3. 问讯处(Information/Inquiry)

问讯处通常配备问询主管、领班和问讯员。其主要职能是:负责回答客人有关酒店服务的一切问题及酒店的交通、旅游、购物等内容的询问,代客对外联络,处理客人的邮件等。

4. 行李处/礼宾部(Bell Service/Concierge)

礼宾服务人员一般由礼宾主管(金钥匙)、领班、迎宾员、行李员等组成。其主要职能是:负责在机场和酒店的门厅恭候来店的客人,引导客人办理入住登记手续,应客人要求办理外出酒店的交通、观光或其他事务,以便给与客人最大的方便。

5. 收银处(Cashier/Check-out)

收银处亦称结账处,一般由财务主管、领班、财务员组成。在组织机构上通常隶属于酒店财务部,但工作地点位于酒店大堂,直接参与对客服务。其主要职能是:负责酒店客人一切消费的收款业务,办理客人离店手续,收回房间钥匙,核实客人的账单等。提供外币兑换服务,还为住店客人提供贵重物品的保管服务。

6. 电话总机(Switch Board/Operatior)

电话总机一般由总机主管、领班和话务员组成。其主要职能是:及时准确地接转酒店内外客人的电话,向来店客人提供信息服务,按照客人要求提供叫醒服务,记录客人电话账单并转交收银处,播放背景音乐和影视节目等。

7. 商务中心(Business Center)

商务中心通常由商务中心主管、领班和文牍员构成,其主要职能包括:负责为客人提供文字处理、文件整理、装订、复印服务、传真及国际快运服务、秘书服务、翻译、商务洽谈服务、互联网商务服务、出租笔记本电脑等。

二、前厅部的业务管理

(一)客房预订服务管理

客房预订方式有电话预订、传真预订、国际互联网预订房、信函订房、当面预订、合同订房、电报电传订房等。客房预订业务管理要注意以下两个方面:

(1)做好客房预订信息预报。客房预订信息及预报是订房的重要依据,掌握全面的预订与接待信息是准确订房的关键。这就要求预订员必须每天将客房预订情况及订房宾客的资料等提前一天或数天预报给接待处,并到接待处核对客房状况,了解宾客离店时间和各类宾客预订住宿天数,与预订控制表对照比较,防止客房预订和已住客房发生冲突;或由接待处将前一天的房间情况向预订处报告,使其了解和掌握可销售客房的情况。

(2)超额预订及控制。超额订房是指酒店在订房已满的情况下,再适当增加订房的数量,以弥补少数宾客临时取消预订而出现的客房闲置。超额订房是一种有风险的行为。做好超额订房的关键,在于掌握超额订房的数量和幅度。按国际酒店的管理经验,超额订房的百分数可以是5%~15%左右。但各酒店应根据自身的实际情况,合理掌握超额预订的比例。

（二）接待服务管理

接待服务是整个客人在店周期的初始阶段,常常发生在客人进入酒店后的10分钟之内,对客人的影响很大,决定着客人是否对酒店形成肯定的印象。接待服务管理主要要注意以下两个方面的问题：

（1）关于房间分配。接待员要根据宾客的实际需求,考虑到宾客的心理特点以及酒店可供出的客房的实际情况(位置、风格特色、档次、价格、朝向等),尽可能将适合宾客需要的客房分配给宾客。正确灵活的分房方法和技巧,不仅能满足宾客的需要,而且能充分合理利用客房。通常情况下,分房服务要注意以下三个原则：

①针对性原则。根据宾客的特点,进行有针对性的排房。如,贵宾一般要安排较好或者豪华的客房;同一团体的宾客要尽可能安排在同一层楼的同标准客房。

②特殊性原则。即要根据宾客的生活习惯、宗教信仰以及习俗来排房。风俗习惯、宗教信仰不同的宾客的房间要尽可能分楼层安排,并注意楼层号、房间号与宗教禁忌的关系。

③方便性原则。即根据酒店经营管理和服务的需求来安排客房。如长住客尽可能集中在一个楼层,且在较低楼层。

（2）关于入住登记。对于散客,要请其填写有关内容并签名,形成入住登记记录;对于预订的VIP、常客,可根据客人的订房单及客史档案中的内容,提前填写登记表及房卡等,客人抵店只要核对证件,签名后即可入住。贵客还可以享受先进客房,在客房内签字登记的礼遇规格;预订的团体会议客人,可以根据其具体接待要求,提前将登记表交给陪同或会务组的人员,以便客人抵店后在大堂指定区域或在客房内填写。

（三）前厅日常服务管理

前厅日常服务的内容包括问询服务、礼宾服务、"金钥匙"、电话总机服务、商务中心服务和客人投诉处理等方面。前厅日常服务的管理主要要注意以下几个方面：

（1）礼宾服务。为了体现酒店的档次和服务水准,许多高档酒店都设立礼宾部,下设迎宾员、行李员、委托代办等岗位。随着酒店的不断发展,礼宾部的服务范围更加广泛,而且更具个性化。在服务功能上,礼宾部主要向客人提供迎送宾客服务、行李服务、邮件服务、留言服务和委托代办服务等。礼宾部是酒店前厅服务的窗口,礼宾部的全体员工是最先迎接和最后送走客人,并向客人展示酒店形象的服务群体,他们的服务对客人的"第一印象"和"最后印象"起着重要的作用。

（2）"金钥匙"。它是一个国际性的酒店服务专业组织,全称"国际酒店金钥匙组织"（UICH）。金钥匙服务以"客人委托、酒店代办"式个性化服务为理念。"金钥匙"的本质内涵就是酒店的委托代办服务机构,现在演变为对具有国际金钥匙会员资格酒店的礼宾部职员的特殊称谓。"金钥匙"的服务理念就是"满意加惊喜",让客人从进入酒店到离开酒店,自始至终都感受到一种无微不至的关怀和照料。金钥匙服务已成为世界知名的品牌,代表了酒店服务的最高水平。高档酒店都以拥有"金钥匙"为荣。

(3) 客人投诉处理。现代酒店大都设有"大堂副理"来接受和处理客人的投诉。接受投诉时应关切地倾听,保持平静,不作辩解性的反应,不与客人争执,同时注意与客人交流感情。处理投诉时,要认真记录客人的问题,在此基础上,作出即时判断,告诉客人可以采取的措施。注意尽量提供可选择且切实可行的方案,不作空洞保证。然后,及时将有关信息通报或转告有关部门、有关人员,督促其及时采取纠正措施,并掌握进展情况。处理后继续与客人保持联系,了解客人对投诉处理结果的反应。最后,做好相应的记录工作。

(四) 前厅销售管理

前厅部客房销售包括接受预订的预约阶段、出售的实施阶段和提供客房的具体服务阶段。由此表明,前厅的销售工作贯穿前厅部运行的全过程。

(1) 做好客房预订。客房预订是酒店产品销售的主要方法。凡预订客房的宾客除少数是慕名而来之外,大多是回头客,所以做好客房预订,对巩固和扩大客源十分重要。客人一经订房,前厅部必须讲究信用,将房间保留到客人的最晚到达时间;超时进店的客人也应尽量照顾好,对交纳预付租金的房间必须保留到客人到店为止。

(2) 加强房态控制。有效的房态控制是前厅管理的一个重要环节,是做好酒店销售工作及提高服务水平的前提,随时掌握准确的客房状况,既可以做好预订客人的接待服务,又可以随时进行现房销售,提高客房开房率。房态控制最为关键的是要加强与客房部之间的信息沟通。每天要定时与客房部送来的楼层报告表相核对,制作客房状况表、客房状况调整表、客房状况差异表等。

(3) 掌握销售技巧。首先,要把握客人特点,推荐其所需要的产品。一些接待员容易犯"营销近视症",即只关注自身产品的优劣,一味夸奖酒店产品的高质量,却忽视了客人的需求,忽视了客人是否真正需要这样的产品。所以,销售必须有一个前提,即站在客人的立场,针对客人的需求,推荐适当的产品。例如,对于商务客人,应抓住其时间安排紧、讲究酒店提供服务的速度与效率、注重商务服务的特点,为其介绍商务套房或商务楼层的房间以及会客设施等;对于度假客人,则应该向其推荐景色宜人、宽敞别致的客房,设施齐全的健身、娱乐设施及酒店举办的休闲活动等。其次,销售的是产品,而非价格。接待员应明白的是,酒店销售的是产品,而不是价格。所以,在客人要求降低价格时,接待员应将重点放在介绍产品上,让客人觉得物有所值,货真价实。一些接待员一开口就对客人描述房价的优惠,或者当客人要求房价打折时只将注意力放在让客人信服房价已经低到极限,极力在价格上做文章,结果使焦点集中在价格上,陷入被动的局面。再次,巧妙的报价方法。虽然价格不是销售的重点,但价格毕竟是大多数客人非常关心的问题。接待员在报价时,应注意运用巧妙的方式。以下为比较有效的报价方式:①冲击式报价法。首先报出价格,再介绍客房的设施设备及其他服务项目等。这种方法较适合于价位比较低廉的房间,对象是消费水平较低的客人。②三明治报价法。在介绍所提供的设施与服务项目中间报出房价,能起到减弱房价冲击的作用。例如,"目前特别推出的商务单间客房,房价是688元,房间里配有互联网接口,且含有一份豪华早餐及一张商务俱乐部的入场券"。③鱼尾式报价法。先介绍房间的优点及所提供的服务设施及项目,最后再报出价格。强调产品,减弱价格对客人的影响。这种方法比较适合于较高规格的客房,针对消费能力较高的客人。

(4) 语言艺术的应用。在销售客房时,语言艺术的应用是非常重要的。要求接待员语调婉转,坚持使用正面的说法,避免使用否定语。例如,"真不巧,只剩下最后一间客房了"或者"还有一间最便宜的房间,您要吗"之类的语句都是不适合的,而应该说"您真幸运,还有一间非常适合您的房间"或者"您的选择是非常明智的,祝您居住愉快"等。

第二节　酒店客房管理

客房部(Room Division)又称房务部或管家部(Housekeeping Department)等。客房部是酒店直接与宾客打交道的部门之一,其主要任务是为宾客提供一个舒适、安静、优雅、安全的住宿环境,并做好细致、便捷、周到、热忱的对客服务。所以,客房部的每一位员工或主管或经理,既要严格地按照服务标准履行好自己的职责,又要能够灵活地、恰如其分地处理好一些突发事件或满足好宾客的特殊需求,尽量地服务好每一位宾客,维护好酒店形象。

一、客房部的服务体系

(一) 客房部的组织结构

近年来,客房部的组织结构经历了一些变化。过去,国内酒店客房部通常采用的是设立楼层服务台的管理模式。随着隐蔽式服务理念的提出,酒店客房部从先前的楼层服务台服务模式向客房服务中心模式转换。但楼层服务台的撤销又使一些酒店感到不便,所以又出现了一些将楼层服务与客房服务中心组合在一起的混合服务模式。

1. 设立客房服务中心的客房部组织结构(如图9-4所示)

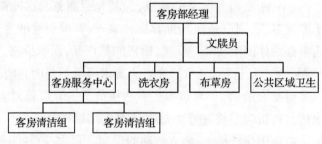

图9-4　设立客房服务中心的客房部组织结构

2. 设立楼层服务台的客房部组织结构(如图9-5所示)

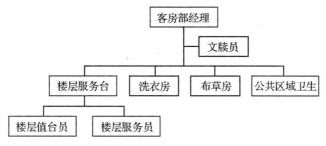

图9-5　设立楼层服务台的客房部组织结构

3. 设立服务中心又有楼层服务台的组织结构(如图9-6所示)

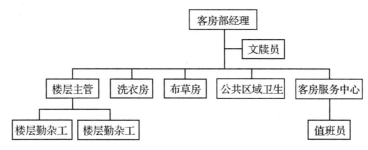

图9-6　设立服务中心又有楼层服务台的组织结构

(二) 客房部在酒店中的地位

客房是酒店的主体,是酒店存在的基础,在酒店中占有重要地位。客房在酒店中的地位,决定了客房部在酒店中的地位。

1. 客房是酒店存在的基础

人们外出旅行,无论是招待住所、旅馆还是酒店。从本质上说住的都是客房。酒店要向旅客提供生活需要的综合服务设施,必须能向旅客提供住宿的服务,而要住宿必须有客房,从这个意义上来说,客房是酒店最基本的设施,没有客房就不能称为"酒店",所以说客房是酒店存在的基础。

2. 客房是酒店组成的主要部分

一家酒店的规模是由客房的数量来决定的。在酒店建筑面积中,客房占总面积的75%左右;酒店的固定资产也绝大部分在客房,客房及内部配备的设备物资无论种类、数量和价值都在酒店物资总量中占有很高的比重。所以说客房是酒店设施的主体,是酒店组成的主体部分。

3. 客房收入是酒店主要收入来源

酒店的经济收入主要来源于三部分,即客房收入、餐饮收入和综合服务收入。其中,客房收入是酒店收入的主要来源,一般占酒店总收入的50%左右,有的酒店甚至超过60%。

4. 客房商品质量是酒店商品质量的重要标志

酒店是客人的"旅途之家"。客人在下榻酒店客房逗留的时间是最长的,一般要超过60%,因此酒店客房质量如何,直接关系客人对酒店的总体评价印象。例如,客房卫生是否整洁、装饰用品是否美观、设施设备是否齐全、人员服务是否周到、态度是否热情等等。客房服务质量的高低,客人感觉最敏锐、印象最深刻,是衡量酒店"价"与"值"是否相符的主要依据。所以客房商品的质量是衡量整个酒店服务质量,维护酒店声誉的重要方面,也是酒店等级水平的重要标志,它直接影响客人的满意度。

5. 客房是带动酒店其他部门经营活动的枢纽

酒店作为一种以客房为基础设施的现代化食宿场所,只有在客房保持较高入住率的情况下,酒店的一切设施才能发挥效益。客人住进客房,要到前台办手续,要到餐饮部就餐,要到商务中心进行商务活动,要健身,要购物、娱乐等,因而客房服务带动了酒店各种综合服务设施的运用。

6. 客房部的管理直接影响到酒店的运行管理

客房部的工作内容涉及整个酒店的角角落落,为其他各个部门正常运转提供了良好的环境和物质条件。加上客房部员工占整个酒店员工总数量的比例很大,其管理水平直接影响到酒店员工队伍整体素质的提高和服务质量的改善。另外客房部的物资设备众多,对于酒店成本控制计划的实现有很大意义。因此客房部的管理是影响整个酒店管理水平的关键因素之一。

(三)客房部的工作任务

客房部在酒店的地位是由其特殊功能所决定的,近几年,虽然国内外很多酒店业的客房部组织结构和服务模式发生了变化,但客房部的工作任务是不变的。

1. 保证客房产品质量

客房是酒店出售的最重要的商品,必须环境高雅美观,设施设备完备舒适耐用,日用品方便安全,服务项目全面周到,客人财务和人身安全有保障,为客人提供清洁、美观、舒适、安全的暂住空间。

2. 创造整洁舒适的环境

客房部负责酒店所有客房及公共区域的清洁保养与环境管理工作,使整个酒店在任何时候都处于舒适宜人、幽雅常新的状态,为客人提供舒适、美观、清洁、优雅的住宿环境。

3. 为各部门提供洁净的棉织用品

客房部设有布草房和洗衣房,负责整个酒店各部门的布草和员工制服的洗涤、缝补熨烫、保管发放等,为酒店的对客服务提供保障。

4. 为宾客提供优质的服务

客房部一项重要的工作内容就是做好宾客的接待服务。从迎宾到送客的过程中,服务人员不仅要热情、礼貌而且还要向客人之所想,急客人之所急为客人提供优质服务。

(四)客房部主要部门的职能

1. 经理办公室

主要负责客房部的日常性事物及与其他部门联络、沟通、协调等事宜。在大多数酒店里,客房部经理室都与客房部服务中心安排在一起,目的是节省空间、方便管理、减少开支,从而无需再设专职内勤或秘书的岗位。

2. 客房服务中心

大型酒店通常都设有宾客服务中心。它既是客房部的信息中心,又是对客服务中心,负责统一调度对客服务工作,掌握和控制客房状况,同时还负责失物招领、发放客房用品、管理楼层钥匙以及与其他部门联络与协调等。

3. 客房楼面

客房楼面由各种类型的客房组成,是客人休息的场所。每一层楼都设有供服务员使用的工作间。楼面人员负责全部客房及楼层走廊的清洁卫生,客房内用品的替换,设备的简易维修和保养等,并为住客和来访客人提供必要的服务。

4. 公共区域

公共区域服务人员负责酒店各部门办公室、餐厅、公共洗手间、衣帽间、大堂、电梯厅、各通道、楼梯、花园和门窗等公共区域的清洁卫生工作。

5. 布草房

布草房负责酒店所有工作人员的制服以及餐厅和客房所有布草的收发、分类和保管,及时修补损坏的制服和布草,并储备足够的制服和布草以供周转。

6. 洗衣房

洗衣房负责收洗客衣、员工制服和对客服务的所有布草。洗衣房的归属,在不同的酒店有不同的模式。大部分酒店的洗衣房都归客房部管理,但有的大型酒店将洗衣房设置为独立的部门,而且对外服务;小型酒店可不设洗衣房,将洗涤业务委托给外部的洗涤公司。

二、客房部的业务管理

(一)客房对客服务管理

客房对客服务的项目包括楼层接待服务、来访服务、洗衣服务、客房小酒吧服务、送餐服务、擦鞋服务、借用物品服务和托婴服务等诸多方面。

(1)楼层接待服务。客房的接待服务是酒店服务的主体。客人入住酒店后,绝大部分的接待服务工作是在楼层完成的。楼层接待服务,不仅要用整洁、舒适、安全和具有魅力的客房迎接客人,而且还要随时提供主动、热情、耐心和周到的服务,使客人"高兴而来,满意而归"。

(2)来访服务。来访服务直接影响客人(包括访客)对酒店服务水准的看法,而且客人会根据来访服务的好坏,决定是否成为酒店的"回头客"。客房服务员对此项服务必须热情有礼,并引起足够的重视。

(3)送餐服务。客房送餐服务,是按客人预订要求,将餐食送进房间的一种服务。如果客人需要在房内用餐,只须打电话到客房服务中心就可以了。如果宾客把早餐牌挂在房门外把手上,客房服务员应及时收取,并检查有否填写上房号、姓名、食品种类、日期等。将收集到的早餐牌,做好记录后,统一交到客房服务中心转送到"钟仔房"(客房餐饮服务部)。客人用餐完毕,客房服务员应主动地协助"钟仔房"做好客房用餐的善后工作。

(4)擦鞋服务。客房内通常备有擦鞋纸、擦鞋巾,以方便客人擦鞋。高档酒店还会备有擦鞋机。但真正的擦鞋服务是免费为客人人工擦鞋。在设此项服务的酒店,客房壁橱中会放置标有房间号码的鞋筐。

(二) 客房清洁卫生服务管理

客房是客人在酒店中逗留时间最长的地方,客人对客房更有"家"的感觉。因此,客房的卫生是否清洁,环境是否舒适是影响客人选择酒店的重要标准,也是客人衡量"价"与"值"是否相符的主要依据。根据酒店机构进行的市场研究表明,促使消费者选择酒店的诸要素中,清洁卫生居于第一位。因此,客房的清洁卫生工作是客房部最基本的工作内容之一,也是客房部服务管理的重要内容,应严格按照服务规程制定的标准、要求来进行管理和检查。

1. 客房清洁卫生的控制

(1) 制定清洁保养标准。客房清洁保养的标准主要有三个方面的内容:一是操作标准,用于对过程的控制,主要对进房次数、操作标准、布置规格、费用控制进行规定。二是时效标准,用于对进程的控制,如规定清扫一间客房的时间,每天应完成的工作量等。三是质量控制标准,用于对结果的控制,其总体要求是体现酒店客房的档次和服务规格,满足客人的要求。

(2) 建立完整严格的检查制度。客房清洁卫生的检查应该包括四个层面:一是服务员自查,要求服务员在客房整理结束并交上级检查之前,对客房设备的完好、环境的整洁、物品的布置作自我检查。其目的是加强员工的责任心,提高客房合格率,增进工作环境的协调。二是领班普查,领班一般对走客房、空房及贵宾房进行普查,对住客房实施抽查。领班查房的作用在于拾遗补漏、帮助指导、督促考察、调节控制。三是主管抽查,主管抽查有助于管理工作的调整和改进,也是实施员工培训的重要依据。四是经理抽查,经理查房是了解工作现状,控制服务质量最可靠而有效的方法。同时,客房部经理通过查房还可以加强与基层员工的联系,更多地了解宾客的需求,这对改善管理体制和服务非常有利。

2. 公共区域的卫生管理

在酒店内,凡是公众共同享有的活动区域都可以称为公共区域,即 PA(Public Area)区。一般分为室内部分和室外部分,室外部分又叫外围区域,是指酒店外部属于酒店的公共区域,例如:公共停车场、广场、花园、外围垃圾场、草坪及绿化带等。室内部分又分为前台区域和后台区域两部分。前台区域是指供客人活动的范围,主要包括:大堂(大厅)公共区域客用洗手间、餐厅、多功能厅、会议室、宴会厅、游泳池等。后台区域指为酒店员工划分出来的活动和休息的场所,如员工通道、员工活动室及员工餐厅等等。对公共区域的卫生管理要做到以下几个方面:

(1) 定岗划片,分工负责。公共区域卫生管辖范围广,工作繁杂琐碎,需要实行定岗划片,包干负责的方法,才能有利于管理和保证卫生质量。

(2) 制定计划卫生制度。为了保证卫生质量的稳定性,控制成本和合理地调配人力和物力,必须对公共区域的某些大的清洁保养工作,采用计划卫生管理的方法,制定相应的计划卫生制度。

(3) 实行走动管理。公共区域管理人员要实行走动管理,加强巡视,检查卫生质量,了解员工工作状态,及时发现问题并进行整改,做好检查记录。

(4)制定卫生操作程序,分级归口,责任到人。公共区域卫生管理范围广、内容多。为此,要进行分级归口,即将卫生管理工作的责任落实到具体工作人员,同时授予相应的管理权限,实行专人负责,定期检查,从而保证卫生质量。

(5)分门别类、制定检查标准。管好公共区域卫生的关键是有一套完整的卫生检查标准。在制定卫生检查标准时,既要有统一标准,又要有分项标准,以便实行工作标准化管理。卫生检查的方法是服务员自我检查,领班全面检查,主管每天抽查,部门经理重点抽查,同时开展卫生评比活动。

(三)客房设备用品管理

客房设备用品管理就是对酒店客房商品经营活动所需的各种基本设备和用品的采购、储备、保养和使用所进行的一系列组织和管理工作,主要包括客房部设备管理、用品管理和布草管理三部分。

1. 客房设备的管理

客房设备管理是建立在酒店工程部门统一管理的基础上的。客房部必须与工程设备部门协调配合,使客房内的各种设备始终处于齐全、完好的状态。

(1)客房设备的资产管理。客房设备在性能上有各种不同的用途,酒店要按一定的分类法,对它们进行分类编号,建立设备档案制度,建立设备档案、设备卡片,分别保存在客房部、设备部与财务部。

(2)客房设备的日常管理。客房的设备是以租借形式供客人使用的。因此,在引领客人进房时,服务员必然按照服务规程向客人介绍客房设备的性能和使用方法,以降低客房设备损坏的可能性。客房服务员平时应按规程对客房设备进行日常的检查与维护保养;发生故障应及时与有关部门联系进行修理。

(3)客房设备的更新改造。为了保证酒店设备的超前性或舒适性,保持并扩大对客源市场的影响力,酒店都要对客房进行计划中的更新,并对一些老化过时或存在安全隐患的设备用品实行强制性淘汰。它包括常规修整、部分更新及全面更新三种。

2. 客房用品管理

客房用品是酒店配备在房间内,满足客人生活的需求,供客人免费使用的用品。客房用品上通常印有酒店的名称、店标及地址、电话等,也是酒店营销手段之一。客房用品包括客房供应品及客房备品两种。客房供应品是指供客人一次性消耗使用或用作馈赠客人而供应的用品,如肥皂、明信片、针线包等,因此也称为客房消耗品。客房备品是指可供多批客人使用、客人不能带走的客房用品,如布草、水杯、烟灰缸等。

(1)确定物品消耗定额。客房供应品消耗定额是以人过夜数为单位,综合考虑服务标准、房间价格、客人使用情况、成本计划等因素来确定的。客房备品的消耗定额是根据不同客房备品的特点、性能、耐用性,确定这些物品在一定时间内的换新率,然后确定客房备品消耗定额。

(2)物品的储备和领用。客房部的物品储备量必须合理,既能保证供应,又不积压物品。一般来说，储备量可根据客房物品消耗定额、客房总数、人过夜总数来确定。物品领用时，严格按物品消耗定额进行审批。客房部负责人对客房部物品仓库要经常检查，控制物品流转和使用情况。

（3）客房物品消耗量的统计与分析。为有效地控制客房物品的消耗量，客房部应建立制度，对客房物品的消耗量进行每日汇总、每月统计，定期分析，并将结果与相关人员的工作实绩评估相结合，辅以奖惩措施。

3. 布草管理

布草是酒店对客房和餐厅的部分纺织用品的通称。客房布草主要是指客房内床上和卫生间内的纺织用品，如床单、毛巾等。餐厅的布草则主要是指台布。布草的内在质量和外观清洁程度，直接影响到酒店的服务质量和规格。布草的管理包括核定布草用量、加强日常管理和定期盘点布草等方面。

（1）核定布草的用量。布草的用量，是在保证经营需要的前提下，保持最低的消耗和库存周转量为原则来核定的。一般的酒店都拥有4套以上的布草，其中3套为在用布草，它们在客房、洗衣房、中心布草房、楼层布草房之间周转，其余的都作为备用布草存入布草库房。

（2）加强日常管理。布草需要量大，清洁程度要求高，因而布草的日常管理尤为重要。客房部通常会建立起相关布草管理制度，设计工作程序，确定管理方法，对布草进行有效的日常管理。在日常布草送洗和分发过程中，布草房都必须逐件清点检查，在保证进出的布草数量正确的同时，要把好质量关，在每天清点布草的过程中，凡是有污点或破损的布草都要及时送还重洗或做报废处理。洗衣房送来的布草，要分类堆放整齐，以方便发放和清点存货。

（3）定期盘点。客房部布草房要每月或每季度进行一次存货盘点。这个制度不仅是为了控制布草的数量，而且也是为了方便会计核算。在对布草盘点的基础上，还要进行统计分析，及时发现问题，并提出改进管理的措施。

4. 客房安全管理

客房安全是指客人在客房范围内人身、财产、正当权益不受侵害，也不存在可能导致侵害的因素。客房安全管理的内容包括客房内的安全管理、客房走道的安全管理、火灾预防及控制、盗窃预防及控制和意外事故处理等方面。

第三节 酒店餐饮管理

餐饮部（Food Beverage）作为现代酒店的一个重要部门，不仅要满足宾客对餐饮产品和服务的需求，为酒店创造良好的经济效益，同时也是酒店对外形象的一个窗口和社交场所。餐饮产品作为饮食文化的载体之一，已经成为所在城市和区域旅游资源的一个重要组成部分。

一、餐饮部的服务体系

（一）餐饮部的组织结构

餐饮部组织结构的形式主要受酒店规模、接待能力、餐厅类型等因素的影响，大小不同，其组织结构也不尽相同。常见的组织机构主要有以下 3 种。

1. 小型酒店餐饮部的组织机构（如图 9-7 所示）

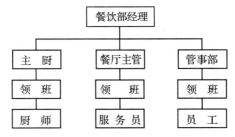

图 9-7　小型酒店餐饮部的组织机构

2. 中型酒店餐饮部的组织机构（如图 9-8 所示）

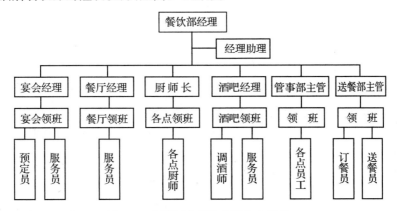

图 9-8　中型酒店餐饮部的组织机构

3. 大型酒店餐饮部的组织机构（如图 9-9 所示）

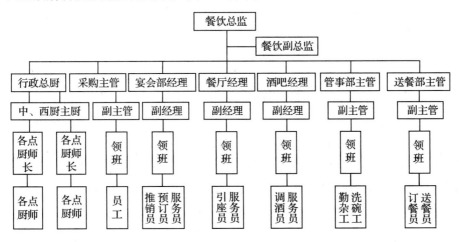

图 9-9　大型酒店餐饮部的组织机构

(二) 餐饮部在酒店中的地位

1. 餐饮部是酒店不可缺少的重要组成部门

旅游者最基本的要求可以概括为"吃、住、行、游、购、娱"6个方面,其中"吃、住"均须在酒店解决。没有一个与住店客人要求相适应的餐饮服务部门,势必会影响到酒店的生存。尽管"吃"是满足人类生理需求的行为,但酒店的经营者和服务人员却不能把对餐饮的作用仅仅停留在这一认识上,要通过客人在餐厅的就餐行为,使客人既满足了生理上的需求,更能体会到一种美的享受。从这点上说,餐饮部也是体现酒店经营特色的重要部门。

2. 餐饮部是酒店营业收入的主要来源之一

酒店的营业收入主要来自客房、餐饮、娱乐、购物四个方面。虽然每个酒店的餐饮收入在总收入当中所占的比例,会受到酒店内外部许多因素的影响,而各不相同。但一般来说,餐饮收入占酒店总收入的三分之一以上还是可以做到的。而且,相对于受固定的客房数所决定的最高日客房收入来说,餐饮收入则更具波动性和伸缩性,它可以通过延长营业时间、增加座位周转率及增加外卖收入等途径来提高餐饮收入。

3. 餐饮部是酒店营销的重要组成部分

餐饮部相对于客房来说在酒店业竞争中更具有灵活性、多变性和出奇制胜的能力,因而,往往成为争夺客源的前沿阵地。而且,餐饮服务具有面对面的特点,客人对酒店服务质量的感受更直接、更深刻。所以,餐饮服务的好坏会直接地影响到酒店服务的质量和酒店的声誉。

4. 餐饮部是酒店弘扬民族饮食文化的重要场所

一个国家和地区的餐饮习俗已成为一项受人欢迎的旅游资源,品尝当地的风味已成为人们必不可少的旅游项目。中国的烹饪艺术,源远流长,博大精深,在世界上享有盛誉。作为酒店的餐饮部,应当将我国的烹饪艺术介绍给来自世界各地的客人。同时,还可以通过精心设计的服务,体现出我们文明古国、礼仪之邦的风采。

(三) 餐饮部的工作任务

1. 提供特色的有形餐饮产品

向宾客提供以菜肴等为主要代表的有形产品,是餐饮部最基本也是最主要的功能,也是首要任务。

2. 提供恰到好处的餐饮服务

餐饮部生产、提供实物产品,但是这些实物产品最终的商品实现还取决于酒店餐饮服务人员向就餐者提供令人满意的服务。就餐者在购买餐饮产品的同时,更期望得到与有形产品同时销售的服务,并期望获得方便、周到、舒适、友好、愉快等精神方面的享受。这种服务和精神享受必须是恰如其分和恰到好处的,也才是有效的。恰到好处的服务应该是及时的、合理的、透明的、有针对性的,同时还必须是洞察宾客心理并与之相吻合的。

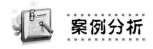

案例分析

全世界最著名的矿泉水

气派豪华、灯红酒绿的中餐厅里,顾客熙熙攘攘,服务员小姐在餐桌之间穿梭忙碌。一群客人走进餐厅,引座员立即迎上前去,把客人引到一张空餐桌前,让客人各自入座,正好10位坐满一桌。

服务员小方及时上前给客人一一上茶。客人中一位像是主人的先生拿起一份菜单仔细翻阅起来。小方上完茶后,便站在那位先生的旁边,一手拿小本子,一手握圆珠笔,面含微笑地静静等候他的点菜。那位先生先点了几个冷盘,接着有点犹豫起来,似乎不知点哪个菜好,停顿了一会儿,便对小方说:"小姐,请问你们这儿有些什么好的海鲜菜肴?""这……"小方一时答不上来,"这就难说了,本餐厅海鲜菜肴品种倒不少,但不同的海鲜菜档次不同,价格也不同,再说不同的客人口味也各不相同,所以很难说哪个海鲜特别好。反正菜单上都有,您还是看菜单自己挑吧。"小方一番话说得似乎头头是道,但那位先生听了不免有点失望,只得应了一句:"好吧,我自己来点。"于是他随便点了几个海鲜和其它一些菜肴。

当客人点完菜后,小方又问道:"请问先生要些什么酒和饮料?"客人答道:"一人来一罐青岛啤酒吧。"又问:"饮料有哪些品种?"小方似乎一下来了灵感,忙说道:"哦,对了,本餐厅最近进了一批法国高档矿泉水,有不冒汽泡的和冒汽泡的两种,你们不能不尝一下啊!""矿泉水?"客人感到有点意外,看来矿泉水不在他的考虑范围内。"先生,这可是全世界最著名的矿泉水呢。"客人一听这话,觉得不能在朋友面前丢了面子,便问了一句:"那么哪种更好呢?""那当然是冒汽泡的那种好啦!"小方越说越来劲。"那就再来10瓶冒汽泡的法国矿泉水吧。"客人无可选择地接受了小方的推销。

服务员把啤酒、矿泉水打开,冷盘、菜肴、点心、汤纷纷上来,客人们在主人的盛情之下美餐一顿。

最后,当主人一看账单,不觉大吃一惊,原来1400多元的总账中,10瓶矿泉水竟占了350元,他不由嘟哝了一句:"这矿泉水这么贵啊!""那是世界上最好的法国名牌矿泉水,卖35元一瓶是因为进价就要18元呢。"帐台服务员解释说。"哦,原来如此,不过,刚才服务员没有告诉我价格呀。"客人显然很不满意,付完账后快快离去。

试问:本案中小方的推销有无过失?有的话,表现在哪些方面?

3. 增收节支、开源节流、搞好餐饮经营管理

增加餐饮收入与餐饮利润是酒店餐饮部的主要目标。现代酒店的餐饮收入虽然占整个酒店营业收入的比重可以达到三分之一以上,但是餐饮成本所占的比重却是相当高的,在一家三星级酒店中,其餐饮原料成本占到了50%左右,餐饮产品从原料到成品经历的环节较多,成本控制的难度较大,从而造成的浪费和损失也较多。这就需要餐饮部制定出严密、完整的操作程序和成本控制措施,并严格加以监督和执行。

4. 为酒店树立良好的形象

餐饮部与宾客的接触面广量大,而且是直接接触,所以,餐饮部的服务给宾客留下的印象最深,会直接影响宾客对整个酒店的评价。

(四) 餐饮部主要部门的职能

酒店餐饮部无论规模大小一般都由三大部分组成:食品原料采购供应、厨房加工烹调、餐厅服务。通常设有原料采供部、厨房、餐厅等业务部门。

1. 原料采供部

原料采供部和仓库,负责食品原料物资的采购、验收、储藏、发放等工作。采供部工作的好坏对餐饮的质量、食品原料成本有直接的影响。一般酒店的原料采供由厨师长负责,大中型酒店则由财务部下设二级部门负责。

2. 厨房

厨房是餐饮部的生产部门,是烹制各种菜肴的场所。任务是按照菜单的要求,将食品原料加工成符合要求的菜肴和食品,保证各项接待任务和日常供餐任务的完成。酒店除主厨外,各个餐厅还有配套厨房。总业务由厨师长负责,下设各类主厨和领班。

3. 餐厅、酒吧

酒店各类餐厅、酒吧是餐饮部的前台服务部门。大中型酒店一般均设餐厅十多处,餐厅、酒吧,不论从服务形式还是从餐饮特色来分可谓形式多样、种类繁多。酒店规模越大、级别越高,越是如此。如正餐厅、宴会厅、风味餐厅、自助餐厅、咖啡厅、扒房、大堂酒吧、鸡尾酒廊等。各类餐厅根据其规模的大小,通常设经理、主管、领班三个层次的管理人员。

4. 管事部

有些酒店还专设管事部,主管餐厅布置、宴会布置、炊具、餐具的洗涤和清洁卫生工作。

二、餐饮部的业务管理

(一) 餐饮服务管理

餐厅是酒店向宾客提供餐饮产品及服务的场所,也是酒店餐饮经营活动的集中体现。服务管理是餐饮管理体系的重要组成部分,也是餐饮管理最重要的任务。因此,餐厅服务管理水平的高低,不仅决定了酒店对宾客在餐饮需求方面的满足程度和服务水平,而且直接反映了酒店餐饮管理的水平和效率。

有关餐饮服务质量控制的相关内容参见第六章。

(二) 厨房业务管理

厨房是酒店最重要的生产部门,厨房的业务管理就是对菜点品种的开发,菜点质量的形成及食品成本的相关要素进行计划、组织与控制的活动。

1. 菜点质量控制

菜点质量是指菜点能满足宾客生理及心理需要的各种特性。宾客对菜点质量的评定,一般是根据以往的经历和经验,结合菜点质量的内在要素,通过嗅觉、视觉、听觉、味觉和触觉等感官鉴定得出的,因此,菜点质量的要素主要由以下八个方面组成:卫生、气味、色彩、形状、口味、质感、温度、器皿。除此之外,菜点的营养价值,菜点的名称,特殊菜点的光泽和声响等,均是应考虑的因素。菜点质量控制的方法主要有:

(1) 标准控制法。即通过制定标准菜谱来规范菜点的加工烹制过程,以保证菜点质量。

(2) 岗位控制法。即明确岗位分工,强化岗位责任和合理配置人员以保证厨房生产正常运转并保证菜点质量。

(3) 检查监督法。标准菜谱的制定,虽然为厨房的加工烹制提供依据,但能否充分发挥作用,还有赖于贯彻实施并加强各个环节的检查督促。

(4) 情感控制法。厨房技术具有模糊性和经验性的特点,所以要保证菜点质量就必须注意有效控制厨师的情绪,充分发挥厨师的主动性和创造性。此外,宾客对菜点的评价也带有很大的主观性,宾客的情绪、饮食习惯、经验及对菜点的不同理解,都对之后的评价起着重要的作用。所以正确把握不同宾客的要求,积极引导宾客消费,加强调节宾客情绪的工作,都是菜点质量控制不可缺少的重要环节和有效方法。

2. 餐饮原料采供管理

餐饮原料的采供管理就是通过对餐饮原料的采购、验收、发放、储存等环节进行有效的计划与控制,目的在于厨房等加工部门保质保量及时提供原料,并使采购的价格和费用最为经济合理。

(1) 食品原料采购。食品原料采购通常由酒店采购部和餐饮部分工负责。餐饮部负责鲜活物品的采购,采购部负责可贮存物品的采购。食品原料的采购应该根据酒店的自身情况及酒店所在地原料市场的供应情况来决定。特别需要注意的是,合格的采购员是企业搞好采购工作的第二前提。有的管理学家甚至认为一个优秀而理想的采购员可以为餐饮企业节约5%的餐饮成本。

(2) 食品原料验收。一旦进货之后就不能把不合理的货物再卖出去,因此餐饮管理人员应首先建立一个合理、完整的验收体系,保证整个验收工作在机制、体系上完善。合理的验收体系由称职的验收人员、实用的验收器材和设备、科学的验收程序、良好的验收习惯和经常的监督检查等组成的。食品原料验收要主要围绕核对价格、盘点数量以及检查质量等三个环节展开。

(3) 食品原料仓储。在任何餐饮企业里,食品原料的贮存管理和发放控制,以及对贮存原料价值的核算与控制,对餐饮产品的质量和企业食品成本控制有着举足轻重的影响。餐饮物品储存管理的基本过程可分为三个阶段:入库管理阶段、贮存保管阶段、离库处理阶段。入库管理阶段主要是餐饮物品的入库验收工作,由采购部门与库存部门联手进行,库存部门的主要工作是进行验收时的质量检查和对物品的分类签收工作。贮存保管阶段是库存管理工作的核心环节,其基本要求是:合理存放,精心养护,认真检查,使物品在保管期内质量完好,数量准确;尽可能降低库存耗损开支和管理费用,更好地为生产和销售服务。离库处理阶段又叫"发货"、"发料"、"送料",其管理的基本要求是:做好准备工作,严格离库审核手续,按库存物品周转规律准确无误地发送物品,并科学、合理地做好相应的原料成本登记工作。

（三）餐饮卫生管理

餐饮卫生管理的主要目的是为大众提供卫生、安全的饮食。餐饮从业人员应学习并遵守国家颁布的食品卫生法,并严格注意食物餐具、环境和个人卫生。

（1）食物的卫生要求。食物卫生管理的关键是食物的新鲜度和制作卫生。酒店餐饮部要常对鲜肉、内脏、肉制品、鲜鱼、禽类、蛋类、粮食与豆类、蔬菜、水果九类原料进行新鲜度的检验,并对冻鱼、河蟹、梭子鱼、糕点、罐头食品、冷饮食品以及酒类都作相应的食物卫生规定。

（2）设备、餐具的卫生管理。设备、餐具表面无污垢只能视为清洁,只有当设备、餐具表面的细菌被清除到不引起食物中毒和传染疾病的程度时,才称得上卫生。因此,清洁仅仅意味着洗掉污垢,而卫生则是将细菌杀灭至饮食安全的程度。

（3）环境卫生管理。从饮食的角度,通常认为餐饮的环境由厨房,食品的加工、储藏、销售场所及洗涤间,员工更衣室和卫生间,垃圾房四部分组成。这些场所的卫生质量都要符合一定的要求。

（4）工作人员的卫生管理。良好的个人卫生,不仅可以保证良好的健康及高效率的工作,而且可以防止疾病传播,避免食物被污染,防止食物中毒事件发生。从业人员的卫生管理包括健康管理、卫生习惯及卫生教育三大类。从业者每年应进行健康检查,并取得健康证明。工作时要穿戴清洁的工作衣帽,并维护手部清洁。工作人员不可在工作场所中吸烟饮食,非必要时不要互相交谈。拿取餐具、食物时不要用于直接接触餐具上那些宾客入口的部位,如果食物必须用手操作时要带塑料手套,等等。另外,还要定期通过举办员工卫生知识讲座、卫生知识竞赛、分发卫生知识小册子等形式对员工进行卫生教育。

（四）食品安全管理

1. 食物中毒的预防

食品安全管理最主要的是食物中毒的预防,食物中毒中最常见的是细菌性食物中毒,约占70%以上。细菌性食物中毒的症状主要是呕吐、腹泻、腹痛等,通常潜伏期较短,而且不会由患者直接传染,所以不是传染病。预防食物中毒的关键是要坚持以下3项原则:

（1）清洁。在开始烹饪之前要把手彻底清洗干净。餐具、砧板、抹布等厨房用品应该以水或消毒药水洗涤,砧板在洗干净后晒太阳也很有效。抹布必须经常用肥皂或清洁剂充分洗净后保持干燥,否则消毒过的餐具再用脏抹布来擦拭便会功亏一篑。

（2）迅速。食品买回来后,应尽快烹饪供食,尤其生食的食物的食品原料越快处理越好,做好的食物也要尽快吃掉,免得细菌在一段时间内繁殖到能引起食物中毒的程度。即使是烹饪好的食物时间长了也很容易繁殖细菌,所以每次做的够吃完就好,不要做得太多。

（3）加热与冷藏。细菌通常不耐热,加热到70℃以上,大部分细菌都会死掉,因此把食品加热以后再食用比较安全。细菌比较耐冷,冷却以后不会死掉,但是不容易繁殖,温度非常低时根本不能繁殖。能够防止细菌繁殖的温度是在零下5℃以下。

2. 食物中毒的处理

食物中毒,以恶心、呕吐、腹痛、腹泻等急性肠胃炎症为主。服务人员如发现宾客同时出现上述症状,应立即报告本部门经理。部门经理在接到宾客可能食物中毒报告后,应立即通知医生前往诊断。

初步确定为食物中毒后,通知保安部经理、大堂副理和总经理。医务室应立即对中毒宾客紧急救护,并将中毒宾客送医院抢救治疗,餐厅要留存宾客所用食品、饮料备检,以确定中毒原因,并通知当地卫生防疫部门。餐厅要对可疑食品、饮料及有关餐具进行控制,已备查证和防止其他人中毒。由餐饮部负责,保安部协助,对中毒事件进行调查,查明中毒原因、人数、身份等,并在当地卫生防疫部门到达后,协助其进行调查。

对食物中毒的宾客,酒店应表示足够的关注和慰问,并采取各种积极有效的措施,把食物中毒事件的影响降到最低程度,至于酒店应承担的责任,应根据宾客食物中毒的原因加以决定。

第四节　酒店康乐管理

康乐部(Recreation Department)是为住店客人提供健康、娱乐和休闲放松等活动场所的部门,是现代酒店不可缺少的一个重要组成部分。酒店给客人提供的康乐项目通常有:歌舞厅、音乐茶座、电子游戏室、保龄球馆、台球室、游泳场、健身房、桑拿浴、美容美发等。在提供康乐服务的过程中,首先要保证康乐设施与设备的安全,更为重要的是一切要以客人的立场为出发点,通过周到的服务,为客人提供一流的服务。

一、康乐部的服务体系

(一) 康乐部的组织结构

康乐部的组织机构模式主要根据康乐部的规模及项目的多少来选择,一般情况下,规模越大、服务项目越多,组织机构模式就越复杂。不同酒店康乐部门的类型、规模和组成各不相同,这不但是由于各康乐部门的市场定位、接待规模、经营方式有所不同,而且还由于经营管理者的经营理念和管理模式不同。尽管如此,各康乐部门组织机构的设置原则是基本一致的,即组织形式必须适合经营需要的原则。目前较有代表性的康乐部设置主要有两种形式。

1. 二级设立方式

所谓二级设立,就是将康乐部直接设在总经理级之下,与其他主要业务部门如前厅、客房、餐饮、营销等部门平行设置,成为一个二级部门。如图9-10所示。这种模式一般适用于集吃、住、购、娱于一体的,娱乐收入在酒店总收入中占重要地位的大中型高级酒店。

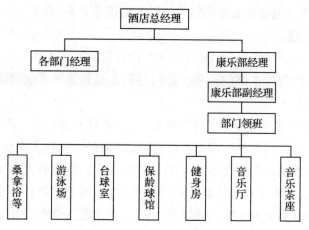

图 9-10　康乐部的二级设立方式

2. 三级设立方式

在娱乐项目较少、娱乐收入不是主要收入来源的酒店，娱乐项目管理机构的设立通常采用三级设立方式，即将康乐部设在某一个二级部门之下，成为一个三级部门，主要承担为住店宾客提供综合服务的任务。如图 9-11 所示。

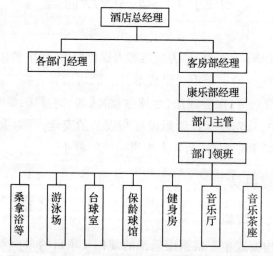

图 9-11　康乐部的三级设立方式（隶属于客房部形式）

（二）康乐部在酒店中的地位

在现代酒店中，康乐已成为增强竞争力、吸引客源的重要手段，同时也成为酒店经济收入的重要来源。在我国一些酒店，康乐部已成为与餐饮部、客房部并列创收的重要部门。酒店康乐部的作用体现在以下几个方面：

1. 康乐项目是酒店等级的重要标志

按照国际惯例及旅游酒店星级的划分与评定标准，康乐部是四星级、五星级旅游酒店必不可少的部门。在我国，根据《旅游酒店星级的划分与评定》（中华人民共和国国家标准，GB/T 14308—2010）规定，五星级酒店必须要有会议康乐项目设备，并提供相应服务。

2. 新颖的康乐项目是吸引客源的重要手段

酒店竞争的重要优势就是有自己的特色。以服务项目、设备功能以及价格、营销方式为特色吸引客源是必要的。但实践证明,康乐项目对客源的吸引越来越大,有些人甚至把康乐作为生活中不可缺少的内容。据不完全统计,旅游酒店所在地区有70%的青年人喜欢到这些酒店的对非住宿人员开放的康乐中心去娱乐。对于住宿的宾客来说,康乐对于他们也是必不可少的活动之一。酒店可通过增加独具特色的康乐项目来吸引宾客,在竞争中获胜。

3. 康乐服务是酒店增加经济收入的重要来源

目前,在我国的一些酒店里,康乐部的规模越来越大,并已经成为酒店重要的营收中心之一。完善的康乐项目设备、优雅的康乐气氛环境,吸引了大批旅游者和当地公众,以致不少旅游者常常通过选择某酒店的康乐项目和环境,或对某一康乐活动特别感兴趣而投宿,丰富的、具有吸引力的康乐项目能够使宾客延长停留时间,提高酒店的接待能力,增加酒店的经济收入。

4. 完善的康乐设施和服务是现代酒店发展的必然趋势

现代酒店,尤其是高星级酒店,参与社会竞争、吸引客源的一项硬指标就是具备完善的配套附属设施。康乐部作为酒店重要的配套附属部门,承担着接待宾客健身和娱乐服务工作,与各部门相互协调,参与社会化竞争,为酒店争取最大化的经济和社会效益。

(三) 康乐部的工作任务

1. 满足客人体育锻炼的需求

随着社会的进步,人们对体育锻炼的要求也在不断提高。人们除了参加传统的体育锻炼活动外,还在不断寻求并积极参加更有情趣的能够融体育锻炼与娱乐为一体的活动。这就是人们钟情于康乐活动的原因。因此,满足人们在体育锻炼方面的需求就成了康乐部的任务之一。康乐部应开设相应的项目,以满足不同客人的不同需求。

2. 满足客人保健的需求

追求健康和美貌是人类的天性。人们追求健康的途径除了加强锻炼、增加营养、使用药物外,还往往愿意采用物理保健的方法。这种保健方法已经成为酒店康乐部必备的服务项目,而受到客人的欢迎。

3. 满足客人娱乐的需求

客人在酒店除了住宿和就餐的需求外,还希望得到娱乐享受,同时社会公众也有较强的娱乐需求。因此,康乐部的任务之一就是为客人提供丰富多彩的娱乐服务,以满足他们不同的需求,但一定要符合我国国情与法律的规定。

4. 满足客人卫生的需求

康乐场所应是一个高雅、洁净的场所。但因为客流量大,设备使用频繁,尤其是康乐的器械与设备经过不同客人的使用,清洁卫生工作十分重要。因此,时刻保持康乐场所的环境卫生和设备卫生,为客人提供一个优雅、舒适的康乐环境,满足他们的卫生需求,就成为康乐部的基本任务之一。康乐的器械、设施和场所的洁净高雅,不但会给客人带来愉快的心情,而且也会给客人带来宾至如归的感受。

5. 满足客人安全的需求

任何一项康乐活动都可能存在一定的不安全因素,例如打保龄球可能出现滑倒、摔伤或扭伤等的危险。另一方面,随着设备的不断使用,设备损耗和老化就会加快,不安全因素增加,如不及时检修或更新,就可能给客人带来某种伤害。因此,康乐部的重要工作之一,就是把这种不安全因素降低到最低程度,尽最大努力为客人提供一个既安全又舒适的康乐休闲环境。

6. 满足客人对康乐技能技巧的需求

康乐部的康乐项目众多,一般都要求其使用者具有一定的技能技巧,特别是有些项目的设备具有很高的科技含量,使用时必须按照有关规定去操作,否则就可能损坏设备或发生其他事故。这就需要康乐部服务人员提供正确、耐心的指导性服务,以便一些不会使用的客人能正确使用。另外,一些运动项目的技巧性很强,也需要服务人员向不熟悉该项运动的客人提供技术上或规则上的指导服务,以满足他们在掌握运动技能技巧方面的需求。

二、康乐部的业务管理

（一）康乐项目设置管理

康乐项目的设置应当遵循以下几个基本原则:

(1) 效益兼顾的原则。康乐项目的设置应该兼顾社会效益与经济效益。康乐项目的选择首先应遵循讲求社会效益的原则,坚持选择对人们的身心健康有益,符合社会主义精神文明要求,并且是国家和地方的法律法规及政策所鼓励,至少是允许设置的项目。康乐项目的市场定位正确与否,直接关系到酒店的经济效益。在确定康乐项目时要使各种项目与服务形成有机整体,充分发挥酒店的优势,有利于酒店整体效益的发挥。

(2) 适应需求的原则。市场需求是康乐项目生存的前提,因此,康乐项目选项时应该深入研究康乐消费者的需求,并最大程度地满足消费者的需求。同时,酒店康乐项目在选项时绝不能完全忽视当地公众的娱乐需求,应以尽量兼顾当地公众需求为原则,使客源市场更为广阔和稳定。

(3) 讲求特色的原则。特色就是与众不同,是娱乐项目对客源具有吸引力的根本所在。在选择娱乐项目时不仅必须避免雷同,而且应讲求特色,特色越明显,就越具有吸引力。可以与民族、地方特色结合起来形成全新的、独特的康乐方式,也可以从规模、档次上凸显康乐项目特色,还可以在服务方式上突出个性,在服务质量上提高水平来吸引宾客。

(4) 合理配套的原则。根据酒店优势和了解到的市场占有率,将潜力最大的项目确定为主营项目,使之与竞争对手相比具有显著优势,形成酒店的标志性经营项目。配套项目是主营项目的补充和完善,既要考虑到为宾客提供服务功能的完整性,又要考虑到与主营项目的一致性。

(5) 先进性原则。康乐行业是最新科技、最新观念、最新生活方式得到综合反映的行业之一。一方面所选择的娱乐项目本身应是国际上最新潮的,另一方面尽管所选项目本身并非最新出现,但所采用的设施和设备应当是最先进的。此外在康乐项目的设立、管理和服务方面还应当国际化、规范化。

(二)康乐服务质量管理

康乐服务是康乐企业在经营过程中向顾客提供的设施、设备和劳务活动的综合体现。康乐服务贯穿于康乐经营的全过程,服务质量是康乐经营的关键环节。康乐服务质量是一个综合概念,主要包括康乐设施、设备的质量,劳务质量以及企业的整体质量等方面。劳务质量在康乐管理中占有非常重要的地位,提高劳务质量具有很重要的意义。其方法和途径主要有以下四方面:

(1)建立规范化的服务程序。规范的服务程序,是指在本行业内约定俗成的基础上,在把方便最大程度地让给顾客的原则下,设计出最优的服务程序和作业方法。这些服务程序和作业方法还要具有可操作性,并相对固定下来形成制度。制定规范化的服务程序,首先要确定服务的环节和工作任务,其次要确定服务的先后次序。规范化的服务程序便于管理人员和顾客对服务工作的检查、评定,有利于保持服务质量的稳定。

(2)制定量化的服务标准。为了使康乐服务质量具有可衡量性,要制定出符合实际的服务标准,且要将这些标准尽可能地量化。康乐服务往往是与康乐活动同时进行的,因此其质量标准应该规定出服务人员在每个环节的动作、形态、语言规范、时间限制等方面的内容。这样既便于培训和指导,又便于衡量和检查。

(3)建立严格的服务质量管理制度。服务质量是经营管理水平的集中体现,服务质量的好坏,对康乐经营会产生直接影响。为了保证服务的高质量,有必要建立服务质量管理制度,以便根据服务质量标准及时监督、检查、衡量、评估服务质量水平,并对不符合质量要求的服务行为提出改正要求,制定改进措施。

(4)开通顾客意见反馈渠道。顾客对服务质量的评价,是最客观、最权威的评定。顾客对服务所反馈的信息,是改进服务工作、提高服务质量的依据。顾客反馈的信息中有肯定的,也会有否定的和有抱怨情绪的。对于前者应当继续坚持,对于后者则应立即改进。

(三)康乐设施设备管理

酒店康乐部的经营依托于设备和员工劳动二者的结合。康乐设施设备指属于康乐部固定资产的机器和用具,它是酒店康乐部员工从事接待服务活动,为客人提供有形和无形产品的物质载体。康乐设施设备管理是指为使康乐物资设备正常运转和发挥效用而进行的选择、购置、安装、维修保养和更新改造等一系列的管理工作。管理好康乐设备意义重大。

1. 康乐设施设备管理的任务

酒店康乐设施设备管理的主要任务就是要保证为康乐部提供与酒店等级相适应的最优秀的设备,使康乐部建立在最佳的经营物质基础上。

(1)选购设备时遵循技术先进、经济合理的原则。在选择酒店康乐部设备时,要和整个酒店的等级配套,要求布局合理、配置得当、格调别致。

(2）保证各种设备始终处于最佳的技术状态。保证在用设备运行良好,在修配件维修到位。由于接待任务、季节变化或其他原因,造成设备停止使用时,要保证有替代品,保证设备的主机与辅机及附件、工具完整齐全。

(3）做好现有设备的更新改造,实现增收节支。康乐部应同工程部、物供部、财务部协同合作,积极筹措资金,疏通设备供应渠道,及时做好设备的更新改造,以不断适应康乐设备求新、求异、求变的基本特点。

(4）保证引进设备的正常运转,尽快掌握引进设备的维修技术,及时解决备用配件的供应。目前国内大多数酒店康乐部的康乐设施设备大多数来自进口,在进口时要选择那些在国内设有代理机构,负责售后技术安装及调试、技术传授,保证零配件长期供应,在一定时期内保养生产的厂家。

2. 康乐设施设备管理的要点

（1）建立和健全设备管理制度。包括设备的选择评价管理制度、维护保养制度、合理使用制度、维修管理制度、设备事故分析管理制度、设备点检管理制度、设备档案管理制度等。

（2）掌握设施设备管理的方法。首先,要认真做好设备的分类编号、登记和保管工作。总原则是酒店所有设备都由工程部统一归口管理,不同用途、性质的设备则由分管部门及班组专职管理。如健身设备由健身房负责管理等。其次,合理使用康乐设施设备。为保证设施设备处于良好状态,各专职人员应合理使用、保养设备,及时排除故障,努力掌握运行规律。其核心就是管好、用好、修好。再次,会使用、保养、检查康乐设施设备,并会排除故障。要掌握操作规程,正确合理使用设备;保持设备内外清洁,掌握一级保养内容和要求;设备开动前后,要善于发现异常状况和故障隐患,并采取适当的措施排除故障,自己不能解决的,要迅速通知检修人员,并协同排除故障。

思考与练习

一、问答题

1. 前厅部的业务管理包括哪些内容?你认为应该重点抓好哪些环节?
2. 客房部的工作任务包括哪些方面?你认为哪个环节最重要?为什么?
3. 餐饮部的业务管理包括哪些内容?你认为应该重点抓好哪些环节?
4. 康乐部的工作任务包括哪些方面?你认为哪个环节最重要?为什么?

二、案例分析

（一）酒店前厅案例分析

声音传递真情……

腊月的郑州,户外显得格外寒冷,可在某大酒店总机室内,问候声和此起彼伏的键盘声显得热情而欢快,总机服务员小王在不断接转着电话。一个电话打进来,小王熟练地提起了电话,"快转XX房间",一个急切的声音通过听筒传到小王的耳朵里,当大脑得到客人要转接的房号时,小王微笑着脱口而出:"先生,请稍等。"话音刚落,话筒里的人火冒三丈说:"小姐,你什么意思!我有急事,等什么等,赶快给我转。"

听到客人的指责,小王心里特别难受,很想对客人做一个简单的解释,但是又想到客人现在挺急的,便立即把电话转接到房间内,可电话响了6声后,依然无人接听,小王看到显示器上的信号,知道房间内无人接听电话,就快速把电话提了起来,微笑地告知对方,电话无人接听。"怎么会没有人呢?不可能。"客人的语气显得焦急而无奈,小王很耐心地对客人说:"先生,请不要着急,我试试看能否帮你联系到他。"客人听到小王耐心而又亲切的话语,很感动而又内疚地说:"小姐,对不起,刚才我有点急,说话可能有情绪,请你原谅!""不必客气,谢谢您的理解!"随后,小王留下了对方的联系电话,并问明了他所要找的客人的单位及姓名。

切断电话之后,小王便凭借多年的工作经验,把电话打到了总台,把情况向总台接待做了简单介绍,总台接待员查清并核实了客人的资料之后,给小王提供了一条重要的线索——客人的留言。原来客人预知有人会找他,便在离开酒店时在总台留言说有人找就打手机×××。得知这一信息之后,小王迅速接通刚才找电话的李先生,把手机号告知李先生。他感激地在电话里说:"谢谢!太谢谢了!你可是帮了我一个大忙。"小王微笑着说:"不用客气,这是我们应该做的,你赶快打手机联系吧。"

两个小时之后,总机机台电话里又传来了刚才那位先生感谢的话语,并说如果不是小王及时查到客人的联系方式,并进行了通话,对他来讲会造成不可估量的损失,这位先生还热情地要请小王吃饭以示感谢,小王说:"这是我们每个话务员应该做的,谢谢您!您的好意我心领了。"

试问:本案中话务员小王的成功之处表现在哪些方面?

（二）酒店客房案例分析

一床棉被

"小姐,能否给我换床棉被,这床棉被短了点",马先生边走边说。

"好的,马上给您更换",正在埋头查房的服务员小丁立即回答,并赶紧从房间出来,迎上去送马先生下电梯。

小丁回到马先生的房间,把那床棉被撤了出来。然后特意将楼层备用的大而厚的棉被换上,在重新铺床时,细心的她发现房间没有开暖气。这么冷的天马先生为什么不开暖气呢?难道空调坏了吗?打开开关空调运作正常,是不是马先生不喜欢开呢?于是她从衣柜内拿出了毛毯,先铺上一层床单,再将毛毯铺上,又铺上第二张床单,然后才将又大又厚的棉被铺上去。床铺好了,她从床头看到床尾,这才松了一口气。离开房间后,她心里在想:"马先生回来,一定要向他道歉,不知道他是否满意。"可是一直到她下班时马先生还没回来,不如写张纸条留给马先生吧!于是,她提笔在信纸上写道:马先生,您好!首先,非常抱歉,不知道我们为您铺的床,您是否满意?床的中间一层已为您铺好了毛毯,本来,我们想让您亲自看看这张床,待您满意后离开,可是您四点出去后一直未归,如果您回来后觉得不满意,请您与"01"联系,我们非常愿意为您服务!为您服务是我的荣幸!祝您住店愉快!Have a nice dream! 14楼服务员。

晚上马先生回来,看到床上的棉被已经更换,心里非常高兴,再看到桌上的纸条,心里更是涌出一股暖流,特写下这样一段话来表达他的感激之情。客房部经理:我昨夜觉得贵店提供的被子较短(因为我不喜欢开暖气空调),今天早上向服务员提出后,便离开了。晚上回来后,发现被子已换好了,还见到带有浓厚人情味的条子,心中不免升起一片感激之意。特书写上述这些话,向贵店表示感谢。

试问:本案中小丁的行为给我们带来的启发是什么?

(三)酒店餐饮案例分析

什么是鳜鱼?

某酒店的餐厅里,一位客人指着刚上桌的鳜鱼,大声对服务员说:"我们点的是鳜鱼,这个不是!"他这么一说,同桌的其他客人也随声附和,要求服务员退换。

正当服务员左右为难时,餐厅领班张小姐走了过来。张小姐走到客人座位旁仔细一看,发现服务员给客人上的确实是鳜鱼,心里便明白是客人弄错了。她看到这位客人的反应比较强烈,而其余的客人也多数含混不清地点头,尽管客人要求服务员调换是不对的,但为了避免客人难堪,张小姐并没有把那位客人的错误当场指出。相反,张小姐却对那位投诉的客人说:"先生,如果真是这样,那您不妨再点一条鳜鱼。请您亲自到海鲜池挑选好吗?"

客人点头应允。张小姐陪着客人来到海鲜池前,并不着急让客人点鱼,而是先和他聊起天来。稍稍站了一会儿,恰好有其他的客人也点鳜鱼,看到服务员将鱼从池子里捞出,客人的脸上立即露出了惊诧的神情。等点鱼的客人走后,张小姐对这位投诉的客人说:"这就是鳜鱼。"接着,她指着海鲜池前的标签和池中的鱼简要地介绍了一下鳜鱼的特征。最后,她征求客人的意见,"您看您现在点还是等一会儿再点?"

"这……等一会儿吧。"客人答道。

客人回到座位,认真观察一下,确实是自己弄错了,他面带愧色地向张小姐及服务员道歉,同时还向张小姐投来了感激的目光。

试问:本案中张小姐的做法给我们的启发是什么?张小姐的成功做法还表现在哪些方面?

(四)酒店康乐案例分析

不稳定的水温

一天,在某饭店康体部游泳池的冲凉房中发生了一件令人不愉快的事:客人游泳之后想用淋浴冲洗身体的时候,由于淋浴器问题导致客人不满,再加上服务员的处理不当,引发了一起投诉,对饭店的整体形象产生了极大的负面影响。

当客人把水温刚刚调好,站在喷头下开始淋浴时,忽然水温变得冰凉,等客人去调节时,又突然变得很烫,将客人的皮肤烫红了一块。客人非常恼火,匆匆穿上衣服把浴室服务员喊来,气愤地说:"你们是怎么搞的?淋浴器根本不能用,水温不稳定,把客人弄感冒了怎么办?"可服务员根本不相信客人所言,对着客人解释道:"我们供给冲凉房的水温度最高是40℃,在通常情况下是不可能烫伤人体皮肤的。多半是由于你没有掌握使用方法,将水龙头开关的方向拧错了,结果放出大量热水,另外当拧动开关后,还要等一会儿淋浴器流出来的水温度才会相应发生变化。"

客人听了非常恼火,阻止服务员再讲下去,接着说道:"你们真是岂有此理,明明是淋浴设备失灵,反而倒打一耙,怪我不注意。我要找你们经理讲讲清楚,要你们负责支付治疗费和赔偿费。"

客人随即投诉到饭店经理处,经理采取息事宁人的态度,口头表达了歉意,并表示如果客人确因烫伤而产生的医疗费用由饭店负责,这才避免了事态扩大。

试问:

(1) 处理宾客投诉的基本服务程序应该如何?

(2) 在客人情绪激动时,应该怎样与客人沟通交流?

(3) 本案例对酒店管理工作有怎样的启示?

三、综合实训

(一) 酒店前台综合实训

1. 实训地点

酒店管理实训室或特定酒店。

2. 实训内容

酒店前台模拟接待(包括已预订顾客的接待和未预订顾客的接待)。以小组为单位,给每个成员一个特定的身份(如顾客、预定员、接待员、问询员迎宾员、行李员等),然后进行接待工作流程的模拟。

3. 实训方法

(1) 实训老师讲解示范、要点提示、提出要求;

(2) 以小组为单位按程序、标准进行模拟操作;

(3) 小组间相互观摩并进行点评;

(4) 实训老师进行点评。

(二) 酒店客房综合实训

1. 实训地点

酒店管理实训室或特定酒店。

2. 实训内容

走客客房的清扫。以小组为单位,每个小组派一名成员作为客房服务员进行走客客房清扫实训,小组其他成员可以作适当提醒。各小组依次实训。

3. 实训方法

(1) 实训老师讲解示范、要点提示、提出要求;

（2）以小组为单位按程序、标准进行模拟操作；
（3）小组间相互观摩并进行点评；
（4）实训老师进行点评。

（三）酒店餐饮综合实训

1. 实训地点

酒店管理实训室或特定酒店。

2. 实训内容

摆台与斟酒服务。以小组为单位，每个小组派一名成员作为餐厅服务员进行摆台与斟酒服务实训，小组其他成员可以作适当提醒。各小组依次实训。

3. 实训方法

（1）实训老师讲解示范、要点提示、提出要求；
（2）以小组为单位按程序、标准进行模拟操作；
（3）小组间相互观摩并进行点评；
（4）实训老师进行点评。

（四）酒店康乐综合实训

1. 实训内容

以小组为单位，一个小组就是一个酒店管理团队，假设一个虚拟的酒店（包括名称、类型和等级等），就其"康乐管理"提出自己的设想（包括经营的项目、经营的特色、管理的理念或思路等）。

2. 实训要求

以小组为单位，给每个成员一个特定的身份（如总经理、康乐部经理等），就实训内容进行分组讨论、分组汇报、小组互评和老师点评。